3. Läutern

1 Stammwürze messen...

...alten...

schlagen

...elttemperatur messen...

6. Zugabe der Hefe

8. Abfüllung & Lagerung

CRAFT BIER

MEISTERSTÜCKE FÜR MÄNNER

Tre Torri

Etwas hat sich verändert in unserem Land.

ETWAS WUNDERBARES!

Sie halten das dritte Buch von BEEF! in Ihren Händen. Es handelt vom Bier. Vom Bier? Im Jahr 2009, als wir BEEF!, das erste Kochmagazin für Männer, gründeten, hätte ich das nicht für möglich gehalten. Ein Buch über Bier. Das war doch dieses in die Jahre gekommene Getränk, ein bisschen langweilig und so erwartbar. Was sollte man darüber schon schreiben? Dass es auf der Straße von jungen Männern aus braunen Flaschen getrunken wurde, und dass man es an der Tankstelle für ein paar Cent bekam?

Wein war das große Ding. Wegen der vielen Trauben und Aromen und Provenienzen und Terroirs. Wer etwas auf sich hielt, der verstand etwas vom Wein - und trank allenfalls zum Durstlöschen vor dem Essen schnell ein, zwei Bier.

So schnell kann die Welt sich drehen.

Das Bier ist zurück. Und das zu Recht. Bier ist einzigartig in seiner Vielschichtigkeit, es ist eine Delikatesse. Genauer gesagt: Bier sind tausende Delikatessen. Und Craft-Bier ist dabei nur ein neues Wort für eine alte Kunst, die es lange schwer hatte - ein Handwerk, das man plötzlich für verzichtbar hielt.

Wir alle wissen viel zu wenig. Vom Hopfen und seinen unzähligen Aromanoten, vom Härtegrad des Wassers, dem Malz und seiner traditionellen Herstellung in Franken, von Mikrobrauereien, IPA und dem Rauchbier aus Bamberg. Es gibt so viel zu erzählen, so viel nachzuholen. Und deshalb dieses Buch.

Die Welt ist Bier. Sie entwickelt, trinkt, genießt und diskutiert es. Junge Menschen brauen in ihren Wohnungen Bier. Alte Brauereien entdecken ihre wahre Kompetenz wieder. In London schmeckt das Craft-Bier anders als in Berlin, und in San Francisco und New York experimentieren sie längst an ganz neuen Braumethoden - die eigentlich die alten, nur in Vergessenheit geratenen sind. Der Biermarkt hat sich noch nicht neu sortiert, es gibt noch große Lücken und kleine Nischen, die neuen Stakeholder stehen noch nicht fest. Es ist eine herrliche Zeit für uns Biertrinker. Stoßen Sie mit mir darauf an. Aber aus einem Degustationsglas. Weil es das Bier verdient hat.

Herzlichst, Ihr

Jan Spielhagen

JAN SPIELHAGEN / CHEFREDAKTEUR MAGAZIN BEEF!

EINE GROSSE REISE DURCH DIE WELT DER CRAFT-BIERE IN DREI STATIONEN.

Tauchen Sie ein in Geschichte und Geschichten von und über Bier. Erweitern Sie Ihren Horizont mit Wissen über Zutaten, Lagerung und Aus-schank. Genießen Sie selbst gebrautes Bier und unsere Gerichte mit Treber und Bier.

Deutschland ist Bierland, seit Jahrtausenden. Schon die Kelten und Germanen brauten, beherrschten Techniken wie das Mälzen und würzten ihr Bier mit Eichenblättern und Kräutern. Im Mittelalter stand in fast jeder Hütte ein Braukessel, in den Klöstern machten die Mönche das Brauen zum vollendeten Handwerk, zur Kunst. Später war Brauen überlebenswichtig: Erste Großstädte hätten ab dem 11. Jahrhundert gar nicht entstehen können, wären ihre Bewohner nicht in der Lage gewesen, Bier zu trinken. Die hygienischen Verhältnisse waren katastrophal, Wasser machte krank, zu „Wasser und Brot" verurteilt zu werden, kam oft der Todesstrafe gleich. Bier aber stillte den Durst der Zehntausenden und ernährte sie, es hielt sie am Leben, denn es vergiftete sie nicht - na ja, deutlich seltener als Wasser jedenfalls.

Im Laufe der Jahrhunderte entstanden viele regionale Biersorten, viele verschwanden auch wieder, andere sind uns bis heute erhalten geblieben. Die Industrialisierung und die technologischen Erfindungen des 18. und 19. Jahrhunderts waren ein Segen für das Bier, kein Fluch. Mit neuen Mälz-Verfahren konnten die Europäer plötzlich helle Biere brauen. In Großbritannien entstand das „Pale Ale", hierzulande tranken die Menschen „Helles" und „Pils". Die maschinelle Kühlung machte das Bier, gerade die deutschen, untergärigen Sorten, stabiler, reiner - in vielen Fällen geschmacklich besser. Brauerei-Anlagen aus Deutschland sind noch heute auf der ganzen Welt begehrt, nirgendwo sonst gibt es so viel Brau-Know-how.

In den vergangenen Jahrzehnten aber haben wir in Deutschland gepennt. Wir haben eine Entwicklung verschlafen, der irgendwann eine ähnliche Bedeutung eingeräumt werden könnte wie dem Siegeszug des Hopfens im Mittelalter oder den technischen Revolutionen vor 150 Jahren.

Ausgehend von den Vereinigten Staaten und Großbritannien zettelten ganz normale Männer und Frauen einen Aufstand an - auf ihren Balkonen, in Garagen und Hobbykellern. Sie hatten keine Lust mehr auf die immer gleichen, langweiligen Biere. Sie spürten, dass etwas fehlte, das ihnen niemand zurückgeben würde - wenn sie es nicht selber taten und zuhause Malz und Hopfen in ihre größten Töpfe warfen.

Diese Heimbrauer schauten zunächst in Richtung Großbritannien, auf die alten, längst vergessenen Bierstile Englands, vor allem aber auf das IPA, das India Pale Ale, jenes sagenumwobene obergärige Bier, dass die Indien-händler einst für die langen Seepassagen in die Kolonien besonders hopfen- und alkoholstark hatten brauen lassen. Das IPA passte wie kein anderes Bier in die Zeit der Bier-Neugründung in den 1970er- und 1980er-Jahren. Und bis heute bleibt der entscheidende Anspruch - auch für die Heimbrauer, aus denen mit den Jahren Profis wurden - der Geschmack. Gar nicht aromatisch genug konnte das Bier auf einmal schmecken, vor allem die fruchtigen Hopfennoten waren wieder angesagt. Wer heute zum ersten Mal eine dieser Hopfenbomben im Glas hat,

Die Zukunft des Bieres

kann meist gar nicht glauben, dass deren Aromen aus derselben Pflanze stammen sollen, die so lange nun schon fast nur noch dafür verantwortlich war, die Massenbiere der internationalen Braumultis ein klein wenig bitter zu färben, wenn überhaupt.

Längst ist die Entwicklung weiter, heute geht es um mit Milchsäurebakterien vergorene Sauerbiere, mit dunkelsten Röstmalzen und mitunter auch einem kräftigen Schuss Espresso gebraute Stouts. Andere experimentieren mit den Aromen französischer und amerikanischer Eichenfässer, die manch malzbetontem Bier noch das gewisse Extra an feiner Süße und geschmacklicher Komplexität verleihen sollen.

Warum aber war von all dem in Deutschland bis vor ein paar Jahren nichts zu sehen, hören und vor allem nichts zu schmecken? Dogmatische Craft-Anhänger antworten: Die Deutschen waren ignorant, sie erklärten das Reinheitsgebot, eine 500 Jahre alte, regionale Hygienevorschrift, zur Bieroffenbarung - und vergaßen darüber, die Nase, die sie so hoch trugen, mal wieder ins Hopfenaroma zu halten. Wer es besser meint mit den deutschen Biertrinkern, sagt: Die Not war halt nicht so groß wie im Rest der Welt, ein herbes deutsches Pils ist ein fantastisches Bier und nicht zu vergleichen mit den wässrigen „Light Beers" der Amerikaner, außerdem gibt's ja noch Helles, Dunkles, Märzen, Bock, Weißbier, Kölsch, Alt, Export und Schwarzbier. Und in Franken ist die Welt eh in Ordnung, ein Rauchbier gibt's in Bamberg und nirgendwo sonst. Um Ausgleich

Bemühte finden in beiden Antworten eine Portion Wahrheit - und wer klug ist, hält sich nicht auf damit, die Schlachten der Vergangenheit zu schlagen.

In diesem Buch soll es um die Bierzukunft gehen, vor allem um Ihre ganz persönliche. Lernen Sie auf den folgenden Seiten, was das überhaupt ist - Bier. Was unbedingt hineingehört und was manchmal auch noch gut reinpasst. Erfahren Sie, was obergärige Hefen von untergärigen unterscheidet, wie es in einer Mälzerei zugeht, was eine Handwerksbrauerei in Franken anders macht als der größte Bierproduzent Deutschlands, warum das Wasser in Pilsen ein Pilsner so unwiderstehlich süffig macht. Lesen Sie, in welchen Ländern der Erde Craft-Bier schon zur alltäglichen Bierkultur gehört und wie drei deutsche Craft-Brauer im großen Craft-Gipfelgespräch die Entwicklung der vergangenen Jahre beurteilen.

Vor allem aber: Brauen Sie Ihr eigenes Bier! Auf über 250 Seiten und in 10 Brau-Rezepten - vom Pils übers Helle bis zu IPA und Stout - erklären wir Ihnen, wie es funktioniert. Auch wenn Sie Ihren Durst künftig nicht jeden Abend in hopfigen Ales zu ertränken brauchen - einmal ein Bier aus der eigenen Kleinstbrauerei im Keller probieren, das sollten Sie eben doch. Weil Sie danach jedes Bier der Welt ganz anders schmecken werden. Und weil sich das einfach gehört, in einem Bierland wie Deutschland. In diesem Sinne wünschen wir Ihnen:

VIEL VERGNÜGEN!

ZEHNTA JAHRE

TEIL 1 / BIERGESCHICHTE

AUSEND
BIER

AM ANFANG WAR DER BREI

BIER VON DAMALS BIS HEUTE

K01

Vom Jäger und Sammler zum Bäcker und Brauer

Im Grunde haben unsere Vorfahren ein paar Jahrmillionen verschenkt. Denn die Bedingungen zum Bierbrauen, die gab es immer schon. Na ja, fast: Das Wasser kam jedenfalls auf die Erde, da war dort sonst definitiv noch wenig los. Wahrscheinlich bildeten aufsteigende Gase und einschlagende Himmelskörper die Grundlage, vor etwa vier Milliarden Jahren muss das gewesen sein.

Okay, die Hefe entstand dann zwar wiederum einige Milliarden Jahre später. Sie ist ein Pilz und damit eine Unterform der „einzelligen Eukaryoten". Doch als diese vor rund 100 Millionen Jahren begann, Zucker zu verstoffwechseln, etwa aus Bienenhonig, und als sich etwa 40 Millionen Jahre später auch die ersten Süßgräser entwickelten, da hätte es eigentlich losgehen können, das mit dem Mensch und mit dem Bier.

In diesen Vorgängern des modernen Getreides steckten zwar noch keine kräftigen Körner wie in den neuzeitlichen Roggen-, Weizen- oder Gerstensorten - Photosynthese betrieben sie aber damals wie heute, und die daraus gewonnene Energie speicherten sie ebenfalls bereits in Form von Stärke.

Eigentlich fehlte deshalb die längste Zeit eigentlich nur einer: der Mensch. Und dem wiederum fehlte natürlich lange die zündende Idee.

AM ANFANG WAR DER BREI, SO VIEL IST KLAR, ABER WAS KAM DANACH, BROT ODER BIER?

„Zweistromland", „Land des fruchtbaren Halbmonds", „Babylonien". Es liegt etwas Mystisches über jenem Flecken Erde zwischen Euphrat und Tigris, an dem einst die Weichen gestellt wurden für alle Hochkulturen Europas und damit für eine der größten Errungenschaften dieser Kulturen: Bier.

Menschheitsgeschichtlich war das mehr als bloß eine unter vielen Etappen der Evolution, es war ein Epochenwandel, vergleichbar mit der Kontrolle von Feuer oder der Entdeckung des Eisenerzes. Der Mensch wurde mit der neuen Kulturtechnik des Ackerbaus vom wandernden Nomaden, der jagte und sammelte, zum siedelnden Bauern, der säte und erntete. Quasi nebenbei begründete er damit eine neue Menschheitsepoche: die Jungsteinzeit.

Drei Ur-Getreidesorten wurden damals schon angebaut: Emmer, Einkorn (beide Vorläufer des heutigen Weizens) und Gerste. Wer heute an einem Emmer-Feld vorbeifährt – in Süddeutschland, der Schweiz und Österreich wird er immer noch angebaut – und die eineinhalb Meter hohen Pflanzen sieht, mit ihren langen, grünen Halmen, der kann sich vorstellen, wie mühsam die Ernte in den ersten Jahrtausenden gewesen sein muss. Die langen Halme knickten ein, die Körner waren klein und saßen nur lose auf den Ähren, fielen deshalb oft schon vor der Ernte auf den Boden oder wurden vom Wind von den Feldern geblasen.

Das war ein Problem, denn natürlich ging es von Anfang an ums Korn, in ihm steckte schließlich die Stärke. Der Stoff, in dem die Pflanzen die durch Photosynthese gewonnene Energie speichern, aus dem sich der Keimling ernährt, bis er selbst ausgewachsen ist. Dieselbe Stärke, von der auch der Mensch profitiert, wenn er sie wieder in etwas umwandelt, aus dem sein Körper Energie gewinnen kann, also in einzelne Zuckerbausteine.

Um an die Stärke zu kommen, muss das Korn zunächst aufgebrochen werden. Die Jungsteinzeitler bissen es mit den Zähnen auf oder zerschlugen es mit Steinen. Dann verrührten sie es mit Wasser zu einem energiereichen, aber ziemlich faden Brei. Als sie diesen mit auf Wanderungen und auf die Jagd nehmen wollten, begannen sie wohl vor etwa 8000 Jahren, den Brei auf heißen Steinen oder über Feuer zu trocknen – die Flüssigkeit entwich, die Getreidepampe wurde fest und hart.

Und irgendwann – wann und wie genau, kann heute bedauerlicherweise niemand mehr sagen – machten die Menschen eine Entdeckung: Wenn man das Stärke-Wasser-Gemisch nur lange genug stehen ließ, erwachte es zum Leben. Es bewegte sich, veränderte die Farbe und begann, anders zu riechen. Warum das so war, wusste damals natürlich keiner. Tatsächlich sollte es sogar bis zur zweiten Hälfte des 19. Jahrhunderts dauern, bis man es überhaupt wissenschaftlich erklären konnte. 1876 beschrieb der französische Chemiker und Mikrobiologe Louis Pasteur nämlich erstmals die Wirkungsweise von Hefe und anderen Mikroorganismen. Nicht ganz zufällig in einer Arbeit mit dem Titel „Études sur la bière", also „Bierstudien".

Vereinfacht kann man die chemische Grundlage der beiden Kulturtechniken, die etwa 6.000 vor Christus im Nahen Osten ziemlich parallel entstanden sein müssen, deshalb heute so zusammenfassen, wie in der nebenstehenden Matrix näher erläutert.

Was nun zuerst da war, das Brot oder das Bier, wird man wohl nie mit Sicherheit sagen können. Nicht unwahrscheinlich ist ja sowieso, dass es eine Mischung aus beidem war: ein Getreidebrei, der die Menschen nicht nur satt, sondern auch ein ganz klein bisschen albern machte.

Im Zweistromland zwischen Euphrat und Tigris werden die ersten Getreidesorten kultiviert. Im heutigen Mexiko wird etwa 7000 v. Chr. der erste Mais angebaut, und etwa zwei Jahrtausende später finden sich die ersten Hinweise über den Hirseanbau im äquatorialen östlichen Afrika (heute Äthiopien und Sudan). Zeitgleich entwickelt sich in China, Indien und Thailand die Kultivierung von Reis. Aus allen Getreidearten wird bald darauf auch Bier gebraut.

AB 8. JT. V. CHR.

In frühen schriftlichen Überlieferungen Mesopotamiens finden sich gefüllte Tontöpfe als Symbole für Bier. In Urkunden aus der Zeit um 2400 v. Chr. werden drei Biersorten erwähnt. Auch auf Stempeln und mesopotanischen Siegeln sind Biertrinker mit Trinkröhren dargestellt. Ebenfalls um etwa 5000 v. Chr. entwickelt sich in Ägypten das Bierbrauen. Erste Großbrauereien entstehen dort um circa 1250 v. Chr. mit einer Produktionsmenge von ungefähr 30.000 Fässern pro Jahr.

AB 5. JT. V. CHR.

Auf Kreta werden Biere aus Getreide, Most und Honig getrunken. Zu rituellen Festen werden bierähnliche Getränke aus Gerste und Minze gereicht. Auf dem griechischen Festland spielt Wein aber die gesamte Antike hindurch eine wichtigere Rolle als Bier. Biertrinker gelten den Griechen (wie später auch den Römern) als suspekt. Das Feindbild der rohen Barbaren, die mit Wein und Öl nichts anzufangen wissen, diente wohl auch der eigenen Identitätsstiftung.

3. – 2. JT. V. CHR.

Der griechische Geschichtsschreiber Poseidonios über keltische Versammlungen: „Die Mittelklasse trinkt Weizenbier mit Honig, aber die meisten trinken einfaches Bier, das curma genannt wird. Sie benutzen einen Becher gemeinsam, trinken daraus in kleinen Schlucken, nicht mehr als einen Mund voll, aber sie trinken regelmäßig." Die Germanen haben die Technik der Bierherstellung von den Kelten übernommen. Sie vermälzen Getreide und würzen das Bier mit Bilsenkraut, Gagel, Porst, aber auch mit Eichenrinde und Wacholderbeeren.

AB 100 V. CHR.

Irische Mönche beginnen ab 590 im Frankenreich mit christlicher Missionsarbeit. Sie gründen Klöster und brauen Bier für den Eigenbedarf.

AB 6. JH.

SCHRITT	BACKEN	BRAUEN
1	Das Korn wird beim Mahlen aufgebrochen und die Stärke freigelegt.	
2	Viel Korn wird mit wenig warmem Wasser gemischt: Stärkekörner binden Teile des Wassers, die Stärke verkleistert.	Wenig Korn wird mit viel Wasser gemischt. Die Stärke quillt auf und bildet eine viskose Lösung.
3	Neben dem Quellen der Stärke in warmem Wasser, etwa weil es in der Sonne steht oder neben der Feuerstelle, spalten Amylasen aus der Außenhaut des Korns Teile der Stärke in kürzere Ketten auf. Damals wie heute wurde besonders viel Amylase frei, wenn … … die Menschen das Getreide im eigenen Mund zerkleinerten, Amylase steckt nämlich auch im Speichel (deshalb wird Brot süß, wenn man nur lange genug darauf herumkaut) … das Korn während der Lagerung feucht geworden war und die Menschen es danach wieder trockneten. Dann hatte es nämlich bereits begonnen zu keimen, auch dadurch werden die Amylasen aktiviert (wie eben beim Mälzen) Und natürlich gilt: Je mehr Amylase am Werk ist, desto mehr Zucker kommt am Ende dabei heraus.	
4	Man lässt den Brei ein paar Tage stehen: Säurebakterien und wilde Hefen, die entweder schon auf dem Korn saßen oder aus der Luft ins Wasser-Korn-Gemisch kamen, beginnen, den Zucker zu verstoffwechseln.	
4	Die Bakterien erzeugen Milch- und Essigsäure, die wiederum senken den pH-Wert des Brotes und schränken die Enzymtätigkeit ein (es entsteht weniger Zucker). Die Hefe erzeugt Kohlenstoffdioxid (also CO_2), die setzt sich in Form von Millionen kleiner Gasbläschen im Teig ab (Sauerteig entsteht heute noch so).	Besonders die Hefen sind aktiv und erzeugen relativ viel Alkohol und CO_2 (das zum größten Teil in die Luft entweicht). Je mehr Säurebakterien aktiv sind, desto saurer wird das Bier (belgische spontanvergorene Sauerbiere entstehen heute noch so).
5	Der Teig wird gebacken, durch die große Hitze werden die Hefen inaktiv und sterben ab. Außerdem verdunsten Alkohol und CO_2. Wo die Gasbläschen saßen, bleiben Löcher (Poren) zurück, die den Teig lockern.	Die gärende Flüssigkeit bleibt weiter bei Temperaturen um die 20 °C stehen, es bildet sich so lange Alkohol und CO_2, bis die Hefen den gesamten vergärbaren Zucker umgewandelt haben.

In der Hallertau (im heutigen Zentralbayern) wird 736 Hopfenanbau erstmals urkundlich erwähnt. In Klöstern werden erste Hopfenbiere gebraut.

8. – 9. JH.

Auf den Aachener Synoden regelt der Kaiser, aber auch die Kirche das klösterliche Leben im fränkischen Kaiserreich. Jeder Mönch soll täglich 0,27 Liter Wein oder 0,55 Liter „guten Bieres" erhalten. Bier wird damit von der Kirche als Teil des Klosterlebens akzeptiert.

816 – 819

Mit dem Ende des fränkischen Großreichs gehen Teile der königlich-kaiserlichen Privilegien auf Stammesherzöge, Bischöfe und Markgrafen über, darunter auch nach und nach das Brau- und Schankrecht.

841

Hopfenanbau wird auch in Böhmen (im Westen der heutigen Tschechischen Republik) erstmals urkundlich belegt. Hopfen und Hopfenbier spielen in der slawischen Kultur aber schon vorher eine wichtige Rolle.

10. JH.

Dem Benediktinerkloster in Weihenstephan werden die Brau- und Schankrechte der Stadt Freising verliehen; die Staatsbrauerei Weihenstephan gilt heute als älteste noch bestehende Brauerei der Welt.

1040

MITTELALTER

Kein Leben ohne Bier

In den Klöstern wurde das Bierwissen der Jahrtausende erstmals gesammelt und systematisch erfasst, aus den Mönchen wurden die ersten Profi-Brauer der Geschichte. Als das Bier sie aber reich und mächtig machte, bekamen sie weltliche Konkurrenz.

In Mittel- und Nordeuropa war das Klima schon immer kühler als im Zweistromland zwischen Euphrat und Tigris, selbstverständlich auch kühler als etwa in Ägypten, wo sich das Bier im Lauf der Jahrtausende zunächst verbreitet hatte. Die niedrigen Temperaturen machten das Brauen komplizierter, weil man Getreide nicht einfach unter den Strahlen der Mittagssonne trocknen lassen konnte, außerdem arbeiteten die Hefen in der kalten Umgebung langsamer. Zwei fundamentale Bier-Techniken, durch die große europäische Braunationen wie Deutschland, Tschechien, Belgien, Holland oder England überhaupt erst entstehen konnten, waren deshalb eigentlich aus der Not geboren: Spätestens im 8. Jahrhundert v. Chr., vielleicht auch deutlich früher, begannen die Kelten, die damaligen Bewohner Mitteleuropas und der britischen Inseln, gekeimtes Getreide über Torf, Kohle oder direkt über offenem Feuer zu trocknen. So erfanden sie das Mälzen – durch das sie dem Braugetreide fast aus Versehen ein paar aufregende Röst- und Raucharomen einhauchten. Als sie dann auch noch irgendwann erkannten, dass man eine langsam gärende Maische gegen Bakterien- oder Pilzbefall schützen kann, indem man bestimmte Pflanzen und Kräuter mit in den Braukessel wirft, schufen sie zum ersten Mal ein würzig schmeckendes, im fertigen Zustand auch damals wohl zumindest schon kurze Zeit haltbares Bier. Und das wiederum wurde etwa 1000 Jahre später zum Grundnahrungsmittel Mitteleuropas.

DIE KLÖSTER: ST. PATRICK'S WAY

Zu Beginn des 4. Jahrhunderts machte sich ein Schotte Namens Patrick auf den Weg nach Irland, denn Gott hatte ihm aufgetragen, die grüne Insel zu missionieren. Als es in Irland dann 200 Jahre später tatsächlich beinahe nur noch Christen gab, zogen viele seiner Nachfolger weiter nach Kontinentaleuropa, um des heiligen Patrick Werk fortzusetzen und es um einen ziemlich attraktiven Aspekt zu erweitern: In ihren Benediktinerklöstern brauten sie nun Bier, sie studierten, systematisierten und professionalisierten es. Dazu waren sie vor allem in der Lage, weil sie als Mönche schreiben - und dadurch ihr Bierwissen von Generation zu Generation weitergeben konnten. Bereits auf den Zeichnungen von Klöstern aus dem 6. Jahrhundert finden sich separate Bereiche fürs Mälzen, Brauen und Gären, in der Regel in der Nähe der Backstube, denn die Parallelen zwischen Brot und Bier waren immer noch enorm. Wahrscheinlich verwendeten die Mönche in so manchem Kloster sogar Sauerteig, um die Maische zum Gären zu bringen. Selbst über Kühlvorrichtungen, um die heiße Würze möglichst schnell auf eine geeignete Gärtemperatur zu bringen, verfügten einige Klöster damals bereits.

Ab etwa 1000 n. Chr. legten die Mönche erste Hopfengärten an, kultivierten die wilden Hanfgewächse also, die über die Jahrhunderte vorher auf unterschiedlichen Wegen ins Bier gefunden hatten. Den Sorben etwa galt Hopfen schon zuvor als Medizin und religiöse Kultpflanze, auch die Wikinger im Norden Europas hatten ihn wohl bereits verwendet, um ihre vergorenen Getränke für lange Schiffspassagen haltbar zu machen. Einmal mehr aber waren es die Mönche, die dieses vielfältige Wissen sammelten und damit erst den Weg für den Siegeszug des gebitterten Bieres in den folgenden Jahrhunderten ebneten. Zunächst konnte der Hopfen-Boom der katholischen Kirche übrigens überhaupt nicht recht sein, die dominierte damals nämlich den Handel mit Bierkräutern wie Gagel, Porst und Wacholder und verlor jetzt einen lukrativen Geschäftszweig. Zu Beginn des 14. Jahrhunderts gab es jedoch in fast gesamt Zentraleuropa nur noch gehopfte Biere, von einigen regionalen Besonderheiten einmal abgesehen (im Rheinland etwa war der Hopfen noch lange verboten). Die Klöster aber wurden durch den Verkauf ihres nahrhaften, sauberen und wohl auch einigermaßen leckeren Bieres bald immer reicher und mächtiger.

DIE HÖFE: DAS RECHT AM BIER

Bier ist nichts für Frauen? Absurd! In den meisten Bierkulturen der Geschichte gab es ursprünglich wahrscheinlich überhaupt nur Brauerinnen, im deutschen Sprachraum wurden sie zum Beispiel „Gruterinnen" genannt, abgeleitet von „Grut", den über Jahrtausende verbreiteten Bierkräutern, den Hopfenvorgängern also. Die Frauen brauten daheim am Herd, im einfachen Kessel. So gesehen waren sie sogar die eigentlichen Erfinderinnen von „Home-Brewing" und „Craft-Bier". Erst der zunehmende ökonomische Erfolg der Klosterbrauereien machte das Brauen auch für die weltliche Obrigkeit interessant – und führte zu einer weiteren Professionalisierung des Bieres.

Wenige Jahre nämlich, nachdem Karl der Große im Jahr 800 im Dom zu Aachen vom Papst zum ersten Kaiser des Heiligen Römischen Reiches deutscher Nation gesalbt wurde, erließ er die wohl erste Bier-Gesetzgebung der europäischen Geschichte: In einem Unterpunkt seiner agrarpolitisch weichenstellenden Landgüterverordnung „Capitulare de villis vel curtis imperii" machte der Kaiser unter anderem Vorgaben zur Brau-Hygiene, regelte in ihr aber vor allem die Bierversorgung seines Hofes. Die Grundidee, die über die folgenden Jahrhunderte Bestand haben sollte: Brauen war ein exklusives Recht, wer es besaß, war Monopolist und konnte am begehrten, knappen Gut Bier verdienen – und das in der Regel gar nicht schlecht.

Als das Karolingerreich wenige Jahrzehnte später in kleinere Teilreiche zerbrach, sicherten sich die regionalen Fürstentümer neben anderen Privilegien, etwa der Hoheit über die Münzprägung, weitgehende Teile der kaiserlichen Braurechte. Herzöge, Grafen und Könige konnten nun fortan selbst bestimmen, wer in ihrem Hoheitgebiet Bier herstellen durfte, wie viel er herstellen durfte und wer am Ende etwas davon abbekam. In eigenen Biergesetzen bestimmten die Feudalherren nun, welches Getreide die Brauer verarbeiten durften, und wie viel die „Hofbrauereien" oder die „Fürstlichen Brauhäuser" an ihre Oberen abgeben mussten – an Bier wie an Steuern. Mit der Zeit bildete sich so eine neue Klasse an zunächst ungelernten Brauern heraus, ehemalige Knechte und Bauern zum Beispiel. Das Brauen entwickelte sich langsam, aber Schritt für Schritt zu einem weltlichen Handwerk. Und das Bier wurde bürgerlich.

DIE STÄDTE: DER KAMPF UMS REINE BIER

Eine Entwicklung, die sich beschleunigte, als ab etwa 1100 in Europa so viele neue Städte entstanden wie nie zuvor oder danach in der Geschichte. Die Städte waren ihrer Idee nach Vereinigungen freier Bürger, sozial strukturiert und politisch geführt durch Gilden und Zünfte, einer Mischung aus Berufsverbänden und sozialem Klassensystem. Die Städte wurden von den Fürsten mit Privilegien ausgestattet – und aufs Neue fand damit auch das Braurecht neue Besitzer.

---

12. JH.

Hildegard von Bingen beschreibt die Heilkräfte von Hopfen und Bier sowie die konservierende Wirkung des Hopfen: „Durch seine Bitterkeit verhindert er einen gewissen Verderb in Getränken, zu denen er gegeben wird, so halten sie länger."

14. – 16. JHDT.

Das Bier wird zunehmend verrechtlicht, vor allem durch städtische oder regionale Brauordnungen. Nürnberg verbietet etwa bereits 1303 wegen einer Hungersnot, andere Getreidesorten als Gerste zum Brauen zu verwenden. Andere Städte schreiben aber auch Haferbiere vor, im Rheinland sind gehopfte Biere sogar zeitweise verboten. Die Hopfenbiere setzen sich beinahe in ganz Mitteleuropa durch, gleichzeitig wird die Gerste zum wichtigsten Braugetreide. Vielleicht, weil sie im feuchten und kalten Klima der Zeit weniger leicht verschimmelt als andere Getreidesorten.

1307

Hamburg verdrängt Bremen als wichtigste Bierexportstadt der Hanse. Weil beide Städte dasselbe Produkt exportieren, ein qualitativ hochwertiges Rotbier, sterben die Bremer Exportbrauereien bald völlig aus. Hamburg hingegen produziert schon in der zweiten Hälfte des 14. Jahrhunderts deutlich über 20 Millionen Liter Bier pro Jahr.

1503

In Bayern müssen angehende Brauer erstmals eine dreijährige Lehre absolvieren. Vielerorts wird Brauern außerdem verboten, nebenbei andere Handwerksberufe auszuüben.

1516

Die Geburtsstunde des bayerischen Reinheitsgebots. Bier darf fortan nur aus reinem Wasser, Gerste und Hopfen bestehen. Mit dem ältesten gültigen Lebensmittelgesetz der Welt werden nach der Wiedervereinigung der bayerischen Teilherzogtümer die unterschiedlichen Landrechte in der „Bayerischen Landesordnung" harmonisiert. Darin werden auch Preise und Inhaltsstoffe des Bieres geregelt: Es sollen „dann allain Gersten Hopfen unn Wasser genommen" werden. Teilweise als Hexenkräuter verunglimpfte Pflanzen wie Bilsenkraut, Wermut und Stechapfel werden verbannt. Die Regelung wird später als „Bayerisches Reinheitsgebot" berühmt.

Die weltlichen Brauer aber hinkten dem Bierwissen der Mönche um Jahrhunderte hinterher – wenig überraschend, denn sie waren ungebildet, konnten nicht lesen, und eine handwerkliche Brau-Tradition, an der sie sich hätten orientieren können, gab es auch nicht. Das Brauen war zunächst oft ein Nebenerwerb für einfache Handwerker, auch aus ökonomischen Zwängen verwendeten diese aber oft minderwertige Zutaten und überdeckten den schlechten Geschmack mit einer wilden Mischung aus Wald-und-Wiesen-Gift, Pilzen etwa oder sogar Baumrinden.

In einer Reihe von Biergesetzen kann man die verzweifelten Bemühungen der Magistrate und Stadtoberen nachlesen, mit denen sie der katastrophalen gesundheitlichen Folgen des schlechten Bieres Herr zu werden versuchten. Im ältesten Stadtrecht Deutschlands zum Beispiel, der Augsburger „Justitia Civitatis Augustensi", heißt es: „Wenn ein Bierschenker schlechtes Bier macht oder ungerechtes Maß gibt, soll er gestraft werden." Diese Strafen konnten zum Teil drakonisch sein, Bierpanschern drohte in extremen Fällen sogar der Tod.

Zunächst jedoch war keine Besserung der Situation absehbar, im Gegenteil: Das 14. Jahrhundert war geprägt von Hungersnöten und der großen Menschheitskatastrophe des Mittelalters, der Pest. Die hygienischen Bedingungen, gerade in den Städten, waren verheerend. Die Getreide-reserven verschimmelten im kalt-feuchten Klima des frühen 2. Jahrtausends und waren voll von Krankheitserregern. Wohl auch, weil Gerste sich als besonders widerstandsfähig gegen zumindest einige der Erreger erwies, setzte sie sich vielerorts als Braugetreide durch. Ein weiterer Grund: In Gerste steckt recht wenig Gluten, also „Kleberproteine", deshalb eignet sie sich nicht sonderlich gut zum Brotbacken. In den vielen Hungersnöten der Zeit aber wurden Hafer, Roggen und Weizen gebraucht, um die rasch wachsende Bevölkerung zu ernähren – den Brauern stand deshalb oft überhaupt nur Gerste als Stärkequelle zur Verfügung.

DAS REINHEITSGEBOT

Und so war es eine ganze Reihe von Gründen, die den Münchner Stadtrat 1447 dazu bewogen, einzig Gerste, Hopfen und Wasser als legitime Bierzutaten festzuschreiben. Eine Entscheidung, die sich 69 Jahre später dann so auch im bekanntesten Biergesetz der Weltgeschichte niederschlug, als es nämlich in der bayerischen Landesordnung von 1516 hieß: Zum Brauen sollen „allain Gersten/ Hopfen/unn wasser/genommen" werden. Ein geschmackliches Urteil gegen die vielen anderen Bierstile der europäischen Geschichte abzugeben, etwa gegen ein Grutbier aus Hafer, Koriander und Salz – das hatten die Bier-Entscheider des Mittelalters mit ihren „Reinheitsgeboten" aber sicher am allerwenigsten im Sinn.

Kaffee und Tee ersetzen zunehmend das Bier, auch wegen der sich wandelnden Arbeitsethik. Als Kalorienquelle verlieren Bier und Brot an Bedeutung, Kartoffeln und Gemüseeintöpfe übernehmen diese Funktion. Alkohol wird zunehmend in Form von Branntwein konsumiert.

In London wird die neue und schon bald sehr populäre Biersorte „Porter" staatlich gefördert, sie soll dem stark zunehmendem Branntweinkonsum entgegenwirken. Die Herstellung des dunklen, günstigen Porter markiert den Übergang zum industriellen Brauwesen. In Dublin wird 1759 die Guinness-Brauerei gegründet, die ein „Stout Porter" (ein starkes Porter) braut.

Helle Biere kommen zunehmend in Mode und werden erstmals in großer Zahl in Flaschen abgefüllt.

Das Porter verliert in England zunehmend an Beliebtheit, es beginnen die Zeiten der milden, leicht süßlichen „Victorian Mild Ales". Für den Transport in die indischen Kolonien werden die stark gehopften und mit hohem Alkoholgehalt versehenen (lange haltbaren) „India Pale Ales" gebraut.

Der bayerische Braumeister Josef Groll, der sein Handwerk im hoch entwickelten England vertieft hatte, erfindet im tschechischen Pilsen den neuen untergärigen Bierstil „nach Pilsner Art".

17. – 18. JH.   **18. JH.**   **19. JH.**   **AB 1830**   **1842**

Die industrielle Revolution oder: Bier für die Welt

Die großen technologischen Entwicklungen des 18. und 19. Jahrhunderts verändern alles: Das Wirtschaften, das Leben, die Idee vom Menschen - und das Bier. Ach so, und am Ende gewinnen natürlich die Bayern.

BIS 1800: DIE UNMÖGLICHKEIT EINES PILS

Die Biervielfalt Europas vor Beginn des 19. Jahrhunderts war enorm - was nicht etwa daran lag, dass Brauer oder Konsumenten besonders viel Wert auf diese Vielfalt legten oder sie überhaupt nur anstrebten. Brauen war einfach eine ziemlich lokale Angelegenheit, denn die Zutaten konnten in weit geringerem Maße als heute über lange Distanzen hinweg transportiert werden, vor allem aber konnten Wasser, Hopfen, Hefe und Malz technologisch kaum bearbeitet werden. Kein Wunder, wusste man doch bis Mitte des 19. Jahrhunderts noch gar nicht, warum genau die Hefe Zucker in Alkohol verwandelte. Man arbeitete eben mit jenen Mikroorganismen, die irgendwann einmal ein halbwegs anständiges Bier produziert hatten, die man seitdem als hellbraunen Schlamm aus den Gärbottichen

geerntet und ein ums andere Mal wiederverwendet hatte. Deshalb schmeckten etwa die traditionellen Weizenbiere in Berlin recht sauer (neben verschiedenen Hefen steckten auch Milchsäurebakterien im lokalen Mikro-Mix). Unter anderem deshalb sind etwa die spontan - also ohne Zusatz von Zuchthefen - vergorenen, belgischen Trappistenbiere noch heute besonders alkoholstark (bestimmte, in den Holzfässern kultivierte Hefestämme können einen größeren Zuckeranteil der Maische vergären als die verbreiteten obergärigen Hefen). Eine Gemeinsamkeit allerdings bestand: Alle Biere Europas waren früher deutlich dunkler als heute, denn in den Mälzereien musste das gekeimte Getreide über direkter Hitzezufuhr und verhältnismäßig heiß getrocknet werden. Die Darre, die Trocknungsanlage, wurde üblicherweise mit Holz, Stroh oder Torf befeuert. Deshalb konnte man ausschließlich mit dunklen Malzen brauen, andere gab es nicht, sie brachten wahrscheinlich fast immer auch rauchige Aromen mit ins Bier, eine Komponente, die man heute in der Regel vorsichtig dosiert, durch die Zugabe von nur kleinen Mengen an „Rauchmalz". Helle Malze aber und dadurch auch helle Biere wie etwa ein „Pilsner" oder eben ein Münchner „Helles" konnte es - noch - nicht geben.

UM 1800: ENGLAND GOES TO „HELL"

Spätestens seit dem 18. Jahrhundert gab es in Europa kein technologisch höher entwickeltes Land als das Vereinigte Königreich, denn die industrielle Revolution hatte die Wirtschaft Großbritanniens durch die technologischen Erfindungen ihrer Zeit bald immer umfassender automatisiert und spezialisiert. Außerdem lieferten die im industriellen Maße erschlossenen fossilen Brennstoffe, allen voran die Kohle, fast unbegrenzte Mengen an Energie, nicht nur für die Stahl- und Schwerindustrie, sondern auch für die Maschinenparks in den riesigen Fabriken. Das hatte auch Auswirkungen aufs Brauergewerbe und damit aufs Bier. Nach folgender Logik:

Erste Großbrauereien entstehen: Die kapitalkräftigen Eigentümer investieren in große Gebäude, große Brau-Anlagen und in große Gär- und Lager-Kapazitäten. Bald versorgen sie Pubs in ganz England mit dem ersten Industriebier der Geschichte, dem dunklen Porter.

Erfindungen automatisieren das Brauen: Nachdem James Watts 1784 den Dampfmaschinenmotor zur Serienreife weiterentwickelt, arbeiten in den Braukesseln bald automatische Rührwerke und Pumpen.

Die Bierarbeit wird geteilt: Spezialisierte Mälzereien entstehen, sie liefern den wichtigsten Brau-Grundstoff an die Brauereien, die vorher meist noch selbst vermälzt hatten.

Die Naturwissenschaften boomen, und die neuen Technologien verändern auch das Bier: Als es den Mälzereien etwa gelingt, Grünmalz, also das feuchte, keimende Getreide, durch den Einsatz von Koks scho-nender zu trocknen, entstehen zum ersten Mal hellere Malze, „Pale Malts", aus denen sich zunächst ein bernsteinfarbenes Bier brauen ließ. Noch hellere Malze entstehen ab etwa 1806, als man zum Trocknen des Malzes erstmals heiße Luft durch das feuchte Getreide leitet. Als „Victoria Mild Ales" eroberten die neuen, helleren Biere die englischen Pubs, besonders alkohol- und hopfenstark eingebraut werden sie auf den Schiffen der East India Company auch in die britischen Überseekolonien geschickt: Das „India Pale Ale" (IPA) war geboren.

UM 1900: DIE BAYERN MACHEN DAS BIER KALT

Seit 1553 war es in Bayern verboten, im Sommer zu brauen, weil das Bier in den heißen Monaten schon während der Gärung oft verdarb und wohl auch, weil die Brandgefahr in den Brauereien besonders groß war. Praktisch bedeutete das Verbot, dass die bayerischen Brauer mit den letzten Bieren einer jeden Brau-Saison bereits zum Frühlingsende fertig sein mussten. Diese Biere lagerten dann über Monate und wurden in der Regel erst im Herbst angestochen (so wurde das „Märzen" zum Oktoberfest-Bier).

Damit das Bier aber derart lange halten konnte und nicht unter der heißen Sommersonne verdarb, lagerten die Brauer es in tief in den Erdboden gegrabenen Kellern unter den Höfen ihrer Brauereien. Sie füllten schmale, lange Kammern mit Eis, das sie am Ende des Winters aus brauereieigenen, flachen Teichen ernteten. Diese Eiskammern wiederum gaben ihre Kälte an die unmittelbar angeschlossenen Lagerkeller ab und kühlten sie so auf Temperaturen von weniger als zehn Grad herunter. Damit die Sonne nicht von oben auf die Kellerdecke scheinen konnte, pflanzten die Brauer in ihren Höfen außerdem große Kastanienbäume. Deren dicht bewachsene Äste spendeten

		Carl Linde produziert erstmals Kältemaschinen für Großbrauereien (Spaten, Heineken, Carlsberg). Durch die gleichbleibenden Temperaturen beim Gärprozess können untergärige Bierstile nun ganzjährig produziert werden.		Die Prohibition in den USA vernichtet die meisten kleinen Brauereien. Die großen Betriebe halten sich mit dem Verkauf von Käse (Pabst), Ginger Ale (Schlitz) oder Eiscreme (Anheuser-Busch) über Wasser und übernehmen nach Ende des Alkoholverbots den Markt.
Louis Pasteur postuliert die „vitalistische Gärungstheorie", wonach eine alkoholische Gärung in Abhängigkeit von lebenden Zellen, z.B. Hefen, stattfindet.	Louis Pasteur entwickelt die Pasteurisierung, das Abtöten von Mikroorganismen durch kurzzeitiges Erhitzen. Dadurch wird die Haltbarkeit von Bier erhöht.		Kaiser Wilhelm II. verordnet ein Reinheitsgesetz für das gesamte Deutsche Reich, basierend auf dem bayerischen Reinheitsgebot. Geringe Abwandlungen betreffen unter anderem Malzsorten für obergäriges Bier.	
1857	**1864**	**1873**	**1906**	**1920 – 1933**

Schatten, während ihre relativ kurzen Wurzeln nicht tief genug reichten, um der Kellerdecke gefährlich werden zu können - womit übrigens der Phänotyp eines noch heute typischen bayerischen Biergartens erfunden war.

Weil die hiesigen Brauer ihr Bier im kalten Keller vergären ließen, bei jenen niedrigen Temperaturen also, die eigentlich nur für die Lagerung bestimmt waren, bildeten sich dabei Hefestämme heraus, die mit der Kälte besonders gut zurechtkamen. Diese Hefestämme besaßen eine leicht zu beobachtende Gemeinsamkeit - sie sanken bereits in einem frühen Stadium der Vergärung auf den Boden der Gärbehälter nieder. Deshalb nannte man sie „untergärige Hefen", in Abgrenzung zu ihren im restlichen Europa üblichen „obergärigen" Verwandten, die während der gesamten Vergärung oben auf der Bierwürze sitzen bleiben und erst absinken, wenn sie keinen vergärbaren Zucker mehr im Bier finden können, um ihn zu verstoffwechseln. Weil die bayerischen Biere so lange im Keller lagerten, setzte sich im Englischen später das Wort „Lager" als Überbegriff für alle untergärigen Bierstile durch.

19. JAHRHUNDERT: DIE BAYERN ZETTELN EINE WELTREVOLUTION DES BIERES AN

1837: Die befreundeten Brauer Gabriel Sedlmayer (Spaten-Brauerei, München) und Anton Dreher (Schwechat-Brauerei, Wien) besuchen englische Mälzereien. Sie schmuggeln in einem der historisch wohl folgenreichsten Fälle von Industriespionage Hefe- und Würzeproben (und in ihren Gehstöcken wohl sogar einige Körner des hellen Pale-Ale-Malzes) in ihre Heimatstädte, kopieren die neuen Techniken der Briten und begründen die bald populärsten Biere Süddeutschlands und Österreichs: Das Münchner Märzen und das Wiener Helle.

1843: Der gebürtige Bayer Josef Groll, der als Braumeister im böhmischen Pilsen arbeitet, vorher aber ebenfalls in England lebte, braut erstmals ein Pilsner, ein goldgelbes untergäriges Bier. Über die neu entstandenen Zugverbindungen gelangt dieses böhmische Bier in viele Großstädte Europas und wird schon bald in weiten Teilen des Kontinents sehr populär. Die helle Farbe gilt als aufregend, der schlanke, hopfenbittere Geschmack als besonders erfrischend.

1873: Carl von Linde entwickelt zum ersten Mal in industrieller Größenordnung einsetzbare Kältemaschinen. Mit ihrer Hilfe können Brauereien untergärige Biere nun ganzjährig brauen - und sich zu internationalen Großkonzernen entwickeln. Die ersten Brauereien, die auf die neue Technologie setzen, sind nicht durch Zufall solche, die auch 140 Jahre später noch eine wahrnehmbare Rolle spielen werden auf dem Biermarkt: Die Spaten-Brauerei in München, die „Carlsberg Bryggeriet" in Kopenhagen und die „Heineken Brouwerij" in Amsterdam. Das Ergebnis der technologischen Entwicklung: Industriell produziertes Bier ist mehr und mehr saisonunabhängig und in nahezu gleicher Qualität reproduzierbar.

1900 bis heute: Die untergärigen Biere erobern die Welt. Sie werden nicht nur aus Gerste gebraut, sondern auch aus Reis (Asien) oder Mais (USA, Südamerika) und verdrängen die obergärigen englischen Ales fast vollständig. Das erfolgreichste und wegweisendste Bier der Geschichte ist damit das bayerische Helle. Erst die in den 1970er-Jahren aufkommende Real-Ale-Campaign in Großbritannien und die Craft-Brew-Bewegung in den Vereinigten Staaten stellen sich gegen diesen Trend und verkehren ihn mit den Jahrzehnten zumindest teilweise ins Gegenteil.

In Großbritannien entsteht die „Campaign for Real Ale". Sie richtet sich gegen homogene Massenbiere und propagiert die Wiederbelebung alter Ale-Rezepte.

1971

In den USA hebt Jimmy Carter das Heimbrau-Verbot auf. Außergewöhnliche, aromatische Bierstile wie das IPA werden schnell populär, die Zahl der US-amerikanischen Brauereien steigt von 89 im Jahr 1978 auf 537 im Jahr 1994 und 3464 im Jahr 2014.

1978

Der Pro-Kopf-Konsum von Bier in Deutschland sinkt von rund 150 Litern auf 100 Liter.

1984 – 2014

In Deutschland entstehen die ersten Mikrobrauereien, mit teilweise stabilen, zweistelligen Wachstumsraten.

2010 – 2014

Das Buch BEEF! CRAFT BIER erscheint im Tre Torri Verlag.

2015

DAS ERBE DER KELTEN

BIER IN DEUTSCHLAND HEUTE

In der Faust-Brauerei in Franken überprüfen die Brauer den Gär-Fortschritt per Bierspindel, also per Hand. In der Oettinger-Brauerei wäre das undenkbar

Die Geschichte vom Riesen und vom Zwerg

Nicht nur 340 Kilometer liegen zwischen der Familienbrauerei Faust im fränkischen Miltenberg und Mönchengladbach, einem der vier Produktionsorte von Oettinger, der größten deutschen Einzelbrauerei. Die beiden Betriebe unterscheiden sich in fast allem: in ihrer Größe, in ihren Braumethoden und Marketingstrategien - vor allem natürlich im Bierpreis. Nur eins haben beide gemeinsam: Ihre Chefs wissen genau, was sie tun.

Das eine Ende der deutschen Bierwelt liegt auf sieben Stockwerken, in einem breiten Haus in der mittelalterlichen Altstadt von Miltenberg. Vorne führt eine schmale Gasse vorbei, links schließen Fachwerkhäuser an, die Rückwand stößt an einen Sandsteinfelsen, keine zwanzig Meter in die andere Richtung fließt der Main. Es ist so eng in der Gasse, dass kein Auto mehr hindurch passt, wenn die Tanklaster bis zu 30.000 Liter Bier am Tag aus den großen Tanks pumpen, die rechts neben dem Haus in die Höhe ragen. „Im Industriegebiet könnten wir effektiver und günstiger produzieren, glaubwürdig bleiben können wir nur hier", sagt Cornelius Faust, der Hausherr, der die mittelständische Faust-Brauerei in Miltenberg in Unterfranken gemeinsam mit seinem Cousin seit 19 Jahren leitet. 16.000 Besucher kommen jedes Jahr in das Haus in der schmalen Gasse. Sie lassen sich durch die Brauerei führen und auf der Versuchsanlage im obersten Stockwerk das Brauen erklären - und das sollen sie auch. Sie sollen teilhaben an der Altstadt-Idylle, sollen stolz sein auf ihr Miltenberger Bier, sollen die lustigen Sprüche auf den T-Shirts im Souvenir-Laden lesen, „Faust-Bier, das bleibt unter uns" steht auf einem, „Manche verbessern die Welt, wir die Heimat", auf einem anderen. „Wir können nur erfolgreich sein, wenn wir das Original bleiben und wenn wir auch als solches wahrgenommen werden", ergänzt Cornelius Faust. Würde die kleine Faust-Brauerei aber versuchen zu sein wie die großen, heißt das im Umkehrschluss, dann hätte sie verloren.

Am anderen Ende der deutschen Bierwelt jagen zehntausende Flaschen auf Förderbändern durch eine riesige Halle. Die Flaschen klirren, die Motoren in der Abfüllanlage der Oettinger-Brauerei in Mönchengladbach, einem von deutschlandweit vier Standorten des bayerischen Bier-Riesen, dröhnen so laut, dass sich die Mitarbeiter für ihre Schicht kleine, neongelbe Ohrenstöpsel aus einem Spender an der Wand ziehen können. Alle zehn Minuten stellt sich eine Flasche in der Anlage quer, dann bleiben die Förderbänder kurz stehen, bis ein Mitarbeiter sie

Das Sudhaus der Faust-Brauerei in Miltenberg. Durchs Fenster sollen Menschen beobachten können, wie das Bier entsteht. Auf der Fahne vor dem Fenster der Slogan der Brauerei: „Faust. Das bleibt unter uns."

entfernt hat. Ansonsten läuft alles reibungslos, natürlich, denn darum geht es. Oettinger ist der Meister aller Effizienzklassen, niemand in Deutschland braut mehr Bier, zumindest keine selbstständige Brauerei, und niemand braut es so kostenbewusst.

„WIR SIND EINE NO-NONSENSE-BRAUEREI"

sagt Karl Liebl, einer von drei Geschäftsführern bei Oettinger, zuständig für die Unternehmensbereiche Technik, Technologie, Qualitätsmanagement, Einkauf, Materialwirtschaft, Logistik, Versicherungswesen und Lizenzgeschäfte. „No Nonsense", das bedeutet „kein Blödsinn", und um zu erklären, was er damit meint, reicht Liebl der Platz eines Bierdeckels: „11 Euro" schreibt er ganz oben auf den Deckel, das steht für den Preis eines bereits günstigen Kastens Industriepilsener im Supermarkt.

Darunter schreibt er: Sponsoring: - 2 Euro, Marketing + Point of Sale + Gastronomie: - 2 Euro, Technologievorsprung + Einsparung durch Eigendistribution: - 1 Euro. Dann zieht er einen Strich und schreibt ‚6 Euro' darunter - der Preis eines Kastens Oettinger.

Oettinger ist das Gegenmodell zur fränkischen Mittelstands-Brauerei Faust. Auf Sponsoring und Marketing verzichten sie beim Branchenprimus seit 30 Jahren schon, der Preis definiert die Marke, stolz können die Kunden natürlich auch auf ihr Oettinger-Bier sein, der Punkt ist nur: Sie müssen es nicht, es reicht, wenn sie es kaufen. In Mönchengladbach, Oettingen, Gotha und Braunschweig produziert Oettinger, das macht die Lieferwege kurz, den „Point of Sale" - die vielen „Verkaufsorte" in Deutschland - für die konzerneigenen LKW kostengünstiger erreichbar. „Die beiden wichtigsten Gründe für unseren Erfolg übersehen die meisten aber",

erläutert Karl Liebl: „Wir sind die technologisch fortschrittlichste Brauerei Deutschlands. Und wir brauen richtig gutes Bier."

DIE POLE DER ALTEN, DEUTSCHEN BIERWELT

Cornelius Faust und Karl Liebl sind die beiden Pole der alten, deutschen Bierwelt. Einer Bierwelt, die sich spätestens vor einem halben Jahrhundert in zwei Hälften teilte - von denen die eine immer größer wurde und die andere verkümmerte. Den größten Wandel ihrer Geschichte hat die deutsche Brauereienlandschaft in den vergangenen zweihundert Jahren durchgemacht. Um die 30.000 Brauereien gab es zu Beginn des 19. Jahrhunderts noch alleine in Bayern, in den 1950er-Jahren waren es in der gesamten Bundesrepublik immerhin noch etwa 3.000, Ende 2014 dann nur noch genau 1.352 „Braustätten", wie das auf Statistik-Deutsch heißt - in alten und neuen Bundesländern

Das Sudhaus von Oettinger. In ganz Deutschland findet man keine technologisch fortschrittlichere Anlage. Durch die Fenster lassen sie hier niemanden gucken

zusammen wohlgemerkt. In drei Bundesländern gibt es noch mehr als 100 Brauereien, rund 130 in Nordrhein-Westfalen, 190 in Baden-Württemberg und 620 in Bayern. Noch wichtiger aber ist eine andere Entwicklung: Die Deutschen trinken immer weniger Bier, in den vergangenen 20 Jahren ist der Konsum um ein gutes Drittel gesunken, von mehr als 150 Litern pro Jahr und Kopf Mitte der 1990er-Jahre auf nur noch rund 100 Liter heute. Der einst so lukrative deutsche Biermarkt - er schwächelt. Und die Brauereien, die nichts kannten als dicke Renditen, kämpfen immer verzweifelter um die Gunst der deutschen Biertrinker, denen der Durst verloren geht.

Cornelius Faust ist nicht besonders groß, er spricht bedächtig und schaut meist ein wenig nachdenklich drein dabei. Er sitzt in seinem Büro im zweiten Stock der Altstadt-Brauerei in Miltenberg, im Regal neben ihm stapeln sich Bücher.

CORNELIUS FAUST BRAUT NICHT NUR BIER, ER DENKT AUCH VIEL DARÜBER NACH

Über die Geschichte des fränkischen Bieres und den Dreißigjährigen Krieg kann er aus dem Stegreif referieren. Was sich in den vergangenen fünf Jahrzehnten in Deutschland getan hat, beschäftigt ihn trotzdem mehr. Ende der 1950er-Jahre habe die Konzentration der deutschen Brauereienlandschaft begonnen, erklärt Faust. Seitdem sei die Entwicklung konsequent in eine Richtung gelaufen. Grob gesagt: Einige Brauereien bauten ihre Betriebe massiv aus, investierten in moderne Technologie und automatische Anlagen. Dadurch konnten sie ihr Bier effizienter brauen - und günstiger verkaufen. Kleine Brauereien aber, die nicht genug Kapital besaßen zum Investieren, konnten nicht mithalten, die meisten wurden aufgekauft oder gaben von alleine auf. „In den 80ern kam die Biertulpe mit Goldrand von

Warsteiner", sagt Faust schließlich. „Und so eine ähnliche Tulpe hatten wir in den 90ern dann auch." Was er damit meint, erzählt einem so oder so ähnlich fast jeder Brauer, nur zitiert werden möchten die wenigsten damit. Alles begann im Jahr 1753 mit einer kleinen Hausbrauerei mit angeschlossener Domschänke in Warstein, einer Kleinstadt im Kreis Soest in Nordrhein-Westfalen. Ab dem 19. Jahrhundert setzten die Verantwortlichen dort auf Modernisierung und auf die neuen Brautechniken, die mit den Erfindungen der Industrialisierung erst möglich wurden. 1898 bauten sie die erste Dampfmaschine in der Brauerei ein - von da an konnten die Rührwerke in den Braukesseln maschinell angetrieben werden. 1960 produzierte die Warsteiner-Brauerei erstmals mehr als zehn Millionen Liter pro Jahr, die alten Kapazitäten reichten nicht mehr aus. 1976 wurde eine neue Brauerei am Stadtrand errichtet, eine der größten und modernsten Anlagen, die es damals in Deutschland gab.

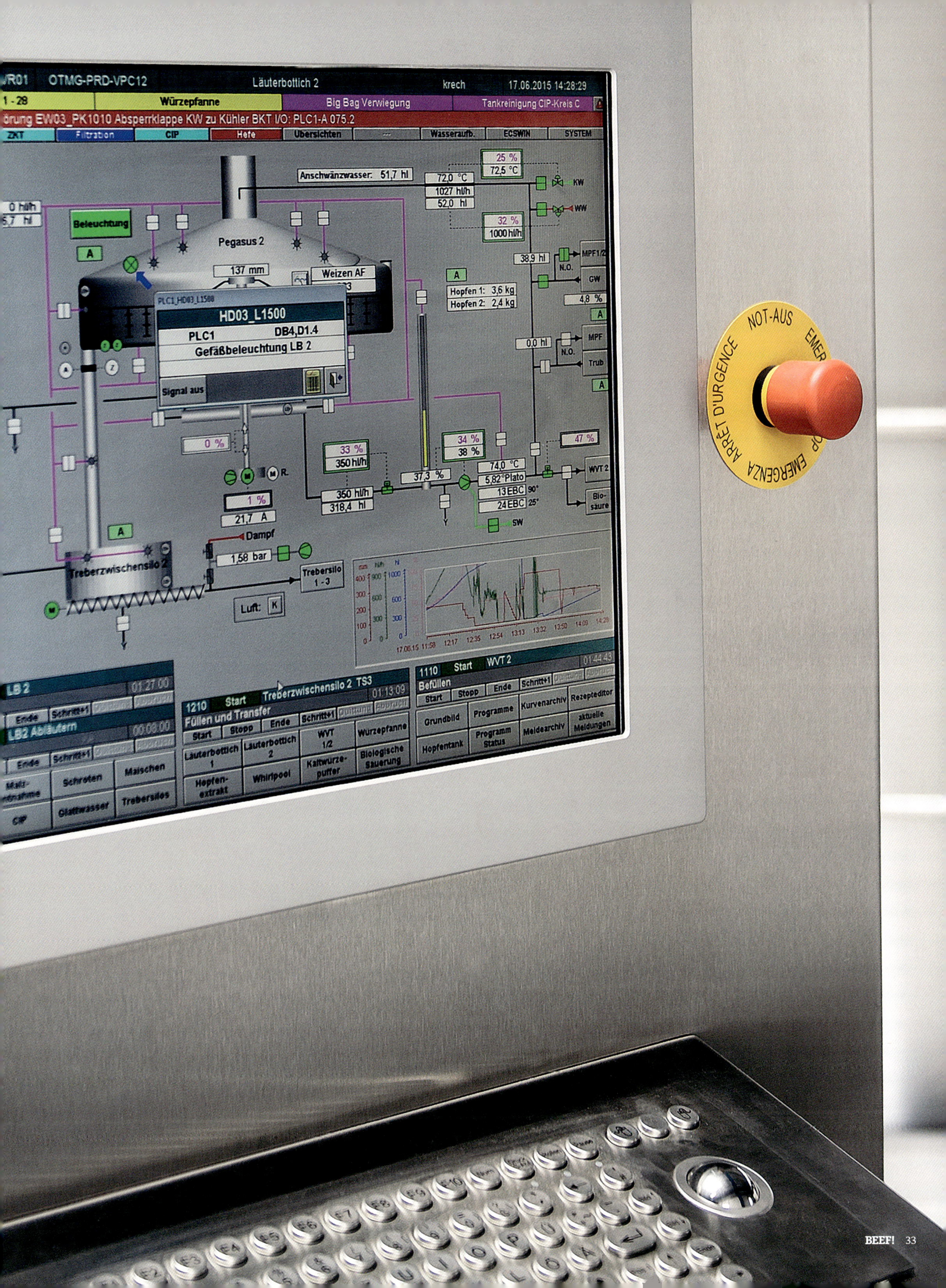
OTMG-PRD-VPC12
Läuterbottich 2
krech
17.06.2015 14:28:29
Würzepfanne
Big Bag Verwiegung
Tankreinigung CIP-Kreis C
Filtration
CIP
Hefe
Übersichten
Wasseraufb.
ECSWIN
SYSTEM
Anschwänzwasser: 51,7 hl
Beleuchtung
Pegasus 2
137 mm
Weizen AF
Hopfen 1: 3,6 kg
Hopfen 2: 2,4 kg
HD03_L1500
PLC1
DB4,D1.4
Gefäßbeleuchtung LB 2
Signal aus
Dampf
1,58 bar
Treberzwischensilo 2
Trebersilo 1 - 3
Luft:
Trub
Bio-säure
1210 Start Treberzwischensilo 2 TS3
Füllen und Transfer
1110 Start WVT 2
Befüllen
Läuterbottich 1
Läuterbottich 2
Würzepfanne
Biologische Säuerung
Kaltwürze-puffer
Whirlpool
Hopfen-extrakt
Grundbild
Programme
Kurvenarchiv
Rezepteditor
Hopfentank
Programm Status
Meldearchiv
aktuelle Meldungen
Schroten
Maischen
Glattwasser
Trebersilos
CIP
NOT-AUS
ARRÊT D'URGENCE
EMERGENZA

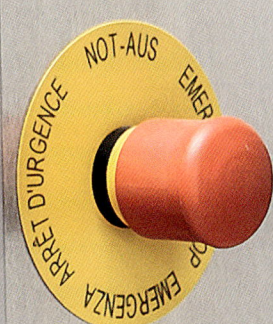

BIER IN DEUTSCHLAND

„Wir können nur als regionale Marke erfolgreich sein", sagt der Hausherr der mittelständischen Brauerei Faust, Cornelius Faust

„Dank weiterer wertvoller Investitionen in Technik, Vertrieb und Werbung vervielfachte sich der Ausstoß der Warsteiner Brauerei stetig", so endet die Chronik auf der Unternehmenshomepage. Genau hier setzen Bierkenner aber erst an, wenn sie den Einfluss von Warsteiner aufs deutsche Bier beschreiben, genauer gesagt sogar an einem einzigen Wort aus diesem Satz: „Werbung". Warsteiner gilt – neben anderen großen Markenbieren wie Bitburger, Krombacher, Veltins oder Beck's – als Inbegriff der „Fernsehbiere", wie Kritiker sie halb ironisch, halb abschätzig nennen. Jener Biere also, die sich nicht in erster Linie durch ihren Geschmack definieren oder durch ihre besondere Herstellungsmethode, so die Unterstellung, sondern durch ein medial inszeniertes Image. Und durch Worte und Slogans, die gut klingen, die aber niemand versteht, weil sie auch nicht viel bedeuten: „Siegelhopfen" oder „Felsquellwasser" zum Beispiel. „König der Biere", „Innerer Kompass", oder „Perle der Natur". In keiner Bier-

werbung im Fernsehen geht es explizit um den Geschmack eines Bieres. „Friesisch herb" – konkreter wird's nicht. Auch die Warsteiner Biertulpe mit Goldrand steht eben symbolisch für diese Inszenierung der reinen Form. Darauf hat Cornelius Faust angespielt, auch wenn sich das bei ihm nicht mal im Ansatz verächtlich anhört – und der eigentliche Punkt für ihn eh ein anderer ist: Warsteiner sei erfolgreich gewesen mit seiner Strategie, davor habe er Respekt, sagt Faust.

JEDE BRAUEREI MUSS IHREN EIGENEN WEG FINDEN

Genau wie andere Brauereien mit anderen Strategien erfolgreich gewesen seien, mit „Lemon"- oder „Grapefruit"-Mischgetränken zum Beispiel. Nur: Jede Brauerei müsse ihren eigenen Weg finden. „Eine Kopie ist nie so gut wie das Original", sagt Faust, „jeder muss sich auf seine eigenen Stärken konzentrieren." Deshalb haben sie

die eigene Biertulpe mit Goldrand bei Faust Mitte der 90er schnell wieder abgeschafft. Um zu verstehen, welche Strategie die Brauerei seitdem erfolgreich macht, braucht man nur die schmale Treppe am Ende des Flurs hinunterzulaufen und in jedem Stockwerk eine kurze Runde zu drehen.

Im Keller, in dem die Hopfenpellets lagern, die ins Faustbier kommen – denn mit vergleichsweise günstigem Hopfenextrakt, flüssigem Hopfenkonzentrat, wird in Miltenberg nicht gebraut. Im Erdgeschoss mit den sechs Kupferkesseln, die man von der Straße aus durch große Glasfenster bestaunen kann und in denen das Bier im traditionellen und aufwendigen Dekoktionsverfahren gebraut wird, bei dem immer nur Teile der Maische separat gekocht werden. Rund 28.000 Liter brauen sie hier pro Tag, jede Woche brauchen sie dafür etwa 20 bis 25 Tonnen Malz. Insgesamt sechs Millionen Liter verlassen die Brauerei im Jahr, hauptsächlich Pilsner, gefolgt von Weißbier, Festbier, Bayerisch Hell und alkoholfreiem Weizen – das ist ziemlich genau ein Fünfzigstel der Menge, die Oettinger produziert.

Das Herz der Brauerei liegt fünf bis sechs Stockwerke weiter oben, hinter einer Stahltür. An den Wänden kleben gelbe und grüne Kacheln, sechs 7000-Liter- und sechs 1400-Liter-Becken füllen den Raum aus. Sie reichen drei Meter vom Boden in die Höhe, man muss eine Gittertreppe hinaufklettern, um ins Innere der Becken zu schauen. Ein junger Mann in gelben Gummistiefeln spritzt die Gitter mit einem Schlauch ab, nirgendwo in der Brauerei muss es sauberer und hygienischer zugehen als hier. Dicker, weißer Schaum liegt auf der Oberfläche der Becken – in der Faust-Brauerei vergärt das Bier offen. Bis ins 20. Jahrhundert hinein war das Standard, ganz früher durfte man die Gärbehälter gar nicht verschließen, denn man war ja angewiesen auf die wilden Hefen aus der Luft. Heute arbeitet die Hefe in den meisten Brauereien in geschlossenen Systemen, die Tanks lassen sich so einfacher reinigen, in Miltenberg geschieht auch das in aufwendiger Handarbeit. Mehr als 50 Menschen arbeiten in der Brauerei. Zum Vergleich: Oettinger, wo sie die 50-fache Menge an Bier produzieren, kommen nur auf viermal mehr Angestellte. Neben jedem Gärbecken steht eine Stahlhalterung mit einem Zettel darauf: „Pils", „Bayerisch Hell", „Festbier", „Schwarzbier" oder „Doppelbock" steht auf ihnen, darunter notieren die Brauer Gärdauer und -temperatur. Bei sieben bis neun Grad Celsius verwandeln die untergärigen Hefen hier die Würze in Bier. Mit modernen Methoden kann man mittlerweile auch untergäriges Bier wärmer vergären lassen, unter Druck zum Beispiel oder mit speziell gezüchteten Hefekulturen, dann geht es schneller, außerdem braucht man nicht so viel Energie fürs Herunterkühlen - beides drückt die Kosten.

ES DAUERT SO LANGE, WIE ES EBEN DAUERT

In der Faust-Brauerei dauert es so lange, wie es eben dauert, sieben Tage bei diesen niedrigen Temperaturen. Mit großen Bierspindeln messen die Brauer den Restextrakt, den noch verbliebenen Zuckeranteil im Jungbier, und tragen die Werte auf den Zetteln neben den Becken ein. Ist das Bier in einem Becken fertig vergoren, wird die Schaumdecke mit großen Schaufeln abgeschöpft, das Bier oberhalb der Hefe, die sich dann fast vollständig

auf dem Boden gesammelt hat, abgepumpt und in die Lagertanks geleitet. 49 von ihnen stehen im Keller, zwischen 3.500 und 22.000 Liter passen hinein, acht Wochen reift das Bier in ihnen. Die zehn Tanks an der Außenwand der Brauerei fassen noch einmal insgesamt 260.000 Liter. „Handwerklich zu brauen ist aufwendig und teuer, deshalb müssen wir für unser Bier einen höheren Preis verlangen als andere", sagt Cornelius Faust. Unter vierzehn Euro bekommt man keinen Kasten Faust-Bier.

„Unsere Brauerei ist hoch automatisiert, deshalb sind wir günstiger als alle anderen, und darauf sind wir extrem stolz", so Karl Liebl bei Oettinger, 340 Kilometer und mindestens ein Bieruniversum entfernt von Miltenberg. Fünf Meter hoch türmen sich die blauen Bierkästen in seinem Rücken, in der „Vollguthalle" der Oettinger-Brauerei in Mönchengladbach, um die 250.000 Kästen und acht Millionen Dosen insgesamt, deutlich mehr als fünf Millionen Liter Bier, vor allem

Pilsner. „Unsere Hauptsorten drehen sehr schnell", betont Liebl, der promovierte Braumeister, aus dem ein Manager des Bieres geworden ist.

Ein großer, kraftvoller Mann, der in kurzen, deutlichen Sätzen spricht und schon mal Begriffe wie „Drinkability" oder „Low-Budget-Segment" verwendet. Zwei bis drei Tage dauert es, bis alle Kästen die Vollguthalle verlassen haben, das meint Liebl mit „schnell drehen". Das wird man der Halle aber nicht ansehen, denn die Anlagen in Mönchengladbach stehen wirklich niemals still.

365 TAGE IM JAHR WIRD GEBRAUT, TAG UND NACHT

Der Strom aus Gabelstablern und Paletten mit neuen Flaschen und Kästen aus der Abfüllerei, eine Halle weiter, reißt niemals ab. Die Krise der deutschen Brauereien - um Mönchengladbach scheint sie einen Bogen zu machen.

„Ich bin stolz auf unsere Effizienz und auf unseren Preis": Karl Liebl, einer von drei Geschäftsführern der Oettinger Brauerei

BIER IN DEUTSCHLAND

1999 kam Liebl zur Oettinger-Brauerei, zehn Jahre später wurde er zu einem von drei Geschäftsführern des Unternehmens. „Während meines Studiums wurde uns immer wieder eine Zahl eingetrichtert: 156", erinnert er sich. 156 Liter, so viel Bier trank ein Deutscher vor 20 Jahren im Schnitt pro Jahr. Heute ist es ein Drittel weniger – ein Drama nennt Liebl das.

Viele Brauereien seien nicht mehr ausgelastet, die Überkapazitäten belasteten die Unternehmen, gleichzeitig werde der Wettbewerb schärfer, die Brauereien unterböten sich mit immer niedrigeren Preisen. Was Liebl vornehm verschweigt: So verzweifelt waren die großen Brauereien, dass sie zu tricksen begannen. Insgesamt 338 Millionen Euro Strafzahlungen wegen illegaler Preisabsprachen verhängte das Bundeskartellamt 2014 gegen sechs Großbrauereien und einen Braukonzern, die zusammen mehr als die Hälfte des deutschen Bieres produzieren. Oettinger war nicht betroffen. Im Konzert der Großen haben die Bayern nie mitgespielt. Mitglied beim Deutschen Brauerbund sind sie bis heute nicht.

Die Wahrheit ist allerdings auch: Bei Oettinger haben sie Preisabsprachen gar nicht nötig. Um die sechs Euro kostet ein Kasten ihres Pilsners in der Regel im Supermarkt, da kann sowieso kein anderer Hersteller mithalten. „Wir haben so viel in Technologie und in die Qualität unserer Biere investiert wie keine andere Brauerei", begründet Liebl das. Etwa sieben bis acht Prozent des Umsatzes fließen bei Oettinger in jedem Jahr als Investitionen zurück in den Betrieb.

Keine Brauerei in Deutschland besitzt modernere Anlagen. Gerade führen Liebls Mitarbeiter die Delegation eines internationalen Braukonzerns durchs Haus, vor allem für zehn zu Kurven geschwungene Edelstahlröhren in einer anderen Halle der Brauerei interessieren sich die Gäste. Mit einer Geschwindigkeit von 200.000 Litern pro Stunde jagen kleine Pumpen das fertig vergorene Oettinger-Bier durch die Röhren. In ihnen stecken Membranfilter der dritten Generation, erst in genau einer Brauerei weltweit gibt es eine solche Anlage – hier in Mönchengladbach. Für Karl Liebl

steht sie für alles, was Oettinger erfolgreich macht: Für die schiere Menge, die produziert werden kann: 1,2 Millionen Liter Bier filtern die Membranen an einem Tag.

TECHNOLOGIE UND GESCHMACK SCHLIESSEN SICH NICHT AUS

Für Kosteneffizienz: Viel weniger Energie als herkömmliche Filteranlagen benötige die Technik – bei den im europäischen Vergleich besonders hohen deutschen Strompreisen sei das überlebenswichtig. Für geringe Materialkosten: Nur Reinigungsmittel für die Röhren benötige man nun zum Filtern noch. Außerdem müsse das Bier nun nicht mehr zusätzlich erhitzt werden, selbst kleinste Hefepartikel fischten die Filter aus dem Bier. „Das ist der entscheidende Punkt", sagt Liebl schließlich, „Technologie und Geschmack schließen sich nicht aus. Denn wenn ich mein Bier nicht mehr erhitzen muss, verliert es auch weniger Aroma." Ob Oettinger-Bier gut schmeckt, ist Ansichtssache. Andere Brauer argu-

Perfekte Symmetrie – perfekte Effizienz: Mehr als eine Million Liter Bier braut die Oettinger-Brauerei in Mönchengladbach pro Tag. Dafür brauchen sie in Miltenberg länger als einen Monat

mentieren, Effizienz ginge zwangsläufig zulasten des Geschmacks. Je
mehr man nämlich aus einem Sud
heraushole, etwa die Maische mit
Luftpolstern auspresse, wie sie es
auch in Mönchengladbach tun, desto
mehr Gerbstoffe landeten am Ende
etwa im Bier, mehr, als fürs Aroma
gut sein könne jedenfalls.

REINHEITSGEBOT 2.0

Dass Oettinger-Bier im Vergleich zu
anderen Industriebieren aber ein minderwertiges Produkt wäre, ist mindestens eine gewagte These. Pilsner, Export und Weizen der Bayern belegen
bei unabhängigen Qualitätstests seit
Jahren vordere Plätze. Seit 2013 darf
die Brauerei auch „Ohne Gentechnik"
auf ihre Flaschenetikette drucken, als
erste Brauerei Deutschlands. Dieses
„Reinheitsgebot 2.0", wie er es nennt,
ist eine Erfindung von Karl Liebl. Es
ist ein Zeichen an die Verbraucher,
klar, aber auch ein kräftiger Finger-
zeig in Richtung Konkurrenz. Schaut
her, heißt das, wir halten uns nicht
auf mit Krise. Wir sind euch längst
ein paar Schritte voraus.

WIR SIND HIER
NICHT IN BERLIN

In Miltenberg hat Cornelius Faust ein
paar Fackeln angesteckt. Ihr Schein
bricht sich in den klammen, dunklen
Mauern des Kellergewölbes unter der
Brauerei. Es ist kühl, die Feuchtigkeit
des Bodens steigt einem in die Leder-
sohlen.

Der Keller ist ein weiterer Trumpf
in der Marketing-Strategie der fränkischen Brauerei. Kaum vorstellbar,
dass sich ein Gast von einer Führung
durch die jahrhundertealten Gemäuer
nicht beeindrucken lässt. Früher gehörte der Keller zu einem Kloster. Im
hinteren Teil, an dessen Wand schon
die roten Sandsteinberge des Oden-
walds beginnen, lagerten Zisterzienser-Mönche ihre Waren, die sie im Hof
umschlugen. Miltenberg war seit
dem 13. Jahrhundert eine bedeutende
Handelsstadt. Heute ist es der Hobbykeller des Braumeisters.

Faust stellt zwei Verkostungsgläser
auf ein altes Eichenfass und gießt Bier
aus einer 0,75-Liter-Flasche hinein,

es schimmert dunkelrot im Licht der
Fackeln, schmeckt süßlich und stark:
Die „Brauerreserve" ist ein Jahrgangs-
bier, Faust lagert es in französischen
Cognacfässern aus Eiche, jedes Jahr
braut er eine limitierte Edition, acht-
zehn 200-Liter-Fässer stapeln sich an
der Kellerwand.

Schon seit 2010 braut Faust außerdem ein India Pale Ale – auch wenn
er seine Hopfenbombe „Auswanderer-
bier" getauft hat und eine Miltenberger Geschichte dazu erzählt: Sie handelt von einem jungen Brauer, den es
Mitte des 19. Jahrhunderts in die USA
zog und dessen Vater, Chef der Brauerei „Zum weißen Löwen", so hieß die
Faust-Brauerei früher, dem Sohn für
die Überfahrt ein besonders hopfen-
und alkoholstarkes Bier braute.

90 Prozent der Geschichte stim-
men, das mit dem Bier vielleicht auch,
wer weiß das schon. „Wir sind hier
nicht in Berlin", sagt Faust, „wenn ich
möchte, dass die Leute sich auf besondere Biere einlassen, dann muss ich
sie abholen, wo sie sind." Darin hat er
Erfahrung.

Der jahrhundertealte
Gewölbekeller unter
der Faust-Brauerei.
Früher lagerten hier
Zisterzienser-Mönche
ihre Handelsgüter.
Heute weiß Cornelius
Faust ihn in Szene
zu setzen

SCHLESWIG-HOLSTEIN / HAMBURG

🏭 26   🍾 2 215 195 hl   🍺 4 114 666 hl

NIEDERSACHSEN / BREMEN

🏭 63   🍾 7 807 681 hl   🍺 7 874 978 hl

NORDRHEIN-WESTFALEN

🏭 128   🍾 20 467 380 hl   🍺 22 143 350 hl

🏭 **BETRIEBENE BRAUSTÄTTEN**
🍾 **GESAMTJAHRESERZEUGUNG IN HL**
🍺 **BIERABSATZ IN HL**
(Alle Angaben Stand 2014)

HESSEN

🏭 72   🍾 2 310 043 hl   🍺 3 063 114 hl

RHEINLAND-PFALZ / SAARLAND

🏭 67   🍾 6 861 321 hl   🍺 8 116 661 hl

BADEN-WÜRTTEMBERG

🏭 189   🍾 6 055 356 hl   🍺 6 332 737 hl

BIER IN DEUTSCHLAND

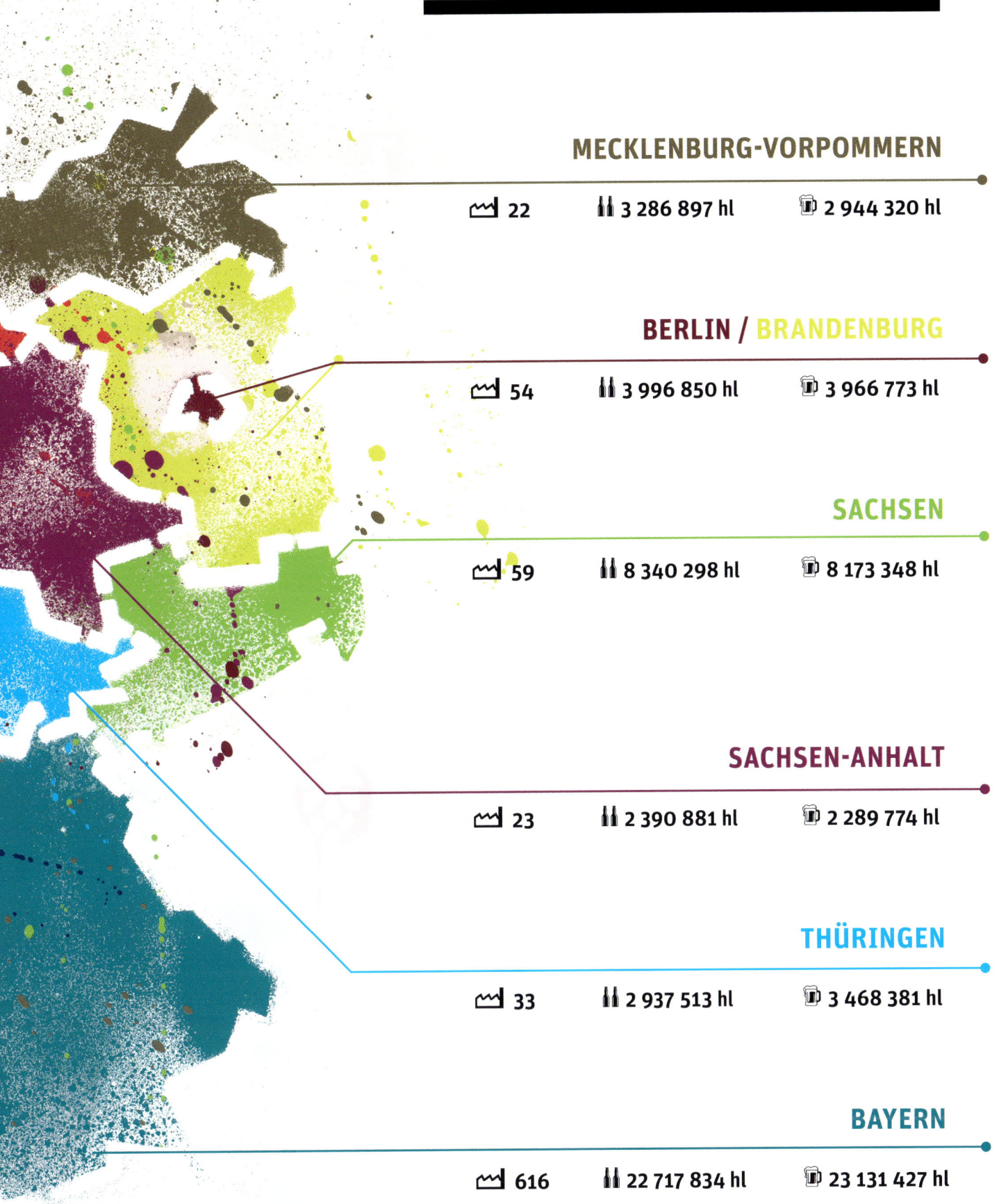

MECKLENBURG-VORPOMMERN

🏭 22   🍾 3 286 897 hl   🍺 2 944 320 hl

BERLIN / BRANDENBURG

🏭 54   🍾 3 996 850 hl   🍺 3 966 773 hl

SACHSEN

🏭 59   🍾 8 340 298 hl   🍺 8 173 348 hl

SACHSEN-ANHALT

🏭 23   🍾 2 390 881 hl   🍺 2 289 774 hl

THÜRINGEN

🏭 33   🍾 2 937 513 hl   🍺 3 468 381 hl

BAYERN

🏭 616   🍾 22 717 834 hl   🍺 23 131 427 hl

FÜR ALLE SINNE

DIE BIERSTILE DER WELT

к**03**

Die Bierstile der Welt

LAGERBIER

ALE & ALT

PORTER & STOUT

WEIZENBIER

SAUERBIER

BESONDERHEITEN

AMERIKANISCHE ALES
American Pale Ale
Amber und Gold Ales
Cream und Stock Ales

BELGISCHE ALES
Abteibier
Singel, Dubbel, Tripel
Belgisches Pale Ale
Blondes Starkbier/ Golden Strong Ale
Saison
Trappistenbier

BRITISCHE UND IRISCHE ALES
Barley Wine
Bitter
Brown Ale
Extra Special Bitter (EBS)
India Pale Ale
Irish Ale
Mild
Old Ale
Pale Ale
Scottish Ale

WEITERE ALES UND ALTBIERE
Adelaide Sparkling Ale
Altbier
Bière de garde
Kölsch

Bock und Doppelbock
Dortmunder Export
Dunkles
Helles
Kellerbier
Pilsner
Wiener, Märzen-
und Oktoberfestbier

IMPERIAL

Die Krönung: Das Wort „Imperial" bedeutet „kaiserlich", ursprünglich wurden nur Biere so benannt, die für europäische Monarchen gebraut worden waren. Henry Thrale's Anchor Brewery im britischen/englischen Southwark exportierte ihr Stout an den russischen Hof und widmete dieses starke „Export Stout" der russischen Zarin Katharina der Großen. Außerhalb Londons wurde dieser Stil schnell aufgegriffen und auch auf andere Bierstile angewandt. Im Zuge der Craft-Bier-Bewegung stand das Wort daher bald gleichbedeutend für die unterschiedlichen Bier-Extreme. Ein „Imperial Stout" zum Beispiel kommt auf besonders viel Alkohol, ein „Imperial IPA" ebenfalls, wahrscheinlich ist es auch noch einmal intensiver gehopft. Am besten, man wandelt das Präfix im Deutschen zum Suffix „-Bombe" um: Dann wird zum Beispiel aus unserem „Imperial Pils" eine „Pils-Bombe", und wenn Sie nun kurz noch einen Blick auf die Angaben in unserer Brauanleitung zu Bittere und Menge des verwendeten Hopfens werfen, verstehen Sie auch, warum.

Porter
Imperial Stout

DRY STOUT
Oyster Stout

SWEET STOUT
Oatmeal Stout

Belgisches Weizenbier/Witbier
Weissbier/Weizen

Berliner Weiße
Flämisches Braunbier/Oud Bruin
Westflandrisches Rotbier

LAMBIC
Gueuze
Faro

FRUCHTBIERE AUF
LAMBIC-BASIS
Kriek
Frambozen/Framboise

Leipziger Gose

Bière Brut
Dampfbier
fassgereiftes Bier
Frucht- und Gewürzbiere
ohne Lambic-Basis
Rauchbier
Roggenbier
Schwarzbier

ALT

Im Rheinland gärt's noch immer oben

Historisch liegen die Ursprünge des Alts im Mittelalter, damals braute man im gesamten Rheinland stark gehopfte Biere mit einem hohen Weizenmalzanteil. Im restlichen Deutschland entwickelte sich dagegen das Brauen mit überwiegend untergäriger Hefe. Spätestens seit Beginn des 20. Jahrhunderts geht es im Norden und Osten hauptsächlich ums Pils, im Süden um Helles, Märzen und Bockbier.

Nur im Westen stehen die Dinge anders: Das Rheinland ist, was seine traditionellen Bierstile angeht, obergärig geblieben, bis heute. Und schon der Name des Düsseldorfer „Alts" ist ein Bekenntnis zur alten Brautechnik, im Gegensatz zu den „neuen" untergärigen Bieren - er kam erst im 19. Jahrhundert auf, in einer Zeit, als etwa das Pilsener seinen Durchbruch feierte.

Dabei könnte man die Herstellung des Alts fast schon als Kombination aus beiden Gärverfahren bezeichnen, denn man verwendet bestimmte obergärige Hefestämme, die bei deutlich niedrigeren Temperaturen funktionieren als üblich. Während untergärige Hefen bei bis zu 13, herkömmliche obergärige Hefen aber bei 15 bis 25 °C arbeiten, fühlt sich die Alt-Hefe genau dazwischen wohl, bei 13 bis 19 °C. Diese relativ kühle Vergärung lässt zwar weniger aromatische Verbindungen der obergärigen Hefen ins Bier gelangen. Dafür entsteht ein sehr mildes, im Geschmack reines Bier, das man nicht unbedingt süffig nennen muss, von dem aber schon immer besonders gern besonders viel getrunken wurde.

Fakten zu Fritz Wülfings Alt und eine Brauanleitung finden Sie auf der nebenstehenden Seite, eine Übersicht der Alt-Aromen auf der nachfolgenden Seite.

FRITZ WÜLFINGS ALT

STECKBRIEF
Stammwürze: 12 °P
Alkohol: 5 % Vol.
IBU: 35
EBC: 32

MALZ
4 kg Münchner Malz hell
1 kg Münchner Malz dunkel

HOPFEN
40 g Perle (6,5 % α)
60 g Spalter (3,5 % α)

HAUPTGUSS
12 l

MAISCHEN
Einmaischen auf 65 °C
Kombinationsrast bei 65 °C
(60 Minuten)
Jodprobe – abmaischen (78 °C)

NACHGUSS
ca. 15 l, Zielstammwürze: 12 °P

KOCHEN
60 Minuten
1. Hopfengabe zu Kochbeginn:
40 g Perle
2. Hopfengabe bei Kochende
60 g Spalter

HAUPTGÄRUNG
Anstelltemperatur: 18 °C
Hefe: DS Nottingham, oder WLP003,
oder WY1007
ca. 4–5 Tage

NACHGÄRUNG
2,5 g Traubenzucker pro 0,5 l
2 Wochen

ALT

TROCKEN-MALZIG

BROTRINDE

DEUTLICHE BITTERE

DUNKEL GERÖSTETER TOAST

INDIA PALE ALE

Erfunden aus Not

Das India Pale Ale ist das berühmteste und beliebteste unter den weltweiten Craft-Bieren. Erfunden wurde der Bierstil im kolonialen Großbritannien aber einst aus purer Not.

Die grassierenden Infektionskrankheiten, aber auch der Alkoholismus der britischen „Ostinder", wie sie genannt wurden, führten zu einer hohen Sterblichkeitsrate. Das wurde noch unterstützt durch ihren Hang sich mit primitivsten Mitteln und aus ungeeignetsten Zutaten einige unheilvolle Alkoholika zusammenzubrauen, zum Beispiel ein Teufelsgetränk aus in der heißen Sonne vergorenem Palmensaft.

Weil die East India Company, die dominierende Handelsgesellschaft der Briten, ihren Angestellten und Arbeitern eine weniger schädliche alkoholische Alternative anbieten wollte, die typischen, englischen Ales auf den langen Schiffspassagen nach Indien aber meist ungenießbar wurden, begann man irgendwann im 18. Jahrhundert ein besonders hopfen- und alkoholstarkes Bier zu brauen. Auch die Technik des „Hopfenstopfens" - große Mengen an Hopfen noch einmal in Fässer voller bereits fertig vergorenen Bieres zu stecken - entstand aus diesem Grund.

Gegen Ende des 19. Jahrhunderts muss sich dann schon einmal ein wahrer IPA-Hype in Europa und den britischen Kolonien breitgemacht haben. Als im Zuge der Industrialisierung aber neue Methoden der Haltbarmachung entwickelt wurden, verlor die koloniale Hopfenbombe an Bedeutung; im 20. Jahrhundert spielte das IPA keine Rolle mehr. Erst die US-amerikanischen Craft-Brauer besannen sich ab den 1970er-Jahren wieder auf die englische Hopfenbombe, seitdem überbieten sie sich mit gewagten Zitrus- und Fruchtaromen, die alle aus den ätherischen Ölen des Hopfens stammen. Ursprünglich sollte das IPA in den Kolonien übrigens wieder verdünnt werden. Das lässt man mittlerweile zum Glück.

Fakten zu Stefan Hankes India Pale Ale und eine Brauanleitung finden Sie auf der nebenstehenden Seite, eine Übersicht der India-Pale-Ale-Aromen auf der nachfolgenden Seite.

STEFAN HANKES IPA

STECKBRIEF
Stammwürze: 14,5 °P
Alkohol: 4,7 % Vol.
IBU: 50
EBC: 10–15

MALZ
4,4 kg Pilsner Malz
0,5 kg Carahell

HOPFEN
6,4 g Cascade (5,75 % α)
2,3 g Centennial (10,5 % α)
3,5 g Amarillo (9,5 % α)
Zusätzlich etwa 50 g Amarillo
zum Hopfenstopfen
Zusätzlich etwa 50 g Cascade
zum Hopfenstopfen

HAUPTGUSS
16 l

MAISCHEN
Einmaischen auf 66 °C
Kombinationsrast bei 66 °C
(60 Minuten)
Jodprobe – abmaischen (78 °C)

NACHGUSS
ca. 15 l Zielstammwürze: 14,5 °P

KOCHEN
60 Minuten
1. Hopfengabe zu Kochbeginn:
34,8 g Cascade (2 g alpha)
2. Hopfengabe nach 30 Minuten:
9,5 g Centennial, 17,4 g Cascade
(je 1 g alpha)
3. bei Kochende:
13,9 g Cascade (1,4 g α),
15,8 g Amarillo (1,5 g α),
11,9 g Centennial (1,3 g α)

HAUPTGÄRUNG
Anstelltemperatur: 25 °C
Hefe: American Ale Yeast
ca. 3–4 Tage
Hopfenstopfen: 2 g/l Amarillo, 2 g/l
Cascade (nach Ende der Haupt-
gärung, Kontaktzeit 5 Tage, danach
zur Nachgärung ohne Hopfen auf
Flasche ziehen)

NACHGÄRUNG
24 ml Speise
oder 2,4 g Zucker pro 0,5 l
2 Wochen

INDIA PALE ALE

BROMBEERE

CASSIS

LIMETTE

GRAPEFRUIT

HOPFEN

TEE

MALZ

BERGKRÄUTER

ZITRONE

PALE ALE

Die mit den Hopfenmuskeln spielen

Man braucht die beiden Worte nur zu übersetzen, um zu verstehen, dass das „Pale Ale" kein besonders eng definierter Bierstil sein kann: Jedes „helle" und „obergärig gebraute" Bier aus Großbritannien kann man nämlich dazu zählen, und das mit dem „pale" muss man dabei noch nicht mal sonderlich genau nehmen. Als helle Malze bezeichnete man in Großbritannien des 16. Jahrhunderts nämlich zunächst jene Malze, die mit verkokster Kohle statt über schwelendem Feuer getrocknet wurden, und die deshalb keine Raucharomen mehr annehmen konnten.

Erst später, zu Beginn des 19. Jahrhunderts, wurden Pale-Ale-Malze dann tatsächlich heller, da sie nicht mehr durch direkte Hitzeeinwirkung, sondern in indirekt beheizten Darren getrocknet wurden. Im Vergleich zu den dunkelbraunen Farben, wie sie vorher in nahezu allen Bieren in nahezu allen Gegenden Europas üblich gewesen sein müssen, war das natürlich eine bahnbrechende Entwicklung. Mit der hellen, goldgelben Farbe etwa eines Pilseners hatte das aber überhaupt nichts zu tun. Pale Ales waren rötlich-kupferfarben, mitunter auch einen Tick dunkler.

Und so ist es auch die dritte Eigenschaft dieser traditionellen englischen Biere, die sie bis zum heutigen Tag so einmalig machen: Kein anderes Bier lässt nämlich derartig die Hopfenmuskeln spielen wie ein Pale Ale. Zwar haben die amerikanischen Craft-Brauer diesen Charakterzug in den vergangenen Jahrzehnten immer weiter herausgearbeitet, durch neue Hopfenzüchtungen und durch alte Techniken wie das Hopfenstopfen. Doch es wurde schon immer viel Hopfen verwendet fürs Pale Ale. Außerdem wurde es traditionell mit dem sehr harten Wasser gebraut, wie es in den mineralhaltigen Böden rund ums englische „Ale-Mekka" Burton-on-Trent vorkommt und das den speziellen Charakter hopfenbitterer Biere noch einmal unterstützt. Auch das besonders hopfen- und alkoholstarke India Pale Ale übrigens trat im beginnenden 19. Jahrhundert von Brauereien in Burton-on-Trent aus seinen Siegeszug in den britischen Überseekolonien an.

Erst mit den Rationierungen während des Zweiten Weltkriegs nahm der sehr wuchtige Charakter der Pale Ales ab, zunehmend setzte sich das „Bitter" durch, sozusagen der kleine, etwas schwächelnde Bruder des Pale Ales, der auch nur noch auf Alkoholwerte von 3–4 Vol.-% kam. Bis in die 1970er-Jahre eben, als in England und in den USA kleine Brauer damit begannen, sich des großen Erbes der englischen Pale Ales anzunehmen.

Fakten über Stefan Hankes Pale Ale und eine Brauanleitung finden Sie auf der nebenstehenden Seite, eine Übersicht der Pale-Ale-Aromen auf der nachfolgenden Seite.

STEFAN HANKES NOT-SO-PALE-PALE ALE

STECKBRIEF
Stammwürze: 12, 5 °P
Alkohol: 4,7 % Vol.
IBU: 30–35
EBC: 20–25

MALZ
3,6 kg Pilsner Malz
0,6 kg Carahell
0,5 CaraRed

HOPFEN
23,1 g Opal (6,5 % α)
30 g Smaragd (5 % α)
46,9 g Saphir (3,2 % α)
zuzüglich 50 g Saphir zum
Hopfenstopfen

HAUPTGUSS
18,4 l

MAISCHEN
Einmaischen auf 65 °C
1. Rast: 65 °C (45 Minuten)
2. Rast: 74 °C (2 Minuten)
Jodprobe – direkt abmaischen (74 °C)

NACHGUSS
ca. 14 l, Zielstammwürze: 12,5 °P

KOCHEN
60 Minuten
1. Hopfengabe zu Kochbeginn:
23,1 g Opal, 30 g Smaragd
(je 1,5 g α)
2. Hopfengabe bei Kochende:
46,9 g Saphir (1,5 g α)

HAUPTGÄRUNG
Anstelltemperatur: 25 °C
Hefe: American Ale Yeast
ca. 3–4 Tage
Hopfenstopfen: 2 g/l Saphir
(nach Ende der Hauptgärung,
Kontaktzeit 5 Tage, danach zur
Nachgärung ohne Hopfen auf
Flasche ziehen)

NACHGÄRUNG
Speise 30 ml oder
2,4 g Zucker pro 0,5 l
2 Wochen

PALE ALE

GERANIE

SCHWARZTEE

ZITRONENGRAS

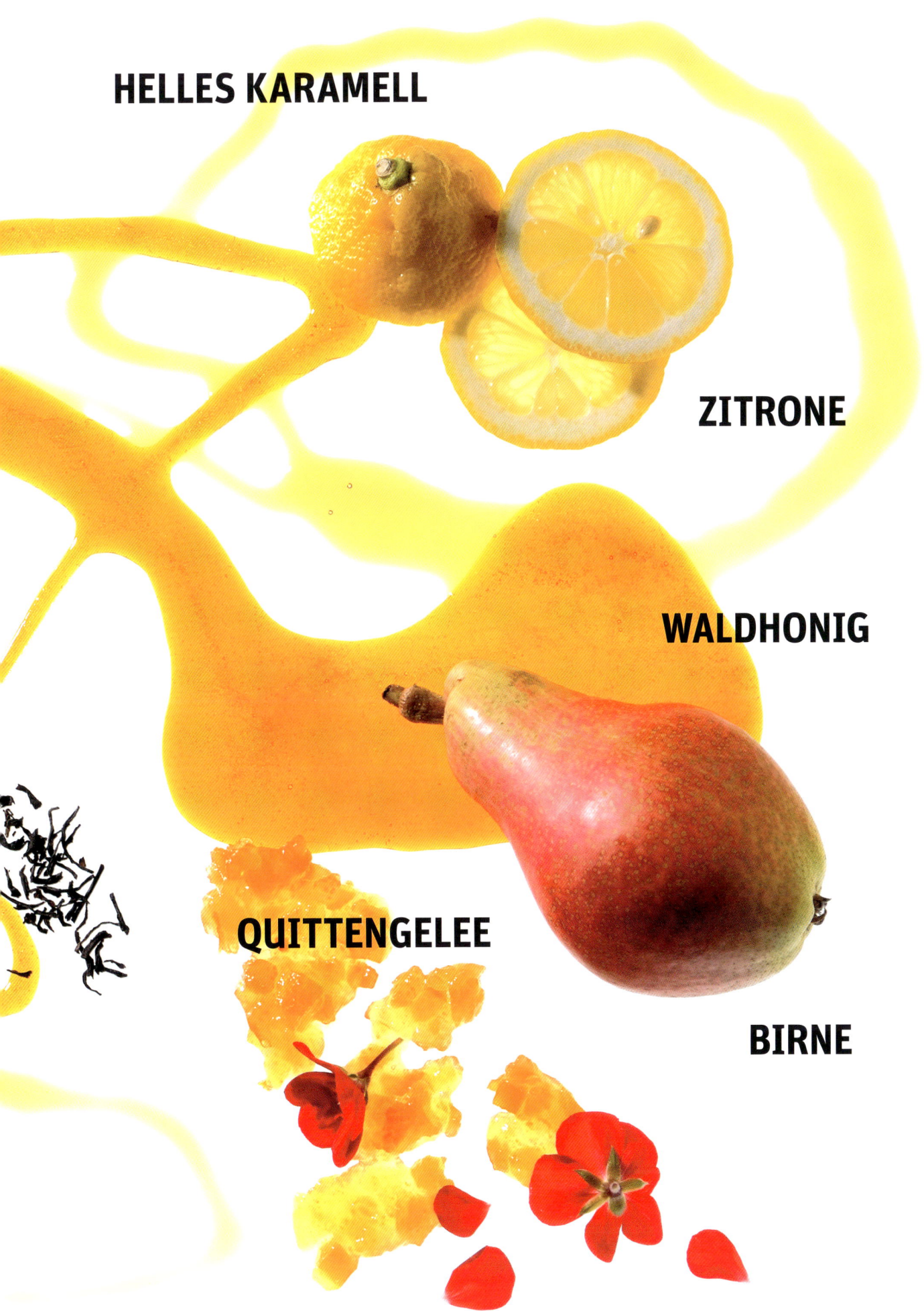

HELLES KARAMELL

ZITRONE

WALDHONIG

QUITTENGELEE

BIRNE

HELLES

Klasse für die Masse

Bestellt man in Bayern ein „Bier", bringen einem Kellner oder Kellnerin seit Anfang des 20. Jahrhunderts mit ziemlich hoher Wahrscheinlichkeit ein „Helles" – doch vorher stand die Sache anders. Denn immer schon waren es zwar die untergärigen Biere, die Bayern als Brauland berühmt machten, früher schauten diese Biere aber vollkommen anders aus – sie waren schlicht viel dunkler (auch wenn man das in den damals weit verbreiteten Steinkrügen nicht auf den ersten Blick erkennen konnte).

Erst als die befreundeten Brauer Anton Dreher (Schwechat-Brauerei Wien) und Gabriel Sedlmaier (Spaten-Brauerei München) sich auf Bildungsreise nach England begaben (manch englischer Bierhistoriker spricht noch heute lieber von „Industriespionage") und dort lernten, wie man helle Malze herstellt (der Legende nach sogar einige Malzkörner in ihren Spazierstöcken aus den Pale-Ale-Brauereien schmuggelten), änderte sich das. Zunächst wurden die traditionellen bayerischen Märzenbiere heller, durch die Erfindung des Münchner Malzes.

Als die großen Münchner Brauereien (Spaten, Franziskaner, Hacker-Bräu, viele Jahre später auch Paulaner) dann auf die Idee kamen, dieses Münchner Malz mit dem noch helleren Pilsnermalz zu mischen, brauten sie zum ersten Mal ein goldfarbenes Bier mit – im Gegensatz zum damals ebenfalls aufstrebendem Pilsner – nur leichter Hopfenbittere, einem wahrnehmbaren, den Trinker aber nicht überfordernden Hopfenaroma, einem nicht zu schlanken und nicht zu vollem Malzkörper und einem moderaten Alkoholgehalt von 4,7 bis 5,2 Vol.-% – kurz, die Bayern erfanden das Bier, mit dem man Massenmärkte erobert.

Spaten schickte sein erstes Helles 1894 zunächst zu einer Art Marktforschung nach Hamburg, wo es begeistert aufgenommen wurde. Erst ein Jahr später kam es dann auch in Bayern in die Wirtshäuser, noch im selben Jahr meldete Spaten das Helle zum Patent an. Als die Kältemaschine, die untergäriges Brauen auch bei warmen Außentemperaturen erlaubte, sich mehr und mehr durchsetzte, eroberte auch das „Munich Style Helles" die Zapfhähne der Welt. Und wer in die Verlegenheit kommen sollte, einmal in Mexico City, Shanghai oder Monrovia ein nicht sehr charakterstarkes, dafür aber süffiges und wunderbar trinkbares, helles Bier vorgesetzt zu bekommen, der sollte einen stillen Gruß in die bayerische Landeshauptstadt schicken.

Fakten über Burggrafs Helles und eine Brauanleitung finden Sie auf der nebenstehenden Seite, eine Übersicht der Helles-Aromen auf der nachfolgenden Seite.

BURGGRAFS HELLES

STECKBRIEF
Stammwürze: 11,8 °P
Alkohol: 4,9 % Vol.
IBU: 33
EBC: 11

MALZ
4,4 kg Pilsner Malz

HOPFEN
11g Northern Brewer (10 % α)
41,5 g Spalt Spalter (4 % α)

HAUPTGUSS
15 l

MAISCHEN
Einmaischen auf 55 °C
1. Rast: 55 °C (20 Minuten)
2. Rast: 61–63 °C (30 Minuten)
3. Rast: 70–72 °C (30 Minuten)
Jodprobe – abmaischen (78 °C)

NACHGUSS
ca. 15 l, Zielstammwürze: 12 °P

KOCHEN
60 Minuten
1. Hopfengabe zu Kochbeginn:
11 g Northern Brewer
2. Hopfengabe nach 30 Minuten:
24 g Spalt Spalter
3. bei Kochende:
17,5 g Spalt Spalter

HAUPTGÄRUNG
Anstelltemperatur: 13 °C
Gärtemperatur: 9–13 °C
Hefe: Bayerische Lagerhefe, etwa
WYEAST 2308 Munich Lager
ca. 7–9 Tage
danach 24 h bei etwa 20 °C stehen
lassen (Diacetyl-Rast)

NACHGÄRUNG
3,8 g Traubenzucker pro 0,5 l Bier
2 Wochen bei 20 °C
2 Wochen bei 4–8 °C (Kühlschrank)

HELLES

ERDIG

BANANE

REIFE TROPENFRÜCHTE

BITTERE

REIFE TROPENFRÜCHTE

LAGER

Lost in Translation

Die Bayern haben das Brauen mit „untergärigen Hefen" erfunden und nannten sie auch genauso (weil diese Hefen beim Brauen nach unten sinken). Die Biere, die bei dieser Art der Vergärung entstehen, müssen besonders lange lagern, weil sie erst dabei ihre Aromen sortieren.

Das wussten die Bayern, natürlich, auf die Idee, nach diesem deutschen Wort allerdings die gesamte untergärige Bierlandschaft zu taufen, kamen aber die Engländer: „Lager" (oder auch „German Style Lager") steht dementsprechend auch für alle „bottom-fermented beers", also alle „untergärig vergorenen Biere", etwa Pils, Helles, Bock - na ja, und eben für solche „Lager-Biere", die von Anfang an nur „Lager" hießen - denn im Ausland haben sie ja mittlerweile auch den einen oder anderen untergärigen Bierstil erfunden. Das Gegenteil von Lager lautet übrigens „Ale", das ist nämlich nicht nur ein englischer Bierstil, sondern

steht als Begriff im Englischen auch für alle obergärig vergorenen Biere der Welt, ein Engländer wird zum Beispiel ein „Kölsch" oder auch ein „Dunkles Weizen" immer als „Ale" bezeichnen. Soweit alles klar?

In den USA begannen die Craft-Brauer vor einigen Jahren, auch Lagerbiere mit intensiven Hopfenaromen, etwa ausgefallenen Zitrusnoten, zu brauen, wie man sie schon von den Pale Ales kennt. Oft sind diese Lager auch sehr viel bitterer als der internationale Standard, nur schmeckt man ihnen das wegen der dominanten Hopfenaromen nicht unbedingt an.

Fakten über KBWs Lager und eine Brauanleitung finden Sie auf der nebenstehenden Seite, eine Übersicht der Lager-Aromen auf der nachfolgenden Seite. Die Brauer von KBW können Sie ab Seite 185 in Aktion sehen.

KBWs LAGER

STECKBRIEF
Stammwürze: 12 °P
Alkohol: 4,7 % Vol.
IBU: 39
EBC: 7

MALZ
5,5 kg Pilsner Malz

HOPFEN
18,5 g Hallertauer Magnum (14 % α)
30 g Tettnanger (4,3 % α)
8,5 g Williamette (x % α)

SONSTIGES
15 ml Milchsäure (80%)

HAUPTGUSS
19,8 l

MAISCHEN
Einmaischen auf 61°C
1. Rast bei 61 °C (10 Minuten)
1. Rast bei 63 °C (60 Minuten)
2. Rast bei 67 °C (25 Minuten)
3. Rast bei 72 °C (10 Minuten)
Jodprobe – abmaischen (78 °C)

NACHGUSS
ca. 14,6 l, Zielstammwürze: 12 °P
(Milchsäure dazugeben, das senkt die
Wasserhärte – wenn 78 °C erreicht,
direkt als Nachguss verwenden)

KOCHEN
60 Minuten
1. Hopfengabe zu Kochbeginn:
18,5 g Hallertauer Magnum
2. Hopfengabe nach 90 Minuten:
20 g Tettnanger
3. Hopfengabe (in den Whirlpool-Strudel): 10 g Tettnanger
4. Hopfengabe (in den Whirlpool-Strudel): 8,5 g Willamette

HAUPTGÄRUNG
Anstelltemperatur: 10 °C
Hefe: Fermentis Saflager S-23
ca. 7–9 Tage
danach 24 h bei etwa 20 °C stehen
lassen (Diacetyl-Rast)

NACHGÄRUNG
3,5 g Zucker pro 0,5 l Bier
2 Wochen bei 20 °C
2 Wochen bei 4–8 °C (Kühlschrank)

LAGER

DUNKLE BEEREN

ERDIG

GRASIG

BITTERE

BLUMIG

MILCHSÄURE

MÄRZEN

Some don't like it hot

Ein Märzen trinkt man im Oktober, ist doch logisch! Da in Bayern das Brauen im Sommer wegen Brandgefahr um 1539 verboten wurde (genau: zwischen 23. April und 29. September) und bei hohen Temperaturen häufig Bakterien die Sude ungenießbar machten, mussten die Brauer im Süden ihre Biere in den kalten Jahreszeiten vergären lassen; besonders im März arbeiteten sie daher häufig den ganzen Tag.

Damit die im Frühjahr gebrauten bayerischen Biere es aber über den warmen Sommer schafften, wurden sie etwas stärker eingebraut (ein typisches Märzen kommt auf ungefähr 6 Vol.-%). Außerdem legten die Brauer unterirdische Lagerkeller an, füllten sie mit Eis aus dem im Winter gefrorenen Brauereiteich, und ließen die Biere in diesen Kellern vergären und reifen. Über den Kellern pflanzten sie Kastanien, die spendeten ausreichend Schatten, wurden den Kellerdecken mit ihren flachen Wurzeln aber nicht gefährlich. Erst auf den Bierfesten im Oktober wurden die „Märzen" dann „o'zapft" – die Kastanien prägen

noch heute das Bild der bayerischen Biergärten. Der Name Märzen wurde erst 1841 von der Spaten-Brauerei verwendet, die es einige Jahrzehnte später auch als typisches Oktoberfestbier etablierte. Das „Wiener Lager" ähnelt einem Märzen übrigens stark, es wurde ebenfalls im Jahr 1841 in der Schwechat-Brauerei in der österreichischen Hauptstadt zum ersten Mal hergestellt.

Allerdings wird das Märzen aus etwas dunklerem Münchner Malz gebraut; die Farbe sowohl des Wiener Malzes als auch des Wiener Lagers, fällt eine Spur heller aus. Oktoberfestbier ist mittlerweile ein rechtlich geschützter Name, nur noch sechs bayerische Brauereien dürfen ihn für ihre Märzen verwenden: Augustiner, Hacker-Pschorr, Hofbräuhaus, Löwenbräu, Paulaner und Spaten.

Die Fakten zu Burggrafs Märzen und eine Brauanleitung finden Sie auf der nebenstehenden Seite, eine Übersicht der Märzen-Aromen auf der nachfolgenden Seite.

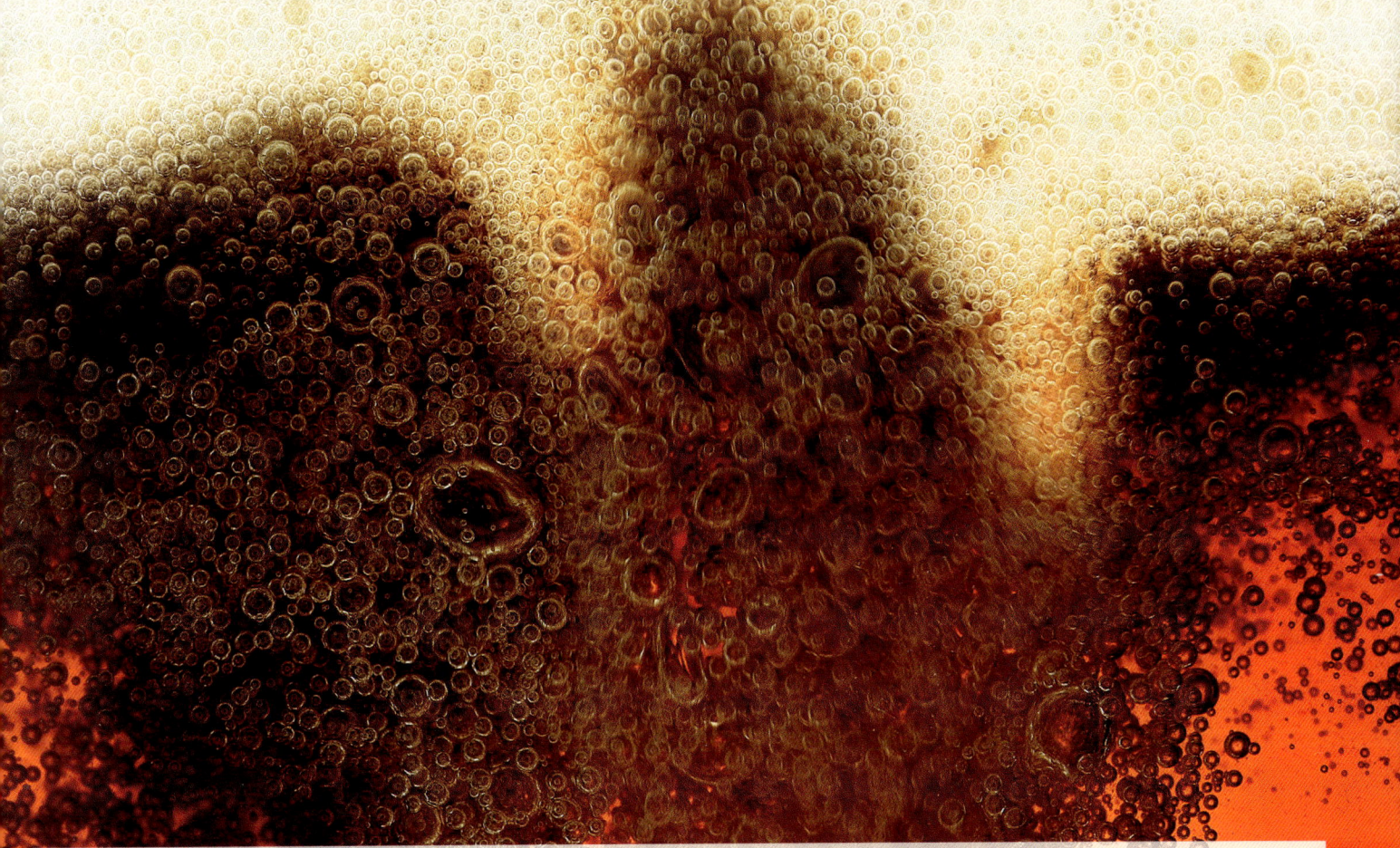

BURGGRAFS MÄRZEN

STECKBRIEF
Stammwürze: 13,2 °P
Alkohol: 5 % Vol.
IBU: 26
EBC: 36,1

MALZ
5 kg Münchner Malz
0,5 kg Carahell

HOPFEN
12,5 g Northern Brewer (10 % α)
22,5 g Spalt Spalter (4 % α)

HAUPTGUSS
15 l

MAISCHEN
Einmaischen auf 55 °C
1. Rast: 55 °C (20 Minuten)
2. Rast: 61–63 °C (30 Minuten)
3. Rast: 70–72 °C (30 Minuten)
Jodprobe – abmaischen (78 °C)

NACHGUSS
ca. 15 l, Zielstammwürze: 13 °P

KOCHEN
60 Minuten
1. Hopfengabe zu Kochbeginn:
12,5 g Northern Brewer
2. Hopfengabe nach 30 Minuten:
22,5 g Spalt Spalter

HAUPTGÄRUNG
Anstelltemperatur: 13 °C
Gärtempertaur: 10–14 °C
Hefe: Saflager W-34/70
ca. 7–9 Tage
danach 24 h bei etwa 20 °C stehen
lassen (Diacetyl-Rast)

NACHGÄRUNG
3,8 g Traubenzucker pro 0,5 l
2 Wochen bei 20 °C
2 Wochen bei 4–8 °C (Kühlschrank)

MÄRZEN

MÜNCHNER MALZ

TROCKENOBST

DUNKLES KARAMELL

KRÄFTIGE RÖSTNOTEN

WEICHE KAFFEENOTEN

LEICHT RAUCHIG

DUNKLE SCHOKOLADE

ROSINEN

PILS

Ein Bayer in Böhmen

Als Josef Groll, Braumeister aus Passau in Diensten der „Bürger-Brauerei" im tschechischen Pilsen, 1842 eines der populärsten Biere der Geschichte erfand, lag das natürlich an seinen besonderen Fähigkeiten. Das untergärige Brauen kannte er aus seiner Heimat, den Umgang mit besonders hellen Malzen hatte er in England gelernt.

Ob er aber tatsächlich dieses cremig-schaumige, nur wenig bittere, dafür besonders süffige und hopfenaromatische Bier im Sinn hatte, das im Jahr 1842 erstmals aus den Fässern in Pilsen floss, darf man bezweifeln. Eigentlich hatten sich seine Auftraggeber nämlich von den damals in Bayern sehr populären dunklen Lagerbieren leiten lassen, als sie Groll und ein paar weitere bayerische Brauer wenige Jahre zuvor verpflichtet hatten.

Doch es hat wohl einfach gepasst: Grolls Handwerkskunst, die süßen Malze aus Mähren, der böhmische Saaz-Hopfen mit seinem dichten Hopfengeschmack und das weiche, durch den Pilsener Sandsteinboden gefilterte Brauwasser, das diese Aromen aus Malz und Hopfen am Ende im Bier auch zuließ. Im Bier, das erst ab 1859 übrigens auch „Pilsner" hieß.

Seinen Siegeszug durch Mitteleuropa und über die ganze Welt hätte der neue Bierstil aber nicht antreten können, wenn zeitgleich nicht andere weichenstellende Techniken erfunden worden wären: zum einen die Dampfmaschine, die Brauen erstmals im industriellen Maßstab erlaubte, weil sie Rührwerke und Pumpen automatisierte. Zum anderen die Kältemaschine, die untergäriges Brauen auf einmal nicht nur im Winter, sondern das ganze Jahr über möglich machte.

Nicht zuletzt die Arbeit des französischen Mikrobiologen Louis Pasteur und einiger Kollegen, die ebenfalls ab etwa der 1870er-Jahre einzelne Hefestämme isolierten – die wiederum gezielt fürs Brauen ganz bestimmter Bierstile verwendet werden konnten, unabhängig von der lokalen Hefetradition einer Brauerei, Stadt oder Region. Aber natürlich auch die Eisenbahnen, die große Mengen des Pilsners über weite Strecken in die europäischen Hauptstädte transportierten. Zum „Pils" wurde das Pilsner dann einige hunderte Kilometer weiter westlich. Die deutschen Brauer waren mit ihren traditionellen Hopfensorten auf eine höhere Bierbittere aus und verwendeten in der Mehrzahl weniger süße Malze, was schlankere, weniger süffige Biere ergab.

Ob das Pilsner schlussendlich eine tschechische oder deutsche Erfindung war, braucht den Biertrinker nicht zu scheren. Dass die „Bürger-Brauerei" sich zu Zeiten des Bayern Josef Groll allerdings in deutschem Besitz befand und unter der Pilsener Bevölkerung immer schon eine einflussreiche deutschsprachige Minderheit lebte, das kann man jedoch mal erwähnen.

Die Fakten zu Markus Beckes und Dr. Marc Rauschmanns Single Hop Imperial Pils und eine Brauanleitung finden Sie auf der nebenstehenden Seite, eine Übersicht der Pils-Aromen auf der nachfolgenden Seite.

MARKUS BECKES UND DR. MARC RAUSCHMANNS SINGLE HOP IMPERIAL PILS

STECKBRIEF
Stammwürze: 15,5 °P
Alkohol: 6,5 % Vol.
IBU: 45
EBC: 6

MALZ
6 kg Pilsner Malz

HOPFEN
150 g Tettnanger (4,5 % α)

HAUPTGUSS
16 l (Brauwasser 5–10 Minuten
abkochen und abkühlen lassen,
um Wasserhärte zu senken)

MAISCHEN
Einmaischen auf 50 °C
1. Rast: 50 °C (30 Minuten)
2. Rast: 63 °C (30 Minuten)
3. Rast: 68 °C (10 Minuten)
4. Rast: 72 °C (30 Minuten)
Jodprobe – abmaischen (76 °C)

NACHGUSS
ca. 16,5 l, Zielstammwürze: 15,5 °P

KOCHEN
70 Minuten
1. Hopfengabe zu Kochbeginn:
74 g Tettnanger
2. Hopfengabe direkt in den
Whirlpool-Strudel: 38g Tettnanger
(Whirlpoolrast: 20 min)

HAUPTGÄRUNG
Anstelltemperatur: 16 °C
(Würze stark belüften)
Gärtemperatur: 16 °C
Hefe: Wyeast #2206 Bavarian Lager
(alternativ: WLP830 German Lager
Yeast)
ca. 7–9 Tage
Hopfenstopfen: 38 g Tettnanger
(2 Tage vor Ende)
danach 24 h bei etwa 20 °C stehen
lassen (Diacetyl-Rast)

NACHGÄRUNG
36 ml Speise oder 3,5 g Zucker
pro 0,5 l Bier
2 Wochen bei 20 °C
2 Wochen bei 4–8 °C (Kühlschrank)

PILS

BITTERE

BERGKRÄUTER

HONIGMELONE

SCHWARZER TEE

SOMMERLICHE BERGWIESE

WEIZENRAUCHBOCK

Gemeinsam sind sie stark

I m Weizenrauchbock verbinden sich drei berühmte deutsche Bierstile: Weizenbier, Bockbier und Rauchbier. Ein paar Hintergrundinformationen zu den drei bietet dieser kurze Überblick.

WEIZENBIER

Wie heißt es denn nun - „Hefeweizen", „Weizen", „Weißbier"? Dem deutschen Gesetzgeber sind alle drei Namen gleich recht, solange ein derart benanntes Bier „aus mindestens 50 Prozent vermälztem Weizen" gebraut wird (mitunter sogar mit bis zu 70 Prozent Weizenanteil). Wer sich auf die bayerische Tradition des Bieres mit den meist starken Aromen aus den verbrauten obergärigen Hefen und den vielen Hefepartikeln am Boden von Fass oder Flasche besinnt, sagt trotzdem „Weißbier". Der Name leitet sich von der hellen Farbe der verwendeten Gerstenmalze ab, ausschließlich aus Weizen kann man nämlich kein handwerkliches Bier brauen, da der Weizen keine Spelzen besitzt; aus einer reinen Weizenmaische ließe sich daher der Treber nur sehr schlecht wieder herausholen. Nach der Erfindung des Brauens wurden wahrscheinlich ausschließlich Weizenbiere oder direkte Vorläufer von Weizenbieren getrunken. Deshalb zeigt die älteste bekannte Abbildung von Biertrinkern aus Ägypten ebenfalls ein Weizenbier.

BOCKBIER

Das Bock ist ein besonders stark eingebrautes Bier, mit Stammwürzen jenseits von 16 Grad Plato und einem Alkoholgehalt von oft mehr als 6,5 Vol.-%. Die meisten Bockbiere werden obergärig vergoren, mit einer prominenten Ausnahme, eben dem Weizenbock. Wahrscheinlich stammt das Bockbier aus Einbeck und wurde im 14. Jahrhundert erstmals für die Hamburger Händler der Hanse gebraut, die es wiederum nach Russland, Großbritannien, Skandinavien oder Flandern exportierten - in Länder eben, die ihr Bier schon immer eine Ecke alkoholiger bevorzugten. Berühmt wurde das Einbecker Bock auch, weil Martin Luther es auf dem Bundestag in Worms im Jahr 1521 öffentlichkeitswirksam aus einem großen Fass trank - um seine Vorstellungen von guter Ernährung zu verteidigen.

RAUCHBIER

Heute findet man deutsches Rauchbier eigentlich nur noch in Franken, das berühmteste unter ihnen ist zweifellos das „Schlenkerla" der Brauerei Heller-Trum in Bamberg. Das ist umso verblüffender, als die Biere in ganz Europa vor Aufkommen der modernen Mälztechniken fast alle mehr oder weniger rauchig geschmeckt haben müssen. Das Malz wurde nämlich über schwelendem Feuer getrocknet, und der dabei entstandene Verbrennungsrauch fand seinen Weg aus der Brennkammer ins Getreide. Heute produziert man Rauchmalz kontrolliert, in der Regel über schwelendem Birken-, seltener Eichenholz.

Weitere Fakten zu Markus Beckes und Dr. Marc Rauschmanns Weizenrauchbock und eine Brauanleitung finden Sie auf der nebenstehenden Seite, eine Übersicht der Weizenrauchbock-Aromen auf der nachfolgenden Seite.

MARKUS BECKES UND MARC RAUSCHMANNS WEIZENRAUCHBOCK

STECKBRIEF
Stammwürze: 16,6 °P
Alkohol: 6,8 % Vol.
IBU: 22
EBC: 80

MALZ
2 kg Pilsner Malz
1,3 helles Weizenmalz
2,1 kg Weyermann Eichenrauch-
Weizenmalz
0,6 kg Caraaroma
0,6 kg Caramünch Typ 1

HOPFEN
11,6 g Hallertauer Magnum (15 % α)

HAUPTGUSS
ca. 19 l, Zielstammwürze: 16,6 °P

MAISCHEN
Einmaischen auf 45 °C
1. Rast: 45 °C (20 Minuten)
2. Rast: 50 °C (20 Minuten)
3. Rast: 62 °C (30 Minuten)
4. Rast: 72 °C (30 Minuten)
Jodprobe – abmaischen (76 °C)

NACHGUSS
14 l

KOCHEN
70 Minuten
Eine Hopfengabe zu Kochbeginn:
11,6 g Hallertauer Magnum

HAUPTGÄRUNG
Anstelltemperatur: 20 °C
(Würze stark belüften)
Hefe: Wyeast #3638 Bavarian Wheat
(alternativ: WLP300 Hefeweizen
Ale Yeast)
ca. 4–5 Tage

NACHGÄRUNG
2 l Speise oder 4,6 g Zucker pro 0,5 l
2 Wochen

WEIZENRAUCHBOCK

FRUCHTIGE HEFEAROMEN

KARAMELL

MALZ

GERÄUCHERTER SCHINKEN

NUSSIG

RAUCHIG

BANANE

STOUT

Die dunkle Seite der Pracht

Im späten 18. Jahrhundert erfanden die britischen Mälzer das Röstmalz. Sie entwickelten eine Technik, bei der man das keimende Getreide bei derart hohen Temperaturen trocknen konnte, dass die Körner dabei fast schwarz wurden und sehr starke Röstaromen entwickelten, die im Extremfall an verbranntes Toastbrot erinnern können.

Unter natürlichen Bedingungen in einer Mälzerei, in den großen Trockenkästen nämlich, in denen von unten warme Luft durch die feuchten Körner geblasen wird, könnte man so dunkles Malz niemals herstellen. Und auch mit den jahrtausendealten Mälzerei-Techniken, bei denen das Malz über direkter Hitze getrocknet wurde, würde es nicht funktionieren, denn das Getreide müsste zwangsläufig verbrennen. Der Trick der englischen Mälzer: Sie erhitzten das Malz in einer Trommel, ähnlich einem Betonmischer, hielten es ständig in Bewegung und besprühten es zwischendurch immer wieder mit Wasser. So konnten sie Temperaturen von bis zu 800 °C erreichen: dunkler geht nicht – und erfolgreicher eine ganze Weile auch nicht.

Im 19. Jahrhundert nämlich erreichte zunächst das Porter eine bis dahin beispiellose Popularität. Dieses erste mit Röstmalzanteil gebraute, dunkle Bier wurde damals in London und in anderen Großstädten Englands an jeder Straßenecke ausgeschenkt. Mit den technologischen Neuerungen, die im Zuge der Industrialisierung in den Brauereien Einzug hielten, etwa durch automatische Rührwerke, war es erstmals möglich, in nur einigen wenigen Großbrauereien ein Bier für die Massen herzustellen.

Heute spielt der Nachfolger des Porters allerdings die wichtigere Rolle. Auch das Stout wird mit Anteilen sehr dunklen Röstmalzes gebraut und mit obergärigen Hefen vergoren. Die dunklen Malze färben es in ein tiefes Braun oder Schwarz, seine Aromen erinnern an dunkle Schokolade oder wegen der hohen Bitteranteile im Röstmalz auch an Kaffee. Seinen besonders cremigen Schaum verdankt das Stout allerdings sogenannter Rohfrucht, genauer: bestimmten Proteinen aus unvermälztem Getreide, das neben herkömmlichen Malzen und Röstmalzen ebenfalls verbraut wird.

In den vergangenen Jahrzehnten ist wieder eine enorme Vielfalt an Stouts entstanden: Das Irish Dry Stout, wie beispielsweise das Guinness aus Dublin, ist ein relativ leichtes Bier, mit selten mehr als 4 Vol.-%. Das Oatmeal Stout wird mit Haferflocken gebraut, das ergibt ein volleres, noch cremigeres Bier mit schwerer Röstnote. Beim Milk Stout wird Laktose zugesetzt, es schmeckt deshalb leicht sauer. Ein Imperial Stout, den schwersten Hammer in der Stout-Familie, findet man heute auf der Karte fast jeden Craft-Bier-Pubs, es kommt auf 8 Vol.-% Alkohol und mehr. Außerdem wird heute zunehmend mit intensiven Hopfenaromen experimentiert, was früher eher unüblich war. Manch ein Craft-Brauer gibt auch schon mal einen ordentlichen Schluck Espresso mit in die Bierwürze.

Fakten zu KBWs Sweet Stout und eine Brauanleitung finden Sie auf der nebenstehenden Seite, eine Übersicht der Stout-Aromen auf der nachfolgenden Seite. Die Brauer von KBW können Sie ab Seite 186 in Aktion sehen.

KBWs SWEET STOUT

STECKBRIEF
Stammwürze: 15,4 °P
Alkohol: 6,5 % Vol.
IBU: 22
EBC: 111

MALZ
6 kg Pale-Ale-Malz
1 kg Münchner Malz Typ 1
225 g Chocolate-Malz
125 g Black Malt

ROHFRUCHT
500 g Haferflocken
125 g Röstgerste

HOPFEN
47,5 g Columbus/Tomahawk/Zeus
(14,6 % α)
25 g Crystal (3,6 % α)

HAUPTGUSS
24 l

MAISCHEN
Einmaischen auf 57 °C
1. Rast bei 57 °C (10 Minuten)
2. Rast bei 67 °C (60 Minuten)
3. Rast bei 72 °C (30 Minuten)
4. Rast bei 78 °C (10 Minuten)
Jodprobe – direkt abmaischen (78 °C)

NACHGUSS
ca. 14,5 l, Zielstammwürze: 15,4 °P

KOCHEN
90 Minuten
1. Hopfengabe zu Kochbeginn:
12,5 g Columbus/Tomahawk/Zeus
2. Hopfengabe 5 Minuten vor
Kochende: 10 g Columbus/
Tomahawk/Zeus
3. Hopfengabe (in den Whirlpool
bei 80 °C): 25 g Columbus/
Tomahawk/Zeus
4. Hopfengabe (in den Whirpool
bei 80 °C): 25 g Crystal

HAUPTGÄRUNG
Anstelltemperatur: 20 °C
Hefe: Danstar Nottingham Ale
ca. 4–5 Tage

NACHGÄRUNG
2,8 g Zucker pro 0,5 l Bier
2 Wochen bei 20 °C

STOUT

CHOCOLATE MALT

HAFERFLOCKEN

SÜSS-MALZIG

KAKAO

LEICHTE ZITRUSNOTE

RÖSTMALZE

SCHOKOLADE

GOSE

Sauer macht durstig

Wer das Reinheitsgebot als Offenbarung begreift, dem wird die Gose das Fürchten lehren: Ein saures Bier, mit Salz und Koriander gewürzt, das den „unreinen" belgischen Lambic-Bieren und der Berliner Weiße deutlich näher kommt als einem Ale oder den gängigen deutschen Bierstilen. Früher wurde die Maische aus einer Hälfte Weizenmalz, einer Hälfte Gerstenmalz sogar noch spontan vergoren.

Die Gose wurde erfunden, bevor sich der Hopfen in ganz Deutschland flächendeckend durchsetzte, und das schmeckt man auch: ein mittelalterlicher Bierstil aus einer Zeit, als die Brauer ihr Bier noch mit Wildpflanzen und Kräutern würzten, der nichts zu tun hat mit internationalen Ales oder deutschen Bieren. Erstmals wurde der alte sächsische Bierstil in einer Urkunde der Stadt Goslar aus dem Jahr 1397 erwähnt, wahrscheinlich ist die Gose aber noch einige hundert Jahre älter. Während

ihrer Blütezeit, zwischen 1550 und 1750, gab es allein in Goslar über 380 Brauer. Benannt nach einem gleichnamigen Flüsschen im Harz, eroberte die Gose bald danach Dessau und Halle, später auch Sachsen.

Noch ums Jahr 1900 war sie das meist getrunkene Bier Leipzigs, das deshalb auch „Gosestadt" genannt wurde. Als die letzten Gose-Brauereien nach dem Zweiten Weltkrieg von den sowjetischen Besatzern demontiert wurden oder wenig später von selbst eingingen, war es aus mit dem einst bedeutenden deutschen Sauerbier. Einige kleine Brauer, vor allem in Leipzig und drum herum, aber auch im Rheinland, haben die Gose aber seit einigen Jahren wieder im Sortiment.

Fakten über Fritz Wülfings Gose und eine Brauanleitung finden Sie auf der nebenstehenden Seite, eine Übersicht der Gose-Aromen auf der nachfolgenden Seite.

FRITZ WÜLFINGS GOSE

STECKBRIEF
Stammwürze: 11 °P
Alkohol: 4,5 % Vol.
IBU: 12
EBC: 7

MALZ
2,5 kg Pilsner Malz
2 kg helles Weizenmalz

HOPFEN
30 g Spalter (3,5 % α)
Gewürze 15g Koriander

SONSTIGES
30 ml Milchsäure (80%)
7 g Kochsalz

HAUPTGUSS
11 l
Maischen
Einmaischen auf 65 °C
Kombinationsrast bei 65 °C
(60 Minuten)
Jodprobe – abmaischen (78 °C)

NACHGUSS
ca. 14 l, Zielstammwürze: 11 °P

KOCHEN
60 Minuten
Hopfengabe zu Kochbeginn: 30 g
Spalter
Kochsalz und Milchsäure 10 Minuten
vor Kochende dazugeben
Koriander bei Kochende dazugeben

HAUPTGÄRUNG
Anstelltemperatur: 18 °C
Hefe: DS Nottingham, oder WLP003,
oder WY1007
ca. 4–5 Tage

NACHGÄRUNG
2,5 g Traubenzucker pro 0,5 l
2 Wochen

GOSE

FRUCHTIG

KORIANDERSAAT

MEERSALZ

PFEFFRIG

WENN DAS KEINE KUNST IST

CRAFT-BIER

K04

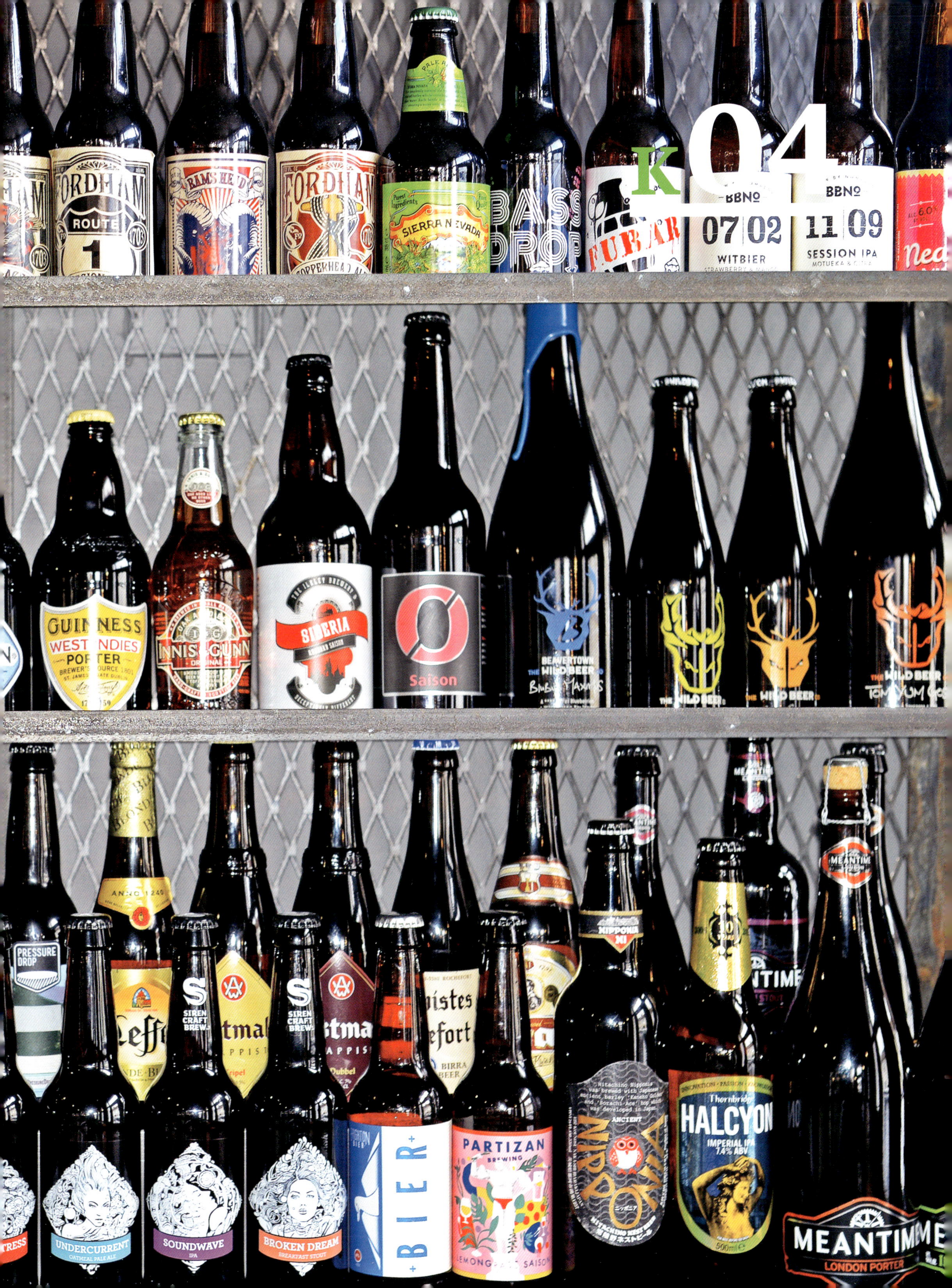
FORDHAM
ROUTE
1
RAMS HEAD
FORDHAM
COPPERHEAD ALE
SIERRA NEVADA
BASS DROP
FUBAR
BBNº
07|02
WITBIER
BBNº
11|09
SESSION IPA
GUINNESS
WEST INDIES
PORTER
SIBERIA
Saison
THE WILD BEER
THE WILD BEER
THE WILD BEER
THE WILD BEER
PRESSURE DROP
SIREN CRAFT BREW
SIREN CRAFT BREW
UNDERCURRENT
SOUNDWAVE
BROKEN DREAM
BIER
PARTIZAN
NIPPONIA
HALCYON
IMPERIAL IPA
7.4% ABV
MEANTIME
LONDON PORTER

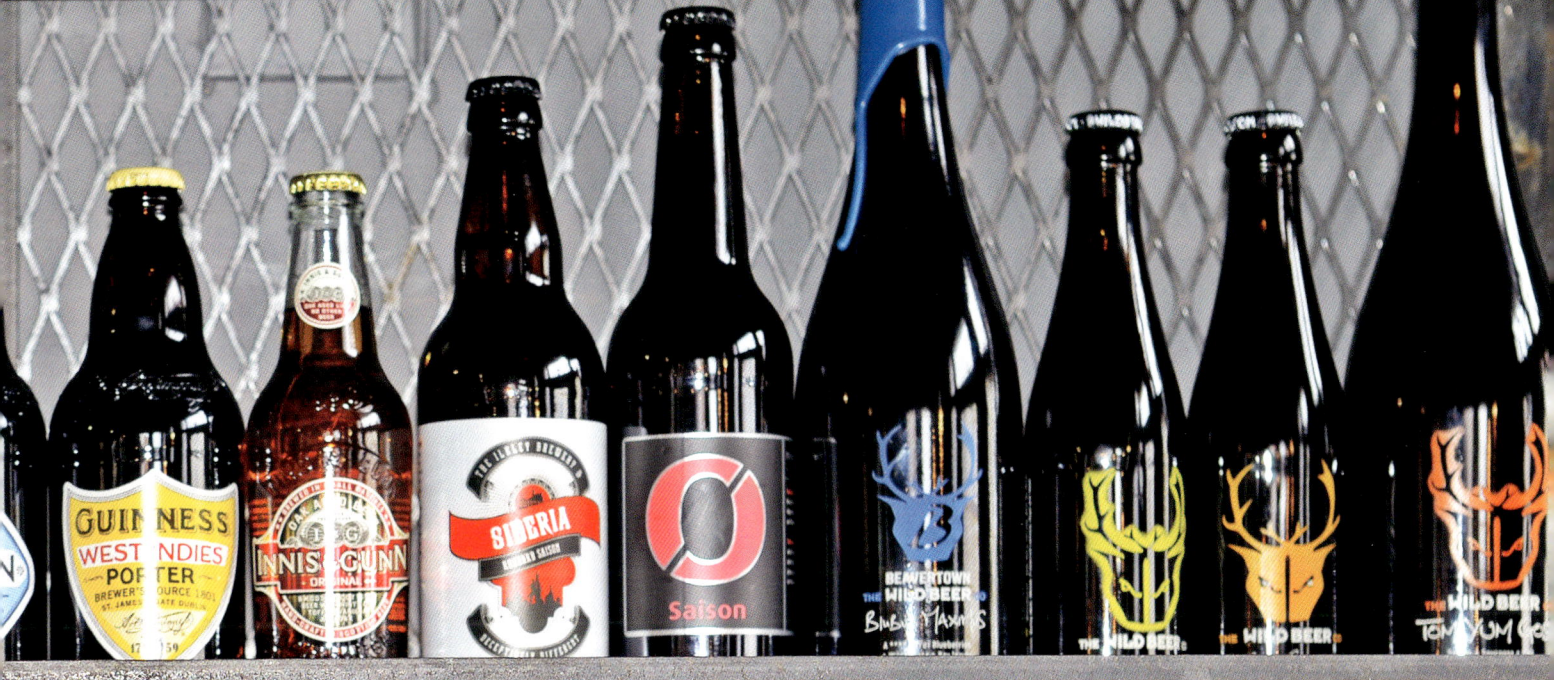

WELT-BIERAUSSTOSS

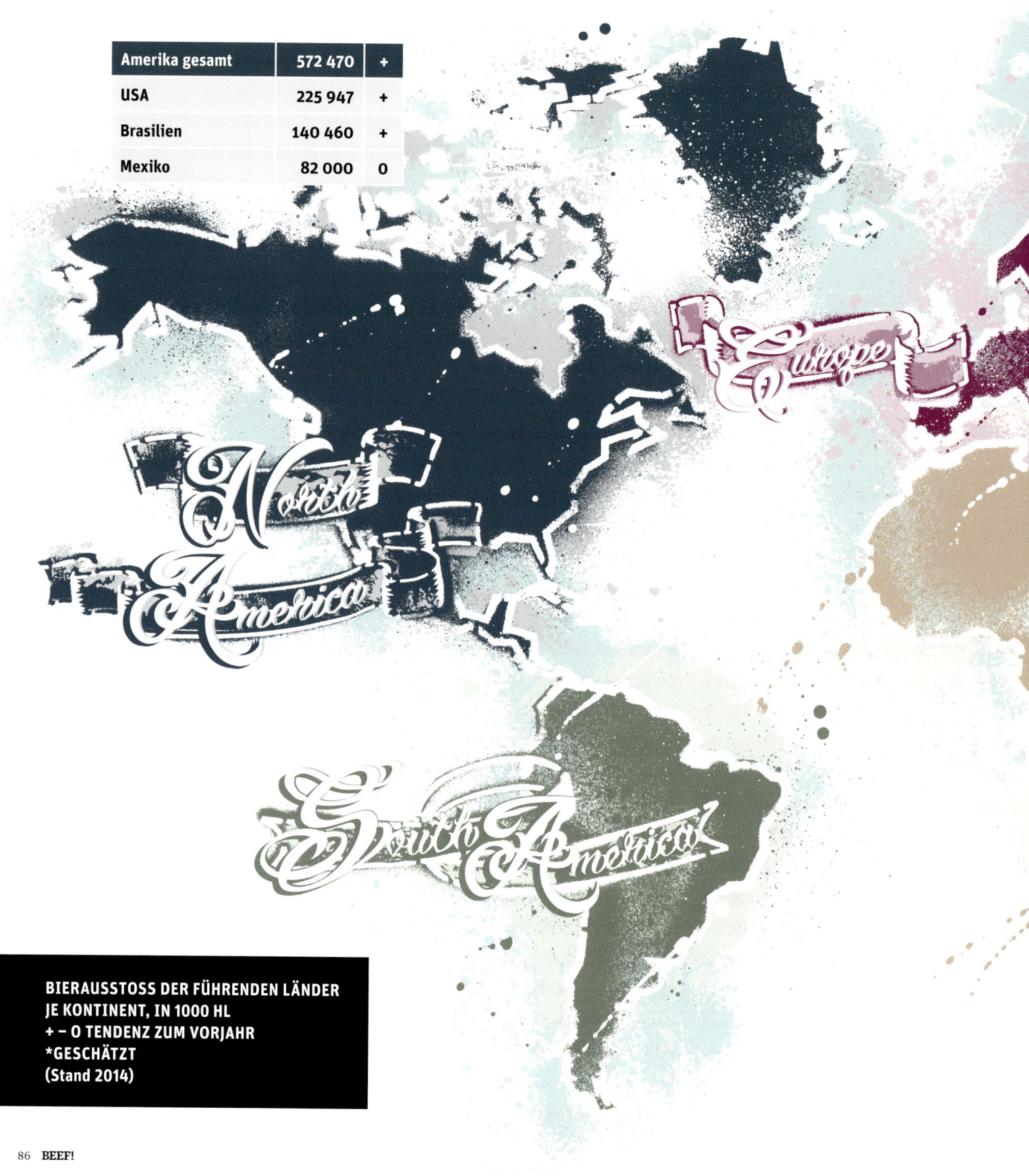

Amerika gesamt	572 470	+
USA	225 947	+
Brasilien	140 460	+
Mexiko	82 000	0

**BIERAUSSTOSS DER FÜHRENDEN LÄNDER
JE KONTINENT, IN 1000 HL
+ − O TENDENZ ZUM VORJAHR
*GESCHÄTZT
(Stand 2014)**

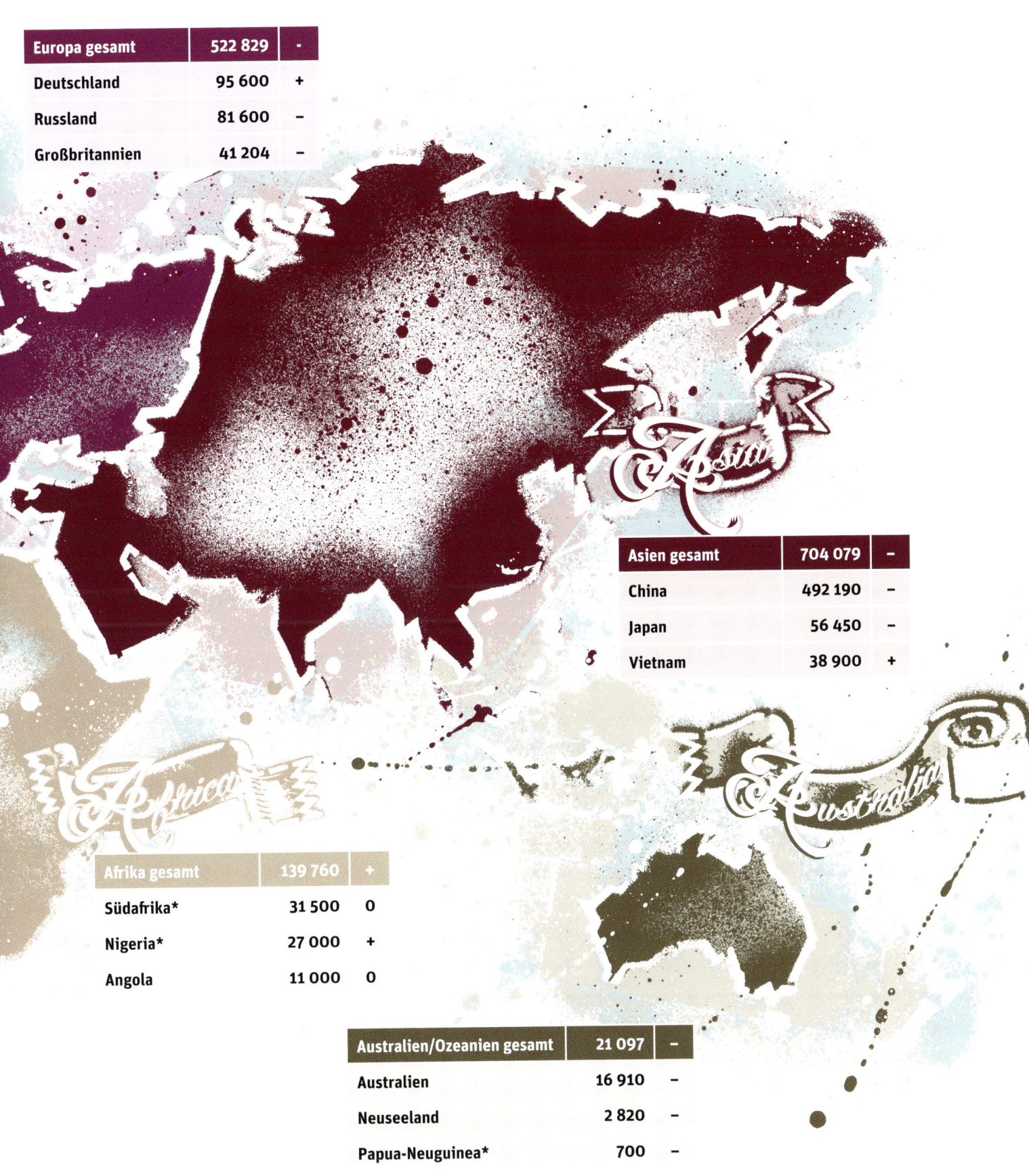

Europa gesamt	522 829	-
Deutschland	95 600	+
Russland	81 600	–
Großbritannien	41 204	–

Asien gesamt	704 079	–
China	492 190	–
Japan	56 450	–
Vietnam	38 900	+

Afrika gesamt	139 760	+
Südafrika*	31 500	0
Nigeria*	27 000	+
Angola	11 000	0

Australien/Ozeanien gesamt	21 097	–
Australien	16 910	–
Neuseeland	2 820	–
Papua-Neuguinea*	700	–

WELT-BIER-IMPORT/EXPORT

Nordamerika	Prozent	US-Dollar
EXPORT		
Mexiko	17,9 %	2 411 024
USA	4 %	541 893
Kanada	1,2 %	164 140
IMPORT		
USA	30 %	4 144 157
Kanada	4,3 %	597 815
Mexiko	1,1 %	152 760

Afrika	Prozent	US-Dollar
EXPORT		
Namibia	0,7 %	96 216
Südafrika	0,6 %	79 230
Kenia	0,1 %	16 919
IMPORT		
Angola	1,5 %	203 367
Südafrika	0,6 %	88 027
Äquatorialguinea	0,6 %	78 740

Südamerika	Prozent	US-Dollar
EXPORT		
Brasilien	0,7 %	89 033
Argentinien	0,2 %	24 603
Peru	0,05 %	7 607
IMPORT		
Chile	1,3 %	182 636
Paraguay	0,8 %	116 112
Brasilien	0,3 %	45 058

Europa	Prozent	US-Dollar
EXPORT		
Niederlande	15,1 %	2 109 594
Deutschland	10,5 %	1 418 925
Belgien	10,4 %	1 401 026
IMPORT		
Großbritannien	5 %	688 169
Frankreich	5 %	687 240
Italien	5 %	651 452

Asien	Prozent	US-Dollar
EXPORT		
Thailand	1,7 %	231 611
Singapur	1,5 %	207 049
China	1,3 %	177 038
IMPORT		
China	3 %	406 989
Chinese Taipei	1,3 %	183 930
Singapur	1,3 %	178 602

Australien/Ozeanien	Prozent	US-Dollar
EXPORT		
Neuseeland	0,2 %	29 119
Australien	0,1 %	19 826
IMPORT		
Australien	2,4 %	329 553
Neuseeland	0,4 %	52 358

IM- UND EXPORT DER FÜHRENDEN LÄNDER JE KONTINENT. ANGABE IN PROZENT DES WELTWEITEN IM- UND EXPORTS SOWIE IN US-DOLLAR. (Stand 2014)

CRAFT-BIER

Neue soziale Bewegung

Das neue, kreative Bier ist angesagt in Deutschland, in vielen Supermärkten gibt es Craft-Bier mittlerweile zu kaufen, in immer mehr Kneipen wird es ausgeschenkt.

Dennoch ist Deutschland im internationalen Vergleich ein Craft-Entwicklungsland. Ausgehend von Großbritannien und den USA, wo sich bereits ab den 1970er-Jahren die ersten Hobby- und Garagenbrauer selbstständig gemacht hatten, eroberte die Bewegung des „handwerklichen Bieres" spätestens in den 90er- und 00er-Jahren alte Biernationen wie Irland, Dänemark und Belgien. Aber auch Länder, die Bier bis dahin nur als blasses Lager aus den Flaschen der großen Braumultis kannten, wurden - teilweise in nur wenigen Jahren - zu Craft-Oasen. Südafrika zum Beispiel.

Das Land am Kap ist sogar ein idealtypischer Craft-Bier-Vertreter: Die Südafrikaner verstehen nämlich etwas von Essen und Trinken. Seit 350 Jahren bauen sie schon Wein an, etwa in Stellenbosch in der Nähe von

Kapstadt, mittlerweile ist Südafrika zu einem der wichtigsten Produzenten überhaupt geworden. Mit „The Tasting Room" in Franschhoek liegt mittlerweile außerdem eines der besten Restaurants der Welt (drei Michelin-Sterne) an der Südwestspitze des Landes.

Der Biermarkt ist aber seit Jahrzehnten fest in der Hand der Industrie, 90 Prozent des Marktes werden noch heute von nur einem Braukonzern kontrolliert. Die South African Breweries (SAB) sind eine Tochter von SABMiller, der zweigrößten Brauerei der USA. Vor allem zwei Biere verkaufen sie, ein „Lager" und ein „Lite" - der große Geschmack klingt anders.

Weil kulinarischer Anspruch und schlechtes Bier nicht zusammenpassen, war es nur logisch, dass mit der Mitchell's Brewery in Knysna, einer 50.000-Einwohner-Stadt an der Südküste, bereits in den 80er-Jahren die erste südafrikanische Mikrobrauerei entstand - eine Brauerei, die pro Jahr weniger als 100.000 Liter Bier produziert. Genauso logisch, dass viele jun-

ge und alte Südafrikaner ihrem Beispiel folgten. Und dass Südafrika heute mit mehr als 60 Brauereien und international ausgezeichneten Bieren in der ersten Craft-Liga mitspielt.

Ein Ende der Entwicklung ist nicht in Sicht: Fast jede Woche öffnet in Südafrika eine neue Kleinbrauerei. Genau wie in allen anderen Craft-Bier-Ländern das Wachstum nicht abreißt. Die USA etwa sind seit vier Jahrzehnten im Craft-Geschäft, das dabei stetig wuchs. Zuletzt legte die Zahl der Brauereien von 2013 auf 2014 aber noch einmal um gewaltige 18 Prozent zu, von 2917 Brauereien auf 3464.

Objektiv lässt sich die Bedeutung der Craft-Biere für die deutsche Braubranche noch nicht recht fassen. Okay, die Zahl der Mikrobrauereien steigt. Zwischen 2005 und 2014 wuchs sie um 25 Prozent, von 508 Mikrobrauereien auf 677, zum Vergleich: 1.349 Brauereien gibt es hierzulande insgesamt. Was das im Einzelnen bedeutet, und welches Bier von den einzelnen Mikrobrauereien hergestellt wird, das verraten die Zahlen aber nicht. Über-

haupt: Klein bedeutet noch nicht „Craft", zumindest ist die international gültige Definition komplexer. Denn der US-amerikanische Craft-Brauer-Verband – und auf den kommt es nach wie vor an – erlaubt seinen Mitgliedern eine jährliche Produktion von bis zu 871 Millionen Litern (sechs Millionen Barrel). Im Vergleich zu den 35 Milliarden Litern, die der weltgrößte Braukonzern Anheuser-Busch InBev. 2013 auf den Weltmarkt schwemmte, mag das wenig erscheinen. Die größten Einzel-Brauereien Deutschlands liegen allesamt unter dieser erlaubten Obergrenze, Krombacher zum Beispiel um mehr als 300 Millionen Liter, könnte rein mengenmäßig also auch eine Craft-Brauerei sein.

Die beiden anderen Kriterien der Brewer's Association sind deshalb aussagekräftiger:

Weniger als 25 Prozent einer Craft-Brauerei dürfen demnach nämlich im Besitz eines Großkonzerns sein.

Genauer: Im Besitz eines „Herstellers alkoholischer Getränke, bei dem es sich selbst nicht um eine Craft-Brauerei handelt".

Außerdem muss sich ein Craft-Brauer traditionellen, handwerklichen Methoden verpflichten. Die Mehrheit der alkoholischen Getränke müssen Biere sein, „deren Geschmack aus traditionellen oder innovativen Brauzutaten und deren Vergärung stammt". Künstliche Aromatisierung ist verboten.

Was das alles aber fürs Bierland Deutschland bedeutet, lässt man sich am besten von denen erklären, die jeden Tag mit Craft-Bier zu tun haben. Wir haben drei Craft-Brauer zum großen Interview getroffen: einen Autodidakten aus dem Rheinland, der schon ein paar Jahre im Geschäft ist. Einen jungen Braustudenten, der mit Kommilitonen gerade eine Brauerei im Osten Berlins gegründet hat. Und einen promovierten Brauer, der

für Bitburger, die drittgrößte deutsche Brauerei, an kreativen Bieren tüftelt. Doch zunächst nehmen wir uns die internationale Craft-Bier-Szene vor.

Wir erklären, wie die USA zum angesagtesten Bierland der Welt wurden. Wir lassen Craft-Brauer aus den alten Biernationen Belgien und Großbritannien zu Wort kommen. Und wir ergründen, wie in zwei Ländern, die mit Bier einst überhaupt nichts zu tun hatten – in der Rotwein-Nation Italien und im Sake-Paradies Japan – seit Mitte der 90er-Jahre zwei der kreativsten und experimentierfreudigsten Brauerei-szenen der Welt entstehen konnten.

DR. MARC RAUSCHMANN / (Jahrgang 1968) ist promovierter Braumeister und
Geschäftsführer von Braufactum, der Craft-Bier-Tochter der Radeberger-Gruppe. Seit 2010 schon legen seine Kollegen und er besondere Bierstile neu auf. Uns hat er erklärt, warum ein Kölsch früher um einiges fruchtiger geschmeckt haben muss als heute, und weshalb das „Hopfenstopfen" keine allein englische Erfindung ist.

Craft-Biere orientieren sich an alten Bierstilen – wie vor 200 Jahren schmecken sie trotzdem nicht. Herr Dr. Rauschmann, was ist so reizvoll an alten Bier-Rezepten?

Sofern man alte Rezepte wörtlich nimmt – nicht viel. Aber wenn man die Ideen, die sich Braumeister früher gemacht haben, sowie den beschriebenen Charakter der alten Stile anschaut, dann wird es richtig spannend.

Wie meinen Sie das?

Ein Rezept bezieht sich immer auf die konkrete Anlage, auf der ein Bier gebraut wird. Und die Brauereien sind heute zum Glück technologisch viel weiter als früher. Zum Beispiel bringt man beim Abfüllen keine Unmengen an Sauerstoff mehr ins Bier, man arbeitet mikrobiologisch sauberer, man weiß, dass Hefe für die Gärung verantwortlich ist, und man kann die Gärung mit Hilfe von Kälte-

maschinen kontrollieren. Außerdem wachsen heute andere Gersten- und Hopfensorten als früher. So idyllisch das klingt: „Brauen wie vor 200 Jahren", ich spreche lieber von „alten Bierstilen" – die wir heute neu interpretieren.

Fällt Ihnen ein Beispiel ein?

Nehmen wir unser „Colonia", das ist ein rheinisches Bitterbier. Es ist kein Kölsch, denn wir brauen es nicht in Köln – aber wir haben uns bei der Entwicklung die alten Ideen beim Brauen von Kölsch angeschaut. Dann haben wir den Stil aufgegriffen, ihn aber mit einer eigenen Note versehen.

Wie sind Sie dabei vorgegangen?

Unsere Recherche begann mit einer Überraschung: Bis etwa zum Zweiten Weltkrieg wurde „Kölsch" nämlich noch „hopfengestopft", man hat also zusätzlich zur Gabe

INTERVIEW

beim Kochen eine ordentliche Ladung getrocknete Hopfendolden ins lagernde Bier gegeben. Daher kommt der Begriff übrigens: Die Brauer mussten den Hopfen tatsächlich mit physischer Kraft in die Fässer stopfen.

Ist Hopfenstopfen nicht eine englische Brautechnik - und heißt eigentlich „Dry Hopping", also Trockenhopfen?

In Großbritannien reicht die Tradition des Hopfenstopfens bis in die Kolonialzeit zurück. Ob man damals in Köln oder in anderen Regionen des heutigen Deutschlands auch schon - zumindest vereinzelt - hopfengestopft hat, ist schwer zu sagen. Ich finde übrigens, dass beide Begriffe heute nicht mehr recht passen. Erstens stopft man den Hopfen ja nicht mehr ins Fass. Zweitens ist ganz bestimmt nichts trocken daran, ihn in flüssiges Bier zu werfen. Wir haben uns deshalb das Wort „Kalthopfen" ausgedacht.

Ging es auch früher beim Hopfenstopfen darum, außergewöhnliche Hopfenaromen ins Bier zu bekommen?

Oft wollte man Biere mit einer Extraladung Hopfen vor allem stabiler und haltbar machen. Das war zum Beispiel für lange Seereisen von Großbritannien in die Kolonien wichtig. So ist ja auch India Pale Ale entstanden. Der Gedanke liegt beim Kölsch aber nicht unbedingt nahe. Deshalb gehe ich davon aus, dass tatsächlich schon damals der Geschmack im Vordergrund stand.

Und warum nennt sich das dann „Rheinisches Bitterbier"?

Weil Kölsch, wie andere Bierstile des Rheinlands auch, früher deutlich bitterer geschmeckt hat. Hopfenaromatik und Bittere passen ja gut zusammen und haben diesen Stil geprägt.

Kann man denn sagen: Biere vor 200 Jahren haben grundsätzlich anders geschmeckt als heute?

Ganz sicher, das lässt sich schon am Malz festmachen: Erst seit Anfang des 19. Jahrhunderts ist man ja in der Lage, die Darren, in denen Malz getrocknet wird, indirekt zu beheizen. Vorher ist direkt Verbrennungsluft durch das feuchte Getreide geleitet worden - was heute noch das Whiskymalz prägt. Daher haben früher alle Biere mehr

oder weniger rauchig geschmeckt. Diesen typischen Schinkengeschmack kennt man heute fast nur noch von den Bamberger Rauchbieren.

Hat das nicht auch Röstnoten ins Bier gebracht, wie etwa bei einem dunklen Stout?

Nein, das darf man nicht verwechseln. Alle Biere waren damals zwar deutlich dunkler als der heutige Standard, aber wiederum nicht so dunkel wie ein Stout. Die Technik des Röstens war eine Erfindung des späten 18. Jahrhunderts. Wenn man Malz bei sehr starker Hitze über 200 Grad röstet, muss man es ständig in Bewegung halten, damit es gleichmäßig geröstet wird. Darüber hinaus muss darauf geachtet werden, dass das Malz dabei nicht verbrennt, da es sonst so unangenehme Noten annehmen würde. Heute wird das Rösten in großen, rotierenden Trommeln vorgenommen.

Vor allem greifen die Craft-Biere der ersten Stunde ja aber auf englische Bierstile zurück, wie kam das?

Ich glaube, es hatte vor allem drei Gründe: Erstens haben die US-Amerikaner, die ja mit dem Craft-Bier anfingen, schon immer unter anderem der Sprache wegen erst einmal in Richtung England geschaut. Zweitens wollte man andere Biere brauen als die großen Brauereien. Und da sich im letzten Jahrhundert die hauptsächlich untergärigen Biere weltweit durchgesetzt hatten, griff man auf die vergessenen obergärigen Stile (Ales) aus England zurück. Drittens ist das obergärige Brauen aber auch einfacher. Wenn ich gerade erst mit dem Brauen begonnen hätte, und mir vielleicht nur ein Einkochtopf in der Garage zur Verfügung stünde, würde ich mich auch erstmal an einem einfachen Ale versuchen.

Untergärige Lagerbiere sind für Craft-Brauer nicht interessant?

Doch, aber erst seit ein paar Jahren. Nach meiner Beobachtung waren nach den englischen Ale-Klassikern zunächst die belgischen Biere dran. In den USA werden mittlerweile ganz fantastische „Belgium-Style Beers" gebraut, inzwischen gibt es keine namhafte Brauerei, die nicht auch ein (belgisches) Sauerbier hat. Aber seit ein paar Jahren sind Lagerbiere massiv im Kommen, bei denen wird jetzt viel mit besonderen Hopfennoten experimentiert. Ansonsten gibt es zwei Trends im

Moment: Fassreifung und Sauerbiere, die ja in Deutschland auch eine geschichtliche Bedeutung haben, etwa bei der Berliner Weißen.

Warum hat es so lange gedauert, bis wir auch in Deutschland bereit waren, aufregende, alte Bierstile wiederzuentdecken?

Da gehen die Meinungen auseinander. Ich glaube, dass es vor allem an der hervorragenden Qualität der deutschen Biere lag und der daher fehlenden Bereitschaft, etwas Neues zu wagen. Deutschland als Brauland genießt in der ganzen Welt hohen Respekt, nach wie vor. Auch die Anlagen der Craft-Brauer in den USA, von denen die größeren inzwischen sehr professionell brauen, kommen überwie-

gend aus Deutschland. Genau wie ein großer Teil der Spezialmalze und des Hopfens.

Und wann wird es Zeit, das deutsche Pils wiederzuentdecken?

Deutsches Pilsner ist ein hervorragendes Bier, das kann man überhaupt nicht vergleichen mit den eher neutralen amerikanischen Lager- und Light-Bieren, wegen derer die Craft-Brauer ja überhaupt erst angefangen haben. Nur ein Beispiel: Im Pils stecken in der Regel etwa 30 Bittereinheiten, in den Light-Lagerbieren dagegen sieben. Das ist ein ganz anderes Niveau. Nur wird das Pils ja schon hundertfach einwandfrei gebraut in Deutschland. Da brauche ich es auch nicht wiederzuentdecken.

Durch das Hopfenstopfen erlangt z. B. ein India Pale Ale eine noch ausgeprägtere Aromatik – in Geschmack als auch im Geruch

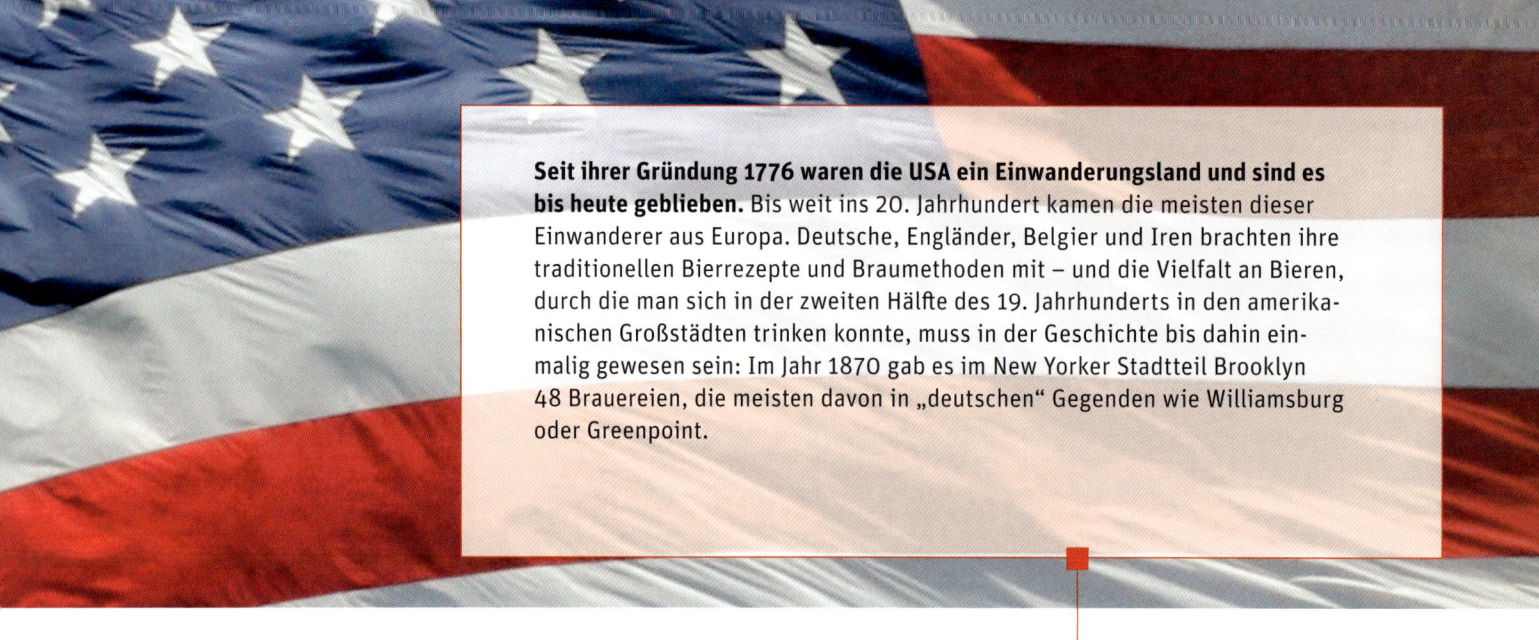

Seit ihrer Gründung 1776 waren die USA ein Einwanderungsland und sind es
bis heute geblieben. Bis weit ins 20. Jahrhundert kamen die meisten dieser
Einwanderer aus Europa. Deutsche, Engländer, Belgier und Iren brachten ihre
traditionellen Bierrezepte und Braumethoden mit – und die Vielfalt an Bieren,
durch die man sich in der zweiten Hälfte des 19. Jahrhunderts in den amerikanischen Großstädten trinken konnte, muss in der Geschichte bis dahin einmalig gewesen sein: Im Jahr 1870 gab es im New Yorker Stadtteil Brooklyn
48 Brauereien, die meisten davon in „deutschen" Gegenden wie Williamsburg
oder Greenpoint.

Cheers!

1840
In Philadelphia braut John Wagner
das erste Lager-Bier in der Geschichte
der USA. Der Bayer hatte die untergärige Hefe vorher illegal aus seiner
alten Heimat geschmuggelt.

1600   1700   1800   1900

1602
In Neu-England, dem nordöst-
lichsten Zipfel der heutigen USA,
bauen die europäischen Siedler
zum ersten Mal Gerste an.

1612
Die Holländer Adrian Block
und Hans Christiansen eröffnen
in Manhattan in Neu-Amsterdam
(heute New York) die erste
Brauerei Nordamerikas.

1873
4131 Brauereien, bis heute Rekord,
produzieren rund eine Milliarde
Liter Bier.

1880
Seit dem Hoch von 1873 sinkt die
Zahl der Brauereien kontinuierlich,
1880 auf etwa 2830 Brauereien.
Durch Innovationen in der Brau-
technologie und im Vertrieb führt
eine abnehmende Zahl an Brauereien jedoch nicht zum Rückgang
der Bierproduktion. Vielmehr
führten die im 19. Jahrhundert
aufkommenden Prohibitions-
bewegungen in einigen Staaten,
beginnend mit Maine 1851, zu
einem Verkaufsverbot von Alkohol.

CRAFT-BIER USA

1919

Am 10. Oktober beschließt das Abgeordnetenhaus ein landesweites Alkoholverbot. Präsident Woodrow Wilsons Veto wird überstimmt. Am 1. Januar 1920 beginnt die Prohibition.

1933

Die Prohibition wird abgeschafft. Bis Ende des Jahres nehmen 33 Brauereien wieder den Betrieb auf. 1934 werden es 756 sein.

1910   **1920**   **1930**   **1940**

1935

Bier wird zum ersten Mal in Dosen abgefüllt, bis Ende des Jahres nutzen bereits 37 Brauereien den neuen Bier-Container

1941

Die Zahl der Brauereien beginnt rapide zu sinken, von 857 auf 188 im Jahr 1960.

Schon bald war klar: Die im 18. Verfassungszusatz geregelte Prohibition erreichte kein einziges ihrer politischen und gesellschaftlichen Ziele. Die Kriminalität stieg innerhalb nur eines Jahres um ein Viertel an, die organisierte Kriminalität wurde mächtig wie nie – ja, man darf sogar bezweifeln, dass die Menschen wirklich weniger tranken. Die Zahl der Fälle von Trunkenheit am Steuer nahm jedenfalls dramatisch zu. Als der Spuk 1933 ein Ende fand, hatten die „Al Capones" mit dem Schmuggel von Whisky und Schampus ein Vermögen gemacht, die kleinen Brauereien hingegen standen ohne Kapital da. Nur einigen wenigen Brauern, die schon in den Jahrzehnten um 1900 deutlich größer und reicher gewesen waren, war es gelungen, die Prohibition auszusitzen. Sie verkauften statt des Bieres einfach eine Weile lang nahezu alkoholfreies „Near Bear" (1921 schon waren es 35 Milliarden Liter), aber auch Käse (Pabst), Ginger Ale (Schlitz) oder Eiscreme (Anheuser-Busch). Nach 1930 war ihre große Zeit gekommen: Sie steigerten ihre Produktion rasant und kauften die Kleinen einen nach dem anderen auf.

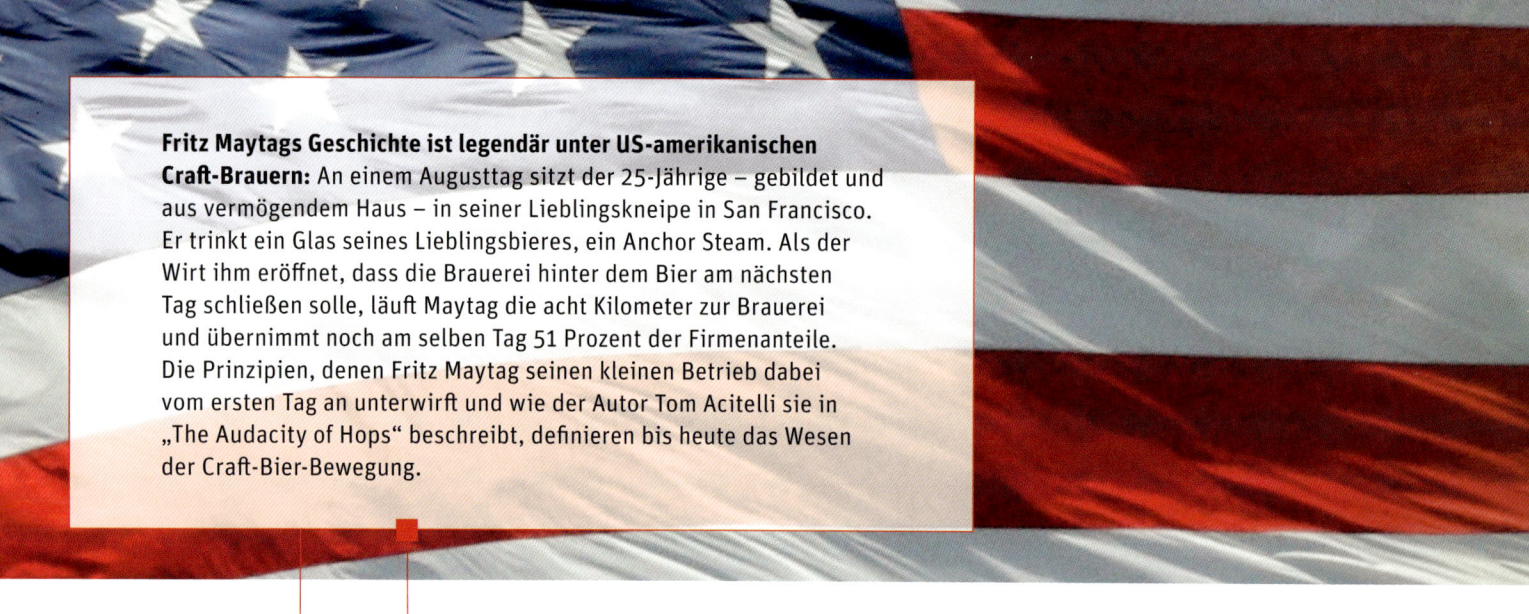

Fritz Maytags Geschichte ist legendär unter US-amerikanischen Craft-Brauern: An einem Augusttag sitzt der 25-Jährige – gebildet und aus vermögendem Haus – in seiner Lieblingskneipe in San Francisco. Er trinkt ein Glas seines Lieblingsbieres, ein Anchor Steam. Als der Wirt ihm eröffnet, dass die Brauerei hinter dem Bier am nächsten Tag schließen solle, läuft Maytag die acht Kilometer zur Brauerei und übernimmt noch am selben Tag 51 Prozent der Firmenanteile. Die Prinzipien, denen Fritz Maytag seinen kleinen Betrieb dabei vom ersten Tag an unterwirft und wie der Autor Tom Acitelli sie in „The Audacity of Hops" beschreibt, definieren bis heute das Wesen der Craft-Bier-Bewegung.

1965

Fritz Maytag kauft die Brauerei Anchor Brewing Co. in San Francisco. Es ist der Beginn der Craft-Bier-Bewegung.

1977

In Sonoma, Kalifornien, öffnet die „New Albion Brewery". Sie gilt als Amerikas erste Mikro- oder Craft-Brauerei – auch wenn sie bald später wieder schließt.

1960   **1970**   **1980**

1. Maytag wollte „Anchor Brewing" nie zu einem Großkonzern machen, im Gegenteil. Der junge Braumeister sagte damals selbst: „Ich will, dass wir unser gesamtes Bier in diesen vier Brauereiwänden brauen. Wir dürfen niemals zu groß werden."

2. Maytag glaubte an das Modell des unabhängigen Brauers. Er machte „Anchor Brewing" zu seinem Lebenswerk, hielt immer die Mehrheit am Unternehmen und verkaufte erst im Jahr 2010 – im Alter von 72 Jahren.

3. Maytag stellte den Megakonzernen die Bierzutat entgegen, die diese als Erste aus ihrem Sortiment geworfen hatten: die Tradition. In sein „Anchor Steam" kam vom ersten Tag an nur Gerstenmalz, keine Billig-Substitute wie Mais, Reis oder Rohfrucht. Dafür verkaufte er es zum doppelten Preis.

1978

Es gibt nur noch 98 Brauereien in den gesamten Vereinigten Staaten – ein Allzeittief. Rechnet man alle Brauereien, die zum selben Konzern gehören, als eine Brauerei, sind es sogar nur noch 44. Die sechs größten davon produzieren mehr als 90 Prozent des gesamten Bieres, darunter Anheuser-Busch, Miller, Coors und Pabst.

1979

Der Kongress und Präsident Jimmy Carter heben das Heimbrau-Verbot auf.

1982

Zum ersten Mal seit der Prohibition darf eine Brauerei ihr Bier wieder in der eigenen Bar ausschenken und dazu Essen servieren. Der erste „Brew Pub" ist eröffnet.

CRAFT-BIER USA

2010

Mit 1813 Brauereien wird erstmals das Niveau der Zeit unmittelbar vor der Prohibition überschritten. Es gibt in den USA nun mehr Brauereien als in Deutschland.

2014

Mit der Stone Brewery kauft die erste amerikanische Craft-Brauerei eine Produktionshalle in Deutschland, in Berlin-Tempelhof.

1990   2000   2010

1990

Die kalifornische Sierra Nevada Brewery darf sich nicht mehr Mikrobrauerei nennen, denn sie produziert mit drei Millionen Litern zu viel Bier für diesen Status (Obergrenze: 2,9 Millionen Liter). Insgesamt gibt es wieder 284 Brauereien.

Die Zahl der US-amerikanischen Brauereien ist bis 2014 mittlerweile wieder auf rund 3464 gestiegen. 3418 davon sind unabhängige Mikrobrauereien (1871), Brau-Pubs (1412) oder regionale Kleinbrauereien (135). Während die Bierproduktion in den Staaten insgesamt seit Anfang der 1990er-Jahre deutlich rückläufig ist, legen die Craft-Brauer konstant zweistellige Wachstumsraten hin. Und obwohl sich die beiden größten Braukonzerne (Anheuser-Busch Companies, Inc. und MillerCoors) noch immer fast 80 Prozent des Marktes teilen, finden sich heute bereits fünf ehemalige Mikrobrauereien unter den zehn größten Brauereien der USA (etwa D.G. Yuengling & Son aus Pennsylvania, The Boston Beer Company aus Massachusetts oder Sierra Nevada Brewing Co. aus Kalifornien).

Vor allem dürfte es sich aber mittlerweile ziemlich schwierig gestalten, einen historischen Bierstil zu finden, den man nicht in irgendeiner der kreativen US-Brauereien probieren kann. „Wir hatten damals so ein Gefühl", sagte Fritz Maytag, der Neugründer von Anchor Brewing in San Francisco, vor einigen Jahren, „dass wir einfach die bessere Mausefalle besaßen. Und dass die Welt schon irgendwie einen Weg zu ihrer Tür weisen würde."

CRAFT-BIER ITALIEN

„Ich war ignorant, und das war das Beste, das mir passieren konnte"

Agostino Arioli gründete 1996 seine „Birrificio Italiano" seine „Italienische Brauerei", 20 Kilometer südwestlich von Como, also in der norditalienischen Lombardei. Damit war er einer der ersten italienischen Craft-Brauer überhaupt. Nach einigen Rückschlägen in den Anfangsjahren - einmal ging er sogar bankrott - zählt er mit einer jährlichen Produktion von 650.000 Litern heute zu den größten Craft-Brauern Italiens. Und dabei wollte er doch eigentlich nur ein herbes, deutsches Pils brauen.

„Als wir angefangen haben mit dem Biertrinken, war das für uns wie eine Revolution. Wir - ein paar Freunde von mir und ich - waren damals erst 15 oder 16, deshalb durften wir eigentlich noch gar keinen Alkohol trinken. Die andere Regel, die wir brachen, war aber noch wichtiger: Man trank in Italien Anfang der Achtziger kein Bier - man trank Wein, das gehörte sich einfach so. Zum Glück gab es aber schon damals ein paar Läden, in denen wir Biere aus England oder Deutschland bekommen konnten, manchmal waren sogar welche aus Belgien oder Irland dabei. Wir haben alles probiert, und es dauerte nicht lange, da suchten wir gezielt nach neuen Bieren, nach guten Bieren, nach Spezialitäten. Wir waren ziemlich schnell ziemlich verrückt nach Bier.

MIT 20 BEGANN ICH, ZUHAUSE ZU BRAUEN

Oder besser gesagt: Ich versuchte es – denn ich hatte ein gewaltiges Problem. Es gab keine Zutaten. Hopfen, Malz, Hefe – ich bekam gar nichts. Ich habe mir dann Bio-Gerste aus der Toskana besorgt, habe sie zuhause keimen lassen und danach im Ofen getrocknet. Ich musste also sowohl mälzen als auch brauen, mit Brothefe übrigens, und natürlich konnte ich meine ersten zwei, drei Biere direkt in den Ausguss kippen, sie schmeckten wirklich grauenhaft. Das schlimmste aber war: Ich wusste nicht, ob ich beim Mälzen oder beim Brauen etwas falsch gemacht hatte!

Doch ich habe schon immer Glück gehabt, damals auch: Mein Vater brachte mich in Kontakt mit einem Brauer, der bei einer großen italienischen Brauerei arbeitete, und der gab mir sehr wichtige Tipps, vor allem aber versorgte er mich mit Rohstoffen. Endlich konnte ich mich aufs Brauen konzentrieren! Ich habe von Anfang an vor allem deutsche Bierstile gebraut, denn der Brauer, der mich beriet, hatte sein Diplom in Weihenstephan gemacht. Irgendwann sagte er zu mir: „Du solltest einen Brau-Pub aufmachen", und ich war sofort begeistert von der Idee. Ich bin dann viel herumgereist, und als ich mir 1986 in Vancouver die erste Craft-Brauerei Kanadas angeschaut hatte, wusste ich endgültig: Das will ich auch machen!

1994 schloss ich mein Landwirtschaftsstudium ab, danach schrieb ich fast vierzig Briefe an kleine Brauereien in Süddeutschland und bewarb mich bei ihnen um Praktika. Am Ende habe ich eine Woche in Konstanz und eine Woche in Freiburg verbracht. Das war wahnsinnig lehrreich für mich, vor allem interessierte ich mich für die Hardware der Brauereien, denn ich hatte damals bereits beschlossen, meine eigene Brauanlage zu bauen. 1994, am Tag vor Heiligabend, gründete ich gemeinsam mit meinem Bruder und ein paar Freunden unseren Brau-Pub. Ein Jahr lang renovierten wir das Restaurant, im April 1996 öffneten wir, unsere 200-Liter-Anlage hatten wir bis dahin auch fertig bekommen. Mit ihr fing alles an, und sie war perfekt. Alles musste ich von Hand machen, alles war einfach. Bis ins Jahr 2000 habe ich auf ihr gebraut.

Wir waren damals die erste Craft-Brauerei in der Lombardei. Gleichzeitig öffneten in anderen Teilen Italiens noch zwei, drei andere Craft-Brauereien. Eine davon war Teo Musso mit seiner Baladin-Brauerei, die ist in Deutschland ja auch bekannt. Wir sind bis heute gut befreundet, unsere Philosophie aber war immer schon grundverschieden. Manchmal albern Teo und ich zusammen herum, dann sage ich: ‚Du braust Bier für Leute, die kein Bier mögen.' Er setzte von Anfang an auf eine Art belgischen Stil,

AGOSTINO ARIOLI

An die 20 verschiedene Biere braut Agostino pro Jahr, mehr als die Hälfte davon sind immer noch untergärige Stile. Die bilden nämlich seine „Identität", wie er das nennt, und die möchte er nicht aufgeben. Dazu kommen klassische obergärige Craft-Biere, also etwa IPA und Stout, und zwei oder drei Spezialitäten, zum Beispiel Sauerbiere.

CRAFT-BIER ITALIEN

er benutzte keinen Hopfen oder nur ganz wenig, seine Biere waren also überhaupt nicht bitter, außerdem ließ er sie in der Flasche vergären, wie das in Belgien ja auch üblich ist, deshalb kam der Charakter seiner Biere hauptsächlich aus der Hefe. Ich hingegen wollte ein frisches Bier brauen, ein Bier für ganz normale Biertrinker.

VOR ALLEM ABER BRAUTE ICH ALS ERSTES DAS BIER, DAS ICH SELBST AM LIEBSTEN TRANK

Ein hopfenbitteres, untergäriges Bier, mein Vorbild war das damals noch sehr viel herbere Jever-Pils – ich nannte es ‚Tipopils‘, also ‚eine Art Pils‘.

Im Grunde war ich damals einfach ignorant – und das war das Beste, das mir passieren konnte! Wir hatten in Italien keine Bierkultur – und genau das machte mich frei zu tun, was immer ich tun wollte. Okay, ich habe mich am deutschen Pils orientiert, aber ich hatte dabei zum Beispiel immer auch im Auge, was die Engländer machten. Und deshalb habe ich meinem Pils während der Vergärung und Lagerung einfach Hopfen zugesetzt, obwohl Hopfenstopfen damals bei untergärigen Bieren noch vollkommen unüblich war. Ich habe mir meine Regeln selbst gemacht – und das Tipopils ist noch immer mein erfolgreichstes Bier.

Die amerikanische Craft-Szene hat in Italien am Anfang keine Rolle gespielt, und das war gut so, denn diese Einflüsse hätten unsere Freiheit damals ja auch eingeschränkt. Erst 1999 nahm mich mein Förderer, der Brauer von der Großbrauerei, mit auf eine Biermesse in Rimini. Er sagte: ‚Ein paar Verrückte in Amerika brauen da gerade ein paar ziemlich miese Biere, die musst du probieren.‘ Und ja, diese Biere schmeckten auch für mich damals wirklich sehr, sehr ungewöhnlich. Dennoch war es eines der wichtigsten Erlebnisse, die ich überhaupt hatte. Erst, als ich diese verrückten amerikanischen Craft-Biere probierte, habe ich den Schlüssel zu meinem eigenen Verständnis gefunden.

Ich merkte, es gibt überhaupt keine Grenzen mehr, ich kann tatsächlich machen, was ich will. Mein erstes IPA habe ich trotzdem erst vor acht Monaten herausgebracht. So sehr mich die amerikanischen Biere nämlich beeindruckt haben, meine Identität wollte ich nicht verlieren. Ich habe weiterhin auf meinen eigenen Stil gesetzt, und das kann ich nur jedem empfehlen. Wir haben in Italien jetzt 800 Brauereien, fast alle brauen ein IPA, dazu kommen noch die importierten Biere, insgesamt gibt es wahrschein-

FAKTEN CRAFT-BIER ITALIEN	VOR DEM AUFLEBEN DER CRAFT-BIER-BEWEGUNG	MIT BEGINN DER CRAFT-BIER-BEWEGUNG	NACH AKTUELLEN ZAHLEN
Bierproduktion (in 1000 hl)	10699 (1991*)	11990 (1995*)	12968 (2014*)
Bierkonsum pro Kopf (in l)	25,1 (1993*)	25,4 (1995*)	29 (2013*)
Anzahl der Brauereien in 2013: 509; Geschätzte Zahl an Brauereien in 2015: mehr als 600 * Angabe der Jahreszahl			

lich mehr als 2000 IPAs zu kaufen. Aber läuft das am Ende nicht wieder auf nur einen Bierstil hinaus? Wir müssen aufpassen, dass es am Ende noch um die Werte geht, die das Brauen nach wie vor ausmachen:

KREATIVITÄT, INNOVATION UND VIELFALT!

Am Anfang hatte ich übrigens große Probleme, mein Bier zu verkaufen. Wir haben unseren Brau-Pub ja nicht in Mailand aufgemacht, sondern in einem winzigen Dorf in der Lombardei. Die Leute dort waren sehr skeptisch, am Anfang haben sie mir noch nicht mal geglaubt, dass ich mein Bier selbst braue. Ich habe dann immer am Abend gebraut, damit sie mir dabei zuschauen konnten. Und natürlich war es nicht gefiltert, also trüb, und es hatte zum Beispiel auch weniger CO_2 als die Biere, die man in

Italien damals gewohnt war. Ich habe mein Bier von morgens bis abends erklärt. Und erklärt. Und erklärt. Und trotzdem waren wir nach eineinhalb Jahren bankrott... Einige Partner sind damals sogar ausgestiegen, trotzdem haben wir Verbliebenen noch einmal Geld investiert. Und dann, nach zwei Jahren, wie von Zauberhand, kam der Erfolg. Die Leute fragten auf einmal von sich aus nach dem ‚Tipopils', aber auch nach meinem ‚Bibock', einem Bock, das ich 1997 zum ersten Mal gebraut hatte. Dadurch änderte sich alles: Schritt für Schritt fingen wir an zu wachsen, das geht bis heute so. In unserem ersten Jahr müssen wir etwa 12.000 Liter pro Jahr gebraut haben. Heute stehen wir bei 650.000 Litern, und das ist sogar noch viel weniger, als wir verkaufen können.

Ehrlich gesagt weiß ich nicht genau, warum die Leute sich so plötzlich doch eingelassen haben auf unser

Bier, aber meine Theorie ist, dass sich ein interessanter, komplexer Geschmack am Ende eben immer irgendwann durchsetzt. Okay, handwerkliches, ungefiltertes Bier kann hart und kantig und manchmal sogar etwas fehlerhaft schmecken. Am Ende ist es aber auch lebendiger, aufregender, es führt zu einem emotionaleren Erlebnis beim Trinken.

ZUR RICHTIGEN ZEIT AM RICHTIGEN ORT

Ganz sicher bin ich aber auch zur richtigen Zeit am richtigen Ort gewesen, denn Mitte der 1990er setzte in Italien die Slowfood-Bewegung ein, die Menschen begannen, sich generell wieder sehr viel mehr für gute und gut produzierte Lebensmittel zu interessieren. Na ja, und gutes Essen und gutes Trinken spielen bei uns eben immer noch eine etwas größere Rolle als - sagen wir mal – in Deutschland."

Bei Agostino Arioli ist auch die Beschriftung der Fässer Handarbeit

„Wir brauen das Bier, das wir selbst am liebsten trinken"

Jon Kyme war IT-Experte und ist beruflich viel herumgekommen in Großbritannien. Als seine Frau Becky schwanger wurde und nur einen kleinen Schluck Bier pro Woche trinken durfte, begannen die beiden, an eigenen Bier-Rezepten zu tüfteln. Heute betreiben sie die winzige Brauerei „Stringers Beer" im nordwestlichsten Zipfel Englands.

„Ich bin Ende der 90er zum Heimbrauer geworden. Ein Freund, der braute, stand damals plötzlich vor meiner Haustür, mit seinem gesamten Brauequipment, und sagte: ‚Du musst mir das Zeug abnehmen, ich glaube, ich trinke zu viel.' Da habe ich ihm den Gefallen getan - und selber losgelegt. Für Bier interessiert habe ich mich eigentlich schon immer. Ende der 70er, als ich zum ersten Mal Bier trank, gab es in der kleinen Stadt im Norden Englands, in der ich aufgewachsen bin, aber nur die Biere großer Brauereien zu kaufen, die hatten sich den britischen Biermarkt damals untereinander aufgeteilt. Die meisten Kneipen hatten Verträge mit diesen Brauereien, im Norden gab es häufig das ‚Best Bitter' von Stones, einer großen Brauerei aus Sheffield - kein besonders gutes Bier, glauben Sie mir. Erst in den 80ern in Oxford wurden mir dann die Augen geöffnet. Ich war damals kurz in der berühmten Uni von Oxford eingeschrieben, die Episode dauerte aber nicht lange. Danach habe ich viel in Kneipen gearbeitet, was ja auch eine schöne Sache ist. In Oxford gab es vier oder fünf kleinere Brauereien, und so bin ich das erste Mal mit ‚Real Ales' in Berührung gekommen.

DIE ENTWICKLUNG IN GROSSBRITANNIEN WAR EINE ANDERE ALS IM REST EUROPAS.

Craft-Bier war bei uns lange vor allem ein Label für Flaschenbiere aus dem Regal. Die Craft-Bier-Szene schaute auch schon immer stark in Richtung USA und auf die Bierstile, die dort seit den späten 1970ern aufkamen, vor allem auf das ,Flavour' dieser Biere. Daneben, und das wird mitunter vergessen, gab es aber schon immer englische Brauer, die interessiert waren an einem anderen Geschmack als dem der großen Brauereien und die sich, unabhängig von der Bewegung in den USA, an alten, ausgestorbenen Bierstilen orientierten. Sean Franklin zum Beispiel, ein gelernter Winzer, gründete bereits 1980 seine ,Franklin Brewery' in Knaresborough, einer Kleinstadt nördlich von Leeds.

Noch früher, 1971 nämlich, hatte sich die ,CAMRA' gegründet, die ,Campaign for Real Ale' – die ,Kampagne für echtes Ale'. Auch damals schon ging es zwar um die Werte, die später auch fürs Craft-Bier stehen sollten, um ein Bekenntnis zu kleinen Produzenten also und traditionelle Braumethoden. Daneben hatte die CAMRA aber immer schon einen sehr britischen Fokus, setzte unter anderem auf das traditionelle Bier-Pumpen im Pub, im Gegensatz zum modernen CO_2-Zapfen. Außerdem gärt ,Real Ale' in denselben Fässern nach, aus denen es auch ausgeschenkt wird, und wird nicht fertig vergoren in Kegs abgefüllt. Heute besitzt die CAMRA mehr als 164.000 Mitglieder weltweit.

Ich persönlich halte aber nichts von einer ideologischen Auseinandersetzung zwischen beiden Ansätzen. Ich finde eher wichtig, dass man sich verhält, wie es das eigene Label suggeriert. Der Begriff ,Craft' bedeutet auf Englisch ,Handwerk', und es tut natürlich gut, dass man den Brauern eine Vokabel an die Hand gegeben hat, mit der sie beschreiben konnten, was sie tun: ,Schaut her, ich braue mein Bier mit meinen eigenen Händen.' Andererseits sind solche Wörter natürlich anfällig für Missbrauch.

FAKTEN CRAFT-BIER UK	VOR DEM AUFLEBEN DER CRAFT-BIER-BEWEGUNG	MIT BEGINN DER CRAFT-BIER-BEWEGUNG	NACH AKTUELLEN ZAHLEN
Bierproduktion (in 1000 hl)	55149 (1970*)	60566 (1973*)	41204 (2014*)
Bierkonsum pro Kopf (in l)	113 (1970*)	107,5 (1972*)	66 (2013*)
Anzahl Brauereien	177 (1970*)	152 (1974*)	1285 (2014*)
Durchschnittlicher Preis für 1 Pint Lager	10 p (1970*)	14 p (1973*)	2,87 £ (2014*)

Wichtiger Impulsgeber 1971: Gründung der „Campaign for Real Ale";
Anzahl Pubs in 2014: 48,006. Jährlicher prozentualer Anstieg von Brauereigründungen: 10 %;
Hauptexportland für Biere der Mitgliedsbrauereien der „Society of Independent Brewers";
(SIBA): Italien (mit 86% der exportierten „SIBA-Biere")
* Angabe der Jahreszahl

CRAFT-BIER GROSSBRITANNIEN

Dann schreiben sich Leute ‚Craft' auf die Flasche, die gar keine eigene Idee haben, die nur der Mode hinterherlaufen, die vielleicht sogar überhaupt nicht handwerklich arbeiten. Weil sich ihr Bier dann besser verkauft. Mittlerweile beginnen übrigens auch die großen Brauereien bei uns, Biere mit dem Zusatz ‚Craft' herauszubringen. Ich habe aber keine Angst davor: Sollen sie doch auf ihre Biere schreiben, was sie wollen. Die ganze Bewegung gründet ja auf einem besonderen Geschmack, den werden die Großen nicht hinbekommen.

Nach meiner Zeit in Oxford bin ich viel umgezogen, habe in London gelebt, in Manchester und Liverpool, dabei habe ich die längste Zeit als IT-Experte für verschiedene große Firmen gearbeitet. Ich denke manchmal, vom Ausland habe ich vielleicht nicht besonders viel gesehen, und über kontinentale und US-amerikanische Biere wissen andere sicher auch mehr als ich. Aber in Großbritannien

kenne ich mich ziemlich gut aus. Überall habe ich die miesen und die tollen Biere getrunken, beides muss man nämlich, wenn man etwas übers Bier lernen möchte. Die Unterschiede zwischen den regionalen Bierstilen in Großbritannien sind subtil, aber sie sind da. In Manchester haben die Menschen zum Beispiel immer schon gerne ein helles, sehr hopfenbitteres ‚Northern Bitter' getrunken, das sich später zum sogenannten Golden Ale entwickelt hat. Im Süden hingegen gibt es das ‚Sussex Best', ein dunkles, braunes British Bitter. Das hat eine ganz bestimmte Hefe-Charakteristik, das es von allen anderen dunklen Bieren unterscheidet.

IRGENDWANN STAND EIN FREUND MIT SEINER BRAU-AUSRÜSTUNG VOR DER TÜR

In den 90ern zogen wir nach Liverpool, irgendwann stand besagter

Freund mit seiner Brau-Ausrüstung vor der Tür, und meine Frau Becky und ich begannen zu brauen, von Anfang an gemeinsam. Becky arbeitete damals als Wissenschaftlerin für das ‚NHS', das britische Gesundheitssystem. Auch sie war immer schon begeisterte Biertrinkerin, nur hat sie die technischen und chemischen Aspekte immer ein wenig besser verstanden als ich. Als Becky schwanger wurde, betrieben wir das Ganze dann wirklich ernsthaft. Sie durfte nämlich nur noch ein kleines Bier pro Woche trinken – und das sollte ein besonders gutes sein. Wir haben viel Zeit und Aufwand investiert, um diesen einen Schluck zum Höhepunkt ihrer Woche zu machen. Wir arbeiteten akribisch an unseren Rezepten, schraubten an allen Details, und hatten richtig gute Biere im Sinn, nicht mehr nur solche, die man halbwegs gut trinken konnte.

So hat es einige Jahre und bestimmt 30 Versuche gedauert, bis

BECKY STRINGER & JON KYME

Jon Kyme (Jahrgang 1961) und seine Frau Becky Stringer betreiben die „Stringers Beer"-Brauerei in Ulverston in der Grafschaft „Cumbria", südlich des malerischen Lake Districts. Ihr Bier verkaufen sie hauptsächlich in der eigenen Region, es wird in Pubs ausgeschenkt, und man bekommt es in einer lokalen Supermarktkette. Jedes Jahr schicken die beiden ein paar Paletten an einen Händler in Italien, manchmal stehen „Dry Stout", „IPA", „Yellow Lorry" oder „West Coast Blond" auch als Spezialität in einem Pub in London oder Manchester auf der Wochenkarte. Wer „Stringers Beer" probieren möchte, muss die beiden aber eigentlich in Nordengland besuchen kommen.

wir die genau richtige Menge an Röstmalz für das Stout gefunden hatten, das wir im Sinn hatten. In dieser Zeit entstanden auch die Biere, die wir später kommerziell brauten, zunächst waren das drei Stile: ein trockenes Stout eben, dem ‚Irish Dry Stout' nachempfunden, ein ‚Best Bitter', ein kupferfarbenes Bier mit 4 % Vol. Alkohol - und ein IPA.

Wir haben einige Male Verwandte in Kalifornien besucht und kannten daher die Westküsten-Pale-Ales und -IPAs. Wir hatten aber die englische, etwas in Vergessenheit geratene Interpretation eines IPAs im Sinn - weniger alkoholstark und auch nicht ganz so hopfenfruchtig. Zwar haben auch wir es mit amerikanischen Hopfen gebraut, aber wir waren nicht auf die amerikanische Hopfencharakteristik aus.

Ich mag diese Biere auch, sehr sogar, nur gibt es ja schon viele von ihnen. Unser IPA ist nicht ganz so stark, 5,5 % Vol., mit nur leichten Zitrus-Aromen. Das passt gut, finde ich, uns Briten wird ja ohnehin eine gewisse Zurückhaltung nachgesagt.

Die Bierszene in Großbritannien hat sich wahnsinnig entwickelt. Am Anfang, in den 70ern, haben viele Leute noch aus wirtschaftlichen Gründen zuhause gebraut, es war einfach viel günstiger als die Biere aus den Pubs. Sie hatten aber große Probleme, an gute Zutaten zu kommen. Als wir anfingen, ging es mehr und mehr um den besonderen Geschmack, und in einem Laden außerhalb Liverpools bekamen wir tolle, frische Produkte, Malz aus Yorkshire oder vom Kontinent, es wurde im Laden frisch gemahlen.

DANN WERDEN WIR EBEN BRAUER

2008 entschieden Becky und ich, in die Nähe meines kranken Vaters zu ziehen, auch unser Sohn sollte nicht in der Großstadt aufwachsen, fanden wir. Weil die Jobsituation in Ulverston, etwas südlich des Lake Districts, aber nicht gut war, haben wir gesagt: ‚Dann werden wir eben Brauer!' Finanziell gesehen war es ein Rückschritt für uns, bis heute. Der Betrieb rechnet sich gerade so, wir brauen zwei, drei Mal die Woche auf einer 1000-Liter-Anlage. Mittlerweile glaube ich, wir hätten parallel zur Brauerei damals auch einen Pub aufmachen sollen, der hätte einen kontinuierlichen Absatz für unser Bier bedeutet - das würde ich sogar jedem empfehlen, der heute Craft-Brauer werden möchte. Außerdem kamen mit den Jahren fünf andere Kleinbrauer dazu, der Wettbewerb ist mittlerweile ziemlich hart. Trotzdem haben Becky und ich die Entscheidung nie bereut, wir würden es immer wieder genauso machen. Wir brauen Bier, weil wir Bier brauen wollen. Und wir brauen das Bier, auf das wir Lust haben - und das wir selbst am liebsten trinken."

Wo sonst braut man schon mit frischen Dolden?

Jahrelang träumte der Belgier Kris Langouche von der eigenen Brauerei. 2011 dann tat er sich mit dem Bio-Hopfenbauer Joris Cambie zusammen - die beiden formten eine einzigartige Symbiose: Sie brauen nur mit dem Hopfen vom eigenen Hof, und einmal im Jahr kommt der sogar frisch vom Feld in den Sud.

„Als kleine Brauerei muss man sich abheben, man braucht eine Geschichte. Viele denken sich so eine Geschichte aus. Unsere ist auch so ganz gut, glaube ich. Ich habe Joris vor acht Jahren kennengelernt. Er stammt aus einer Familie von Hopfenbauern; die Geschichte seiner Familie und der Hopfenfarm lässt sich bis ins Mittelalter zurückverfolgen. Joris stand aber noch nie

darauf zu tun, was alle taten. 1997 stellte er den Betrieb komplett auf biologischen Anbau um, seitdem ist er der einzige kommerzielle Bio-Hopfenbauer Belgiens. Die belgische Hopfenproduktion geht seit Jahrzehnten zurück, von zwei Tonnen pro Jahr in den 1970er-Jahren auf nur noch etwa 0,2 Tonnen. Da muss man etwas Besonderes anbieten.

Vor meinem Leben als Brauer habe ich in der IT gearbeitet – das heißt, ich tue es bis heute. Erst seit drei Monaten läuft unsere Brauerei nämlich so gut, dass ich meinen alten Job zumindest auf Teilzeit reduzieren konnte. Vorher haben wir immer am Abend und am Wochenende gebraut. Ich habe Brauereiwesen nie studiert, habe auch keine klassische Lehre absolviert. Es gibt in Belgien aber mittlerweile Kurse an Wochenendschulen, so einen Kurs habe ich über zwei Jahre jeden Samstag besucht. Es war eine sehr gute Ausbildung, ich hatte danach jedenfalls ausreichend technisches Wissen, um loszulegen.

Joris habe ich bei einem Biertasting hier in Poperinge kennengelernt. Wir merkten sofort, dass wir denselben Traum hatten, den Traum von der eigenen Brauerei. Okay, Joris träumte ihn schon seit 20 Jahren, ich noch nicht ganz so lang, aber ich bin auch eine Ecke jünger. Zusammen jedenfalls – da waren wir uns sicher – konnten wir es schaffen. Es war schlicht eine Frage des Geldes, wir haben beide unser Privatvermögen in das Projekt investiert. Wir haben viele Monate diskutiert, haben Pläne geschmiedet. Unsere Ideen wurden immer besser, je länger wir abends beim Bier zusammensaßen. Am 1. November 2011 haben wir zum ersten Mal gebraut.

Unsere Brauanlage hatten wir selbst gebaut, hauptsächlich aus gebrauchten Anlagen aus der Milchkuhwirtschaft, unser 600-Liter-Heißwassertank zum Beispiel stammt von einem Bauernhof. Unser Sudkessel fasst 1200 Liter, der Läuterbottich 1000 Liter, pro Woche brauen wir im Schnitt 2000 Liter Bier. Viel wichtiger als die Größe der Kessel war aber, dass wir die Anlage individuell zusammenstellen konnten. Wir brauen nämlich ein paar Biere, die man außer bei uns so wahrscheinlich nirgendwo anders bekommt. Denn wer kann sich den Hopfen schon direkt vom Feld holen? Diese Nähe zu einem der wichtigsten Bier-Rohstoffe empfinden wir als großen Vorteil. Und natürlich spielen wir den aus.

WIR BRAUEN JEDES JAHR ZUR ERNTEZEIT EIN GANZ BESONDERES BIER

Hopfen wird ja nach der Ernte normalerweise sofort getrocknet, sonst verrottet er. Das Trocknen geschieht aber nur, um den Hopfen zu konservieren, nicht aus geschmacklichen Gründen, im Gegenteil – natürlich geht beim Trocknen immer ein wenig Aroma

FAKTEN CRAFT-BIER BELGIEN	VOR DEM AUFLEBEN DER CRAFT-BIER-BEWEGUNG	MIT BEGINN DER CRAFT-BIER-BEWEGUNG	NACH AKTUELLEN ZAHLEN
Bierproduktion (in 1000 hl)	13792 (1988*)	14833 (1995*)	18000 (2014*)
Bierkonsum pro Kopf (in l)	115 (1989*)	108 (1993*)	72 (2013*)
Anzahl Brauereien	126 (1990*)	115 (1995*)	170 (2014*)
Anzahl Biersorten: über 1000 * Angabe der Jahreszahl			

verloren. Wir brauen deshalb jedes Jahr zur Erntezeit ein ganz spezielles Bier, aus frischem Hopfen. Das ist jedes Mal ein ganz besonderer Tag: Wir vereinbaren eine feste Zeit fürs Brauen. Ein paar Tage vorher können wir absehen, welcher Hopfen reif sein wird, dann müssen wir unser Rezept immer ein wenig anpassen. Am Brautag selbst stehe ich in der Brauerei, wenn meine Maische soweit ist, rufe ich Joris auf dem Feld an. Er pflückt den Hopfen, und 15 Minuten später ist der bei mir und kommt direkt in den Kessel. Weil wir jedes Mal andere Hopfensorten verwenden, schmeckt auch das Bier immer ein wenig unterschiedlich, nur die Malznote und die Bernstein-Färbung bleiben gleich. Im ersten Jahr zum Beispiel war gerade englischer Goldings-Hopfen reif, das ist ein richtiger Aromahammer. Im nächsten Jahr ein anderer mit viel weniger Aroma, dafür deutlich bitterer. Zwei Dinge aber bleiben

immer gleich: Grüner Hopfen vom Feld bringt eine ganz frische Note ins Bier - wie ich es nie zuvor geschmeckt habe. Und die logistische Herausforderung bleibt auch dieselbe.

In der frisch gepflückten Hopfenpflanze steckt nämlich viel Flüssigkeit, deshalb sind die Dolden größer als im getrockneten Zustand - und brauchen auch im Sudkessel mehr Platz. Nur weil wir unsere Anlage selber gebaut haben, können wir solche speziellen Biere überhaupt brauen. Wir verwenden nur ganze, getrocknete Dolden, das ganze Jahr über, zum Beispiel für unser ‚All inclusive IPA', das brauen wir ebenfalls einmal im Jahr, mit allen verschiedenen Sorten, die auf unseren Feldern wachsen. Hopfenpellets verwenden wir nur zum Hopfenstopfen.

Ich weiß nicht, ob vielleicht noch eine zweite Brauerei nur mit ganzen

Dolden braut, viele können es jedenfalls nicht sein. Ich bin allerdings sicher: Je weniger Bearbeitungsschritte der Hopfen durchlaufen hat, desto besser schmeckt das Bier. Es ist bloß für die meisten Brauereien gar nicht möglich, ganze Dolden zu verwenden, allein wegen des Lagerplatzes, den man dafür benötigen würde. Aber wir arbeiten ja mitten auf einer Hopfenfarm. Für uns spielen Mengen überhaupt keine Rolle! Wir glauben daran, dass wir mit unserem Weg erfolgreich sein werden.

DIE CRAFT-BIER-SZENE IN BELGIEN BOOMT SEIT MINDESTENS ZEHN JAHREN

Es gab eine sehr populäre Fernsehsendung über Craft-Bier, drei Staffeln von ihr liefen damals, vor ungefähr sechs Jahren. Und seit 2013, 2014 ist das Ganze explodiert. Es gab immer Bier-Enthusiasten, die sich

für spannende ausländische Biere interessiert haben, natürlich auch für die belgischen Spezialitäten, etwa die Trappistenbiere. Diese Enthusiasten wollten schon immer alles probieren und waren bereit, etwas mehr Geld auszugeben. Die meisten Leute haben bei uns ebenfalls Pils getrunken oder Lagerbiere von den großen Brauereien. Plötzlich siehst du aber überall junge Leute, die neue aufregende Biere bestellen. In den Kneipen bekommt man jetzt eine viel größere Auswahl als früher. Und zahllose Bier-Festivals gibt es – zur Saison werden wir jede zweite Woche auf eines eingeladen.

Auch die Konkurrenz ist natürlich größer geworden, es öffnen ständig neue kleine Brauereien. Es gibt mittlerweile Leute, die Bier unter ihrem Namen verkaufen, das jedoch komplett in Lohnbrauereien produzieren lassen. Generell ist der Wettbewerb für Joris und mich kein Problem, uns war ja von Anfang an klar, dass wir Geduld brauchen würden. Natürlich müssen wir wachsen, 2000 Liter pro Woche reichen definitiv nicht, um wirtschaftlich zu arbeiten und um Angestellte zu bezahlen sowieso nicht. Es wird auch nicht reichen, unser Bier nur hier in der Region zu verkaufen. Poperinge hat etwa 20.000 Einwohner, irgendwann muss man uns auch in den Großstädten finden, als Flaschenbier im Laden und abends in der Bar. Langfristig wollen wir auf einem der 12 Hektar des Hofes ausschließlich Hopfen für die Brauerei anbauen, dann lägen wir bei etwa 500.000 Litern im Jahr.

ABER WIR HABEN ZEIT

Wir wissen beide, wie wichtig es ist, langsam zu wachsen - und eine gute Geschichte zu haben natürlich."

KRIS LANGOUCHE
JORIS CAMBIE

Kris Langouche (links) und Joris Cambie brauen ihr Bier in Poperinge, einer 20.000-Einwohner-Stadt in der belgischen Provinz Westflandern. Die hopfenbetonten Biere der „De Plukker Brewery" werden fast nur in Flaschen abgefüllt, die wiederum bekommt man im Moment ausschließlich in Poperinge und Umgebung. „Wir sind noch am Anfang", sagt Kris, „und wer unser Bier probieren möchte, der muss uns schon besuchen kommen."

CRAFT-BIER JAPAN

„Tochter, ab morgen braust du Bier!"

Auch außerhalb Europas und der USA ließ man schon immer Getreidemaische vergären, und so ist auch die Craft-Bier-Welle in Ecken der Welt geschwappt, in denen man mit hopfigen Pale Ales und cremigen Stouts bisher eher wenig anzufangen wusste.

BIER IST KEINE EUROPÄISCHE ERFINDUNG

Die ersten Getreidesorten wurden im Nahen Osten kultiviert, die ersten Weizenbrauereien entstanden in Ägypten. Auch die Stärke aus anderen Getreidearten lässt sich in Zucker umwandeln und vergären. Die aus Reis zum Beispiel, der im Süden Chinas erstmals angebaut wurde, oder aus Mais, der schon den Ureinwohnern Nordamerikas als Energiequelle diente. Noch heute wird in den Tropen Südamerikas das „Chicha"-Bier getrunken, für das die Brauer zunächst Mais zerkauen - und ihn so mit stärkeabbauenden Enzymen anreichern, die im menschlichen Speichel vorkommen.

Erst im 20. Jahrhundert, mit dem Siegeszug der untergärigen Lagerbiere, verloren die traditionellen Zutaten und Herstellungsmethoden in den meisten Gegenden der Erde an Bedeutung. Und auch auf den Geschmack der Craft-Biere kommen die Menschen heute nicht nur in europäisch geprägten Ländern. In den Metropolen Chinas etwa, dem mit beinahe 50 Milliarden Litern pro Jahr längst größten Bierbrauer der Welt, wurden erste Pale-Ale-Brauereien gesichtet. Das Craft-Boomland Asiens ist aber ohne Zweifel Japan: In Tokio, Kyoto oder auch im Wagyu-Beef-Mekka Kobe gehören IPA und Stout mittlerweile zum kulinarischen Standard.

Nicht wenige behaupten allerdings, dass die interessantesten und ungewöhnlichsten japanischen Craft-Biere aus Minoh kommen, einer etwa 130.000-Einwohner-Stadt in der Nähe von Osaka, auf Honshū, der größten der japanischen Inseln. Das mag auch daran liegen, dass die Geschichte der Minoh-Brauerei, nicht nur nach europäischen Bierdynastie-Standards, eine sehr spezielle ist.

„Ich bin mit meiner Familie ausgegangen, wir haben in einem Restaurant zu Abend gegessen", erinnert sich Kaori Oshita an einen besonderen Abend kurz vor Weihnachten 1996. „Auf dem Weg nach Hause machte mein Vater einen Umweg, er hielt vor einem Gebäude und sagte: ‚Ich habe diese Brauerei gekauft, morgen wirst du hier Bier brauen!'"

Obwohl Masaji Oshita, Spirituosenhändler aus Minoh und Vater von Kaori und ihrer zwei Schwestern, mit diesem Satz ein wenig übertrieben hatte – es sollte zumindest noch einige Monate dauern, bis das erste „Minoh-Bier" die familieneigene Brauerei verließ –, seinen Geschäftssinn hatte das Familienoberhaupt einmal mehr unter Beweis gestellt.

1994, zwei Jahre zuvor also, hatte das japanische Parlament ein Gesetz erlassen, das den Craft-Bier-Boom in Fernost erst möglich machte – es setzte die jährliche Mindestmenge an Bier, die eine Brauerei produzieren muss, um eine Lizenz zu erhalten, von zwei Millionen auf nur noch 60.000 Liter herab. Das Ergebnis: Hunderte kleiner Brauereien öffneten in den Jahren danach, nur wenige von ihnen aber überlebten bis heute – nur wenige betrieben die Sache nämlich auch von Anfang an so professionell wie die Oshitas.

DIE ERSTEN MONATE ALS CHEF-BRAUERIN WAREN HART

Kaori absolvierte bald nach dem Abend im Auto eine Ausbildung in einer großen Brauerei in Kobe, anschließend braute sie auf einer sehr kleinen Anlage im nationalen Institut für Brauforschung in Hiroshima.

Trotzdem waren die ersten Monate als Chef-Brauerin in Minoh hart: „Unsere Brauanlage war völlig anders, als ich es von Kobe und Hiroshima gewohnt war", erinnert sie sich. „Außerdem hatte ich niemanden, der mir etwas über die unterschiedlichen Bierstile beibringen konnte. Ich musste einfach immer weiter brauen, aus meinen Fehlern lernen und an meinen eigenen Rezepten schrauben. Zum Glück wurde der Geschmack irgendwann besser."

Kaori führte die Brauerei von Anfang gemeinsam mit ihrer Schwester. Mayuko kümmert sich um Marketing und Labeling. Doch auch ihr Weg zum Bier war alles andere als vorgezeichnet. „Zum ersten Mal habe ich vielleicht mit 20 Jahren Bier getrunken, im Haus von Freunden, auf einer Party. Es war ein Dry Lager einer großen japanischen Brauerei, es schmeckte bitter,

FAKTEN CRAFT-BIER JAPAN	VOR DEM AUFLEBEN DER CRAFT-BIER-BEWEGUNG	MIT BEGINN DER CRAFT-BIER-BEWEGUNG	NACH AKTUELLEN ZAHLEN
Bierproduktion (in 1000 hl)	67990 (1991*)	17350 (1994*)	56450 (2014*)
Bierkonsum pro Kopf (in l)	56 (1993*)	k.A.	43,1 (2013*)
Wichtiger Impulsgeber 1994: Herabsetzung der Mindestproduktion, die zu einer Braulizenz berechtigt, von 2 Mio. Liter auf 60 000 Liter durch die japanische Regierung. Mittlerweile gibt es in Japan ca. 215 Mikrobrauereien (Stand 2014). * Angabe der Jahreszahl			

CRAFT-BIER JAPAN

und ich mochte es nicht." Ihren ersten Kontakt mit Craft-Bier beschreibt Mayuko genauso ehrlich: „Ich habe Craft-Bier erst probiert, kurz bevor wir selbst mit dem Brauen anfingen. Zuerst ein untergäriges Bier, ein Pilsner-Style, ich habe es mit meiner Familie in einem Restaurant in Kobe getrunken. Ehrlich gesagt, erinnere ich mich aber noch nicht mal daran, wie es geschmeckt hat. Ich stand früher einfach nicht auf Bier."

In der Brauerei experimentierte Schwester Kaori weiter, jahrelang. Die Familie gab nicht auf, alle hielten an der Idee der eigenen Brauerei fest – und wurden am Ende belohnt. Denn irgendwann entdeckten die Menschen von Minoh, die eigentlich nichts von Craft-Bier hielten, denen es zu teuer war und zu ungewohnt schmeckte, dass die Biere von Kaori Oshita etwas ganz Besonderes waren. Ihr jahrelanges Experimentieren hat nämlich

Bierstile hervorgebracht, die man so nirgendwo sonst in Japan findet, manche sogar nirgendwo sonst auf der Welt:

W-IPA

Ein Imperial IPA mit einer höheren Malzsüße und einer etwas dezenteren Hopfenaromatik, als man das von den amerikanischen Role-Models gewohnt ist.

IMPERIAL STOUT

Eines der ersten, wenn nicht sogar das erste Imperial Stout Japans überhaupt: eine vorsichtige Hopfenbittere, dazu Schokoladen- und Kaffeenoten. Unter anderem ausgezeichnet als „Weltbestes Stout" auf den World Beer Awards 2009.

CABERNET ALE

Nirgendwo zeigt sich die Experimentierfreude von Kaori Oshita aber wie in diesem Halbwesen aus Bier

und Wein, das mit einer ordentlichen Menge an Cabernet-Trauben gebraut wird.

Seit etwa 2010 ist Craft-Bier in Japan nicht mehr aufzuhalten. Unzählige Pubs haben in den großen Städten geöffnet, 215 Craft-Brauereien gab es Ende 2014 insgesamt. Für ein Land, das über Jahrtausende nur Reiswein vergären ließ, ist das eine ganze Menge.

> **„MANCHMAL IST ES GERADE DIE FEHLENDE BRAUTRADITION, DIE AUSSERGEWÖHNLICHE BIERE ERST ENTSTEHEN LÄSST"**

Kaori und Mayuko werden jedenfalls seit ein paar Jahren mit einem Craft-Bier-Preis nach dem anderen ausgezeichnet – und das längst nicht nur in Japan.

KAORI OSHITA

Nicht nur in der familieneigenen Brauerei in Minoh findet man Chef-Brauerin Kaori Oshita, regelmäßig steht sie auch hinter dem Tresen des „Beer Belly's" (des „Bierbauchs") – diese Kneipe im nahe gelegenen Osaka betreibt sie nämlich ebenfalls gemeinsam mit ihrer Schwester Mayuko Yahata. Und auch wenn Oshita vor 19 Jahren das Brauerei-Handwerk quasi über Nacht und ohne alle Vorkenntnisse erlernen musste – ohne Bier geht es mittlerweile nicht mehr für sie. Auf die Frage, wie sie ihre letzten Momente verbringen würde, wenn morgen die Welt unterginge, antwortete sie einmal: „Mit einem Glas von meinem W-IPA natürlich."

Nicht bloß aus optischen Gründen ist ein Affe auf dem Etikett abgebildet. Das Osaru IPA (also „Affen-IPA") wurde erstmalig für das japanische Craft-Bier-Festival „Snow Monkey Beer Live" gebraut

WIND OF CHANGE

CRAFT-BIER IN DEUTSCHLAND

Das Gipfelgespräch
mit Fritz Wülfing,
Sebastian Mergel
und Dr. Stefan Hanke
(von links nach rechts)

CRAFT-BIER-GIPFELGESPRÄCH

„Wir brauchen Heimbrauer!"

Wer wirklich etwas über Craft-Bier lernen möchte, muss mit denen sprechen, die auch wirklich etwas davon verstehen. Zum Beispiel mit einem wie Fritz Wülfing, der bei der Craft-Bewegung in Deutschland von Anfang an dabei war - und längst nicht mehr hinter dem Hobbybrauer-Einmachkochtopf steht. Oder mit Sebastian Mergel, einem jungen Brau-Studenten, der gerade Ernst gemacht - und mit zwei Kommilitonen eine eigene Craft-Brauerei gegründet hat. Oder aber mit einem wie Dr. Stefan Hanke, der das Thema quasi von der anderen Seite, aber nicht minder aufmerksam verfolgt - und bei einer der großen, etablierten deutschen Brauereien für die Craft-Bier-Abteilung zuständig ist: Wir haben uns Zeit genommen, um mit diesen dreien in einer kleinen Gasthausbrauerei in Siegburg über deutsches Bier zu sprechen. Machen Sie sich eine Flasche auf, setzen Sie sich gemütlich hin - und legen Sie alles ab, was Sie über IPA, Stout und über die deutsche „Bierbildung" bisher zu wissen glaubten!

Herr Dr. Hanke, Herr Mergel, Herr Wülfing, was ist gutes Bier?

Hanke: Ganz einfach: Das, von dem ich ein zweites Glas bestelle. Und an das ich mich noch lange erinnere.

Mergel: Auch ein Bier, das mir persönlich nicht schmeckt, kann ein gutes Bier sein. Objektiv finde ich wichtig, dass ein Bier fehlerfrei ist. Dass nichts drin ist, was der Braumeister nicht drin haben wollte. Es passiert ja schon mal, dass du merkst: „Oh, das hat der Kollege so sicher nicht vorgehabt."

Wülfing: Ein gutes Bier kann aber auch mal das einzige sein, das gerade da ist, wenn man Durst hat. Ich hatte zum Beispiel neulich so einen Moment: Da war eine Büchse von Aldi genau das Richtige für mich.

Mergel: Stimmt. Manchmal ist auch das warme Bier aus der Dose auf dem Festival gerade das beste Bier aller Zeiten.

Und Ihr erstes Craft-Bier, war das ein gutes Bier?

Wülfing: Oh, mein erstes Craft-Bier, da muss ich sogar kurz überlegen. Das müsste in Pennsylvania gewesen sein, 1999, im Amerikaurlaub. Da habe ich erst ein India Pale Ale getrunken und dann noch ein Weizenbier mit Erdbeeren. Das war auch Klasse, aber das erste IPA, das ist natürlich immer etwas ganz Besonders.

Warum?

Wülfing: Wegen der komplexen Hopfenaromatik. Ein gut gemachtes IPA ist immer aufregend. Wobei es damals auch in Franken noch richtigen aromatischen Hopfengeschmack im Bier gab. Die große Gleichmacherei kam ja erst später.

Moment, dazu kommen wir noch. Herr Hanke?

Hanke: Ich habe das erste Mal auf Hawaii ein Craft-Bier getrunken, das war 2008. Da war gerade der „World Brewing Congress", da habe ich Teile meiner Doktorarbeit präsentiert. Und da gab es eine riesige Bierauswahl. Das erste war dann wahrscheinlich auch ein IPA oder ein Pale Ale.

Wussten Sie denn damals überhaupt, dass es ein IPA ist?

Hanke: Es gab damals bei uns in Weihenstephan ein Seminar, das hieß „internationale Braumethoden". Da hat man aber eher das Mainstream-Bierbrauen in anderen Ländern gelernt. Was ich in den USA oder in Griechenland technologisch darf, was ich in Deutschland nicht darf. Wie man im Ausland künstliche Enzyme so einsetzt, dass man billig und in großen Mengen Bier brauen kann. Auf die Bierstile wurde dabei relativ wenig eingegangen. Das habe ich mir eher selber angelesen und angeeignet. Aber das ist halt was ganz anderes, wenn du plötzlich selbst so eine Hopfenbombe trinkst.

An der bekanntesten Bier-Uni Deutschlands waren Sie bis dahin nie mit einem IPA in Berührung gekommen, immerhin einem der wichtigsten Craft-Biere?

Hanke: Nein. Das spielte keine Rolle.

Herr Mergel, Sie haben eine Ausbildung zum Winzer gemacht. Wie kamen Sie überhaupt zum Bier?

Mergel: Na ja, nach der Ausbildung habe ich erst mal in Israel auf einem Weingut gearbeitet und dann ab 2010 in Berlin Getränketechnologie und Brauereiwesen studiert. Das geht ja nur zusammen. Für mich war aber immer klar, dass ich nach dem Studium wieder zurück in den Weinbau gehe.

Und warum kam es dann anders?

Mergel: Ich habe zwei Kommilitonen kennengelernt, und uns war schnell klar, dass wir neben der Theorie auch richtig praktisch brauen wollten. Mit denen habe ich später auch die Brauerei gegründet, damals fing aber alles ganz klassisch auf dem Glühweintopf an. Uns schwebte erst nur ein sehr bitteres Pils vor, weil es ja auch das in Deutschland damals schon nicht mehr gab. Die ersten internationalen Craft-Biere habe ich dann quasi als Recherche getrunken. Wir hatten uns gefragt: Wo können wir hingehen, wenn wir ein sehr hopfiges und bitteres Bier machen wollen? Und dann sind wir eben auch auf dieses Craft-Bier-Flaggschiff gestoßen, das IPA.

Und waren sofort hin und weg?

Mergel: Ja, absolut. Allerdings muss man dazu sagen, dass ich aus Oberbayern komme und deshalb schon früh von Craft-Brauereien umzingelt war, auch wenn die sich natürlich nie so nennen würden. Meine eigentliche Erleuchtung war ein Rauchbier von Schlenkerla aus Bamberg. Ich habe das getrunken und gedacht: Krasse Nummer, das ist mal ein Bier. Dieser immense Bacon- und Schinkengeschmack, der aus dem geräucherten Malz kommt, so etwas hatte ich noch nie getrunken. IPA, Pale Ale, Stout – alles schön und gut. Aber wir haben in Deutschland auch viele coole Bierstile. Bei denen scheitert es an der Verfügbarkeit, aber nicht an der Qualität.

Herr Wülfing, im Gegensatz zu Ihren beiden Kollegen haben Sie nie Brauereiwesen studiert. Wie wurden Sie trotzdem zum Brauer?

Wülfing: Als ich das erste Mal aus Amerika zurückkam, war hier ja noch die totale Wüste, es gab diese coolen Biere einfach nicht. Meine Frau hat mir damals ein Brau-Set geschenkt mit Malzextrakten – eine Katastrophe! Und dann habe ich eben wirklich angefangen, selbst zu brauen. Erst auch mit Glühweintöpfen, ich habe mir dann aber ziemlich bald selbst meine Anlagen gebaut. Das fing an mit einem Einmachkochtopf und einer Kühlbox als Läuterbottich, ich habe danach aber noch alles Mögliche ausprobiert.

Und wie lange hat es gedauert, bis Sie verstanden haben, was beim Brauen chemisch passiert?

Wülfing: Ach, das ging relativ schnell. Das Wichtigste kann man sich ja selbst reinziehen. Andere Sachen wiederum kann sowieso niemand nachlesen, weil die überhaupt noch nicht wissenschaftlich erforscht sind. Die ganzen Hopfenstopfen-Geschichten …

… den Hopfen nicht nur zu kochen, sondern ihn auch während der Gärung im Bier ziehen zu lassen …

Wülfing: Genau. Es ist doch verrückt: Da gibt es so viel Bierwissen in Deutschland, aber darüber hat sich noch niemand Gedanken gemacht.

Hanke: Stimmt. Welche Rolle Hefe oder Bewegung beim Hopfenstopfen spielen zum Beispiel, und was da überhaupt genau passiert. Das wissen die auch in den Staaten nicht.

Wülfing: Ich finde das ja übrigens überhaupt nicht schlimm. Klar, es ist gut, wenn das jemand erforscht. Aber grundsätzlich gehört zum Thema Craft erst mal, dass man Sachen ausprobiert und dabei merkt, in welche Richtung es geht. Wir brauchen Heimbrauer, das ist das Wichtigste. Erstens haben die Spaß am Bier. Zweitens wissen sie irgendwann eine ganze Menge über Bier. Und drittens sind sie Multiplikatoren, denn plötzlich kriegen alle um sie herum etwas von diesem Bierwissen ab: „Ach, so riecht Hopfen", „ach, so kommt der Zucker in die Maische". Man darf nicht vergessen: Die ganze Bewegung, die wir gerade haben, ist von Heimbrauern ausgegangen, nicht von Profis.

Reden wir trotzdem erst mal über die Profis. Wie wird man in Deutschland eigentlich Brauer?

Hanke: Na, da gibt es die Diplom-Braumeister, die kommen entweder aus Weihenstephan oder aus Berlin. Daneben gibt es noch einige Meisterschulen und Doemens als Fachakademie.

Mergel: Aber was Kreativität angeht, ist zumindest die TU in Berlin ein ziemliches Grab. Wir werden ja nicht zu Brauern ausgebildet, sondern zu Ingenieuren. Die Assistenten an der Uni haben uns sogar gesagt: „Leute, wenn ihr brauen möchtet, haltet euch an die Heimbrauer-Szene. Wir können es euch nicht beibringen."

Hanke: Gut, das war zu meiner Zeit in Weihenstephan anders. Wir haben schon versucht, dass die Leute da als Brauer rausgehen. Aber die große Kreativität war von den Unis tatsächlich nicht zu erwarten. Mein Glück war, dass mir direkt die 60-Liter-Versuchsanlage zugeteilt wurde. Da konnte ich entsprechend spielen.

Auf dieser Anlage haben Sie Biere gebraut, die es in Weihenstephan vorher nicht gab?

Hanke: Ja klar, unter anderem schon. Ich erinnere mich an ein schönes Coffee Stout, da haben wir statt einer Hopfengabe einen Espresso gegeben und hintenraus einen Arabica. Das Ding ließ sich überhaupt nicht filtrieren, hatte mehr Koffein als ein doppelter Espresso, aber war saugeil.

Was haben die altgedienten Professoren dazu gesagt?

Hanke: Die haben das doch gar nicht so sehr mitgekriegt. Natürlich gab es den Kontakt zum Professor, der war ja mein Chef, aber was wir da gebraut haben, ist nicht immer bis zu ihm vorgedrungen.

Wülfing: Das ist ein echtes Problem. Diese Langeweile, die an den Unis vermittelt wird, setzt sich nämlich im Bier fort. Da wird nach Doktrin gebraut, nicht nach Geschmack. Also wird zum Beispiel Diacetyl im Bier als Fehlgeschmack definiert. Dabei hat dieses Buttertoffee-Aroma bei den alten böhmischen und auch bei vielen fränkischen Bieren eine echte Tradition. Aber weil sie es so gelernt haben, versuchen die meisten Brauer, diesen Geschmack loszuwerden.

Moment, wir dachten, die böse Industrie sei schuld am Einheitsgeschmack?

Mergel: Nein, es gibt viele Verantwortliche: Die kleinen Brauer, die ihre regionalen Bierstile aufgegeben haben. Die Verbraucher, die immer noch glauben, deutsches Bier sei das Beste der Welt. Aber die Industrie war natürlich besonders einflussreich.

Hanke: Zumindest fing alles mit einem Industriebier einer großen

DER AUTODIDAKT

Fritz Wülfing (Jahrgang 1963) begann 1999 mit dem Heimbrauen im Glühweintopf, nach einem inspirierenden USA-Urlaub. In den folgenden Jahren schraubte er sich seine ersten Anlagen selbst zusammen. Hauptberuflich arbeitet er für einen großen Telekommunikationsanbieter – noch. Schon 2010 nämlich wurde er zum „Gipsy Brewer", benutzte für seine Biere also die Anlagen verschiedener Brauer-Kollegen. Seitdem vertreibt er seine Biere auch kommerziell, zunächst unter dem Label „Fritz Ale", jetzt unter „Ale-Mania". Und sobald seine neue eigene Brauerei in Bonn ausreichend Gewinn abwirft, will er sich ganz aufs Bier konzentrieren.

Brauerei an. Die waren in den Achtzigern ganz weit oben, sind jahrelang enorm gewachsen, und da wollten die anderen auch hin. Und dann haben alle diesem-Pils nachgeeifert, sind deswegen mit der Bittere runtergegangen und mit der Helligkeit hoch. Das Problem: Wenn ich immer nur in andere Fußstapfen trete, kann ich niemanden überholen.

Wülfing: Deshalb stimmt das ja auch nicht - dass nur die Großen Schuld haben. Viele kleine Brauereien machen ja die gleichen Biere wie die Konzerne. Die haben kein Alleinstellungsmerkmal mehr, keine regionale Identität, keine traditionellen Bierstile. Am Ende haben sie gar nichts mehr und müssen aufgeben.

Hanke: Und wenn das Bier vom Kleinen genauso schmeckt wie das von Warsteiner, Krombacher oder Bitburger, muss man übrigens auch den Konsumenten in Schutz nehmen. Wenn der Kleine 15 Euro für die Kiste verlangt, und die gleiche Geschmacksqualität gibt es im Getränkemarkt direkt daneben für 10 Euro - liegt die Entscheidung da nicht auf der Hand?

Mergel: Nein, ich glaube schon, dass die Konsumenten mitverantwortlich sind, das Ganze hat für mich etwas mit deutscher Überheblichkeit zu tun. Die Denke ist doch: „Deutsches Bier geht über alles". Ausländische Biere nimmt man gar nicht wahr, oder man hält sie pauschal für schlecht. Dass es aber in den Staaten schon seit 30 Jahren eine einmalige Bierkultur gibt, das wird übersehen. Und zu belgischen Bieren wird gesagt: „Nee, so was mit Saft drin, das trinke ich nicht." Ich glaube, viele bilden sich auf deutsches Bier zu Unrecht viel zu viel ein.

Sind nicht viele Verbraucher vor allem stolz aufs Reinheitsgebot?

Mergel: Das ist ja genau der Punkt, den ich meine. Fragen Sie doch mal jemanden, was das genau ist und was drin steht.

Okay, was steht drin?

Wülfing: Zunächst mal: Es gibt gar kein deutsches Reinheitsgebot. Es gibt ein vorläufiges Biersteuergesetz und ein Biergesetz, in dem ein paar Sachen stehen, die haben aber mit dem bayerischen Reinheitsgebot von 1516 direkt nichts mehr zu tun.

Hanke: Im Paragraph 9, Absatz 7 des vorläufigen Biergesetzes steht, dass auf Antrag auch besondere Biere gebraut werden können. Es ist aber nirgendwo erläutert, was das für Biere und Zutaten sind. Außer im sehr schönen Appendix des deutschen Brausteuergesetzes von 1906, wo die Begründungen und Ausführungen stehen. Der ist zwar kaum bekannt, erlaubt aber ziemlich viel, wenn man ihn richtig liest. Da steht nämlich etwas von der „Mitverwendung von Zutaten, die Hopfen und Malz nicht ersetzen, aber einen besonderen Geschmack geben". Damit kann man sich ja schon mal austoben.

Wenn das alles so undurchsichtig ist, wer hat dann überhaupt noch ein Interesse am Reinheitsgebot?

Mergel: Der deutsche Brauerbund kämpft nach wie vor dafür. Warum, ist mir schleierhaft. Früher hatte das ja noch einen wirtschaftlichen Sinn, da ging es um knallharten Protektionismus. Ausländische Biere, die zum Beispiel mit unvermälztem Getreide oder mit Früchten gebraut wurden,

durften nicht nach Deutschland importiert werden. Dann hat die EU aber gesagt: „Ey, was ihr da macht, ist ein Schutzzoll, und der ist in der EU verboten." Jetzt darf alles importiert werden und unter dem Namen „Bier" verkauft werden, das Reinheitsgebot gilt nur noch für die deutschen Biere. Es ist jetzt also ein Wettbewerbshindernis.

Wülfing: Viele glauben, dass das Reinheitsgebot noch 500 Jahre alt werden soll, 2016 wäre es ja so weit, und dann irgendwann abgeschafft wird. Ich glaube aber, dass die Bayern das nicht zulassen werden.

Hanke: Ich glaube auch, dass es noch länger Bestand haben wird. Viele Brauereien und Verbände wollen natürlich, dass die Verbraucher sich mit ihren Bieren identifizieren, und dabei hilft das Reinheitsgebot. Wenn du ins Ausland guckst, heißt das aber eher: „Was, du braust nach dem Reinheitsgebot? Arme Sau."

Ziehen wir doch mal ein Zwischenfazit: Die Bierlandschaft in Deutschland ist Ihrer Meinung nach über die Jahrzehnte immer trister geworden, weil alle Brauereien nur noch untergärige, wenig bittere Biere gebraut haben. Das liegt daran, dass in der Ausbildung zu wenig Kreativität vermittelt wird und daran, dass alle geschmacklich den Pilsner-Bieren der großen Braukonzerne hinterher gelaufen sind. Soweit korrekt?

Wülfing: Ja, aber ein entscheidender Punkt fehlt: Die Anlagen, die mittlerweile in den meisten deutschen Brauereien stehen, sind nicht mehr darauf angelegt, viele unterschiedliche Biere herzustellen, sondern große Mengen derselben Sorte. Das heißt, es wird gar nicht möglich sein, die Situation über Nacht zu ändern.

Wie funktionieren diese Anlagen?

Hanke: Sie sind in hohem Maße automatisiert. Viele Verbindungsleitungen zwischen den einzelnen Gefäßen können zum Teil nicht mehr von Hand geschraubt werden und keine Schläuche mehr gezogen werden. Es ist dann sehr schwierig an der Automatik vorbei zu fahren, um ausgefallene Dinge umzusetzen. Dadurch wird es zum Beispiel schwierig, zur Erntezeit auch einmal frischen Doldenhopfen statt Pellets einzusetzen, weil ich keinen Hopfenseiher mehr habe. Und der Weg zurück in den Läuterbottich, den ich zum Hopfenseiher umfunktionieren könnte, den gibt es nicht mehr überall.

Wülfing: Oft kann man auch keine hopfenstarken Biere mehr brauen, weil die Whirlpools - die Gefäße, in denen der Hopfen aus der Würze geholt wird - gar nicht auf so große Hopfenmengen ausgelegt sind.

Mergel: Oder das Bier wird zwangsläufig über einen Filter gefahren oder automatisch pasteurisiert, eine Kurzzeiterhitzung ist aber immer schlecht für die Hopfenaromatik.

Herr Wülfing, Sie beobachten die deutsche Bierszene von allen in der Runde am längsten, seit mehr als 25 Jahren. Wann haben Sie gemerkt: Da gerät etwas in Bewegung, da kommt wieder Kreativität ins Bier?

Wülfing: Das muss irgendwann in den letzten drei, vier Jahren gewesen sein. Also 2010, als ich mit dem kommerziellen Brauen angefangen hatte, da war in der Öffentlichkeit noch fast nichts zu hören oder zu lesen über Craft-Bier. Eine ganz kleine kreative Bierszene gab es allerdings schon länger.

Wie sah diese Szene aus?

Wülfing: Na, eigentlich waren das ein paar wenige Jungs, ich kannte vor allem die aus dem Kölner Raum. Wir haben uns auf den wichtigen Bierfestivals im Ausland getroffen, in Belgien oder in Holland. Das war deshalb auch eher eine zentraleuropäische Runde, wenn ich es recht bedenke.

Hatten die europäischen Kollegen auf den Festivals sich gewundert, wo denn bloß die Deutschen blieben?

Wülfing: Ich glaube nicht, dass wir da vermisst wurden. Man muss sich das mal vorstellen: Das „De Molen"-Festival in Holland zum Beispiel, das hatte vor Jahren schon regen Zulauf, da kamen tausende Besucher aus ganz Europa. Und die meisten haben eben gesagt: „Die Deutschen sind blöd, die kapieren es nicht. Schön, dass Ihr da seid, aber sonst ist ja nichts los bei euch."

Hanke: Stimmt ja auch.

Wülfing: Die Entwicklung um Deutschland herum war einfach viel schneller. In Belgien hatten sie vor vier Jahren gerade mal um die hundert Brauereien, heute sind es über 400. Oder Italien, die Entwicklung da ist wirklich unwahrscheinlich: Vor zehn Jahren waren die mehr oder weniger bei Null. Heute stehen sie bei 800, 900 Brauereien. Okay,

DER BRAUENDE WINZER

Er hatte sich komplett dem Wein verschrieben. Konsequenterweise also machte Sebastian Mergel (Jahrgang 1987) nach dem Abitur zunächst eine ordentliche Winzerlehre, arbeitete anschließend auf einem Weingut in Israel. Auch zu Beginn seines Studiums der „Brauerei- und Getränketechnologie" an der TU Berlin plante er noch, zu diesen Wurzeln zurückzukehren. Als er jedoch seine Kommilitonen André Schleipen und Julian Schmidt kennenlernte, die drei dann auf Berliner Balkonen ihre ersten Sude brauten und ihre Biere rasch nicht nur im Freundeskreis populär wurden, war der Weg zur eigenen Brauerei nicht mehr weit: 2014 gründeten sie die „Bierfabrik" in Berlin-Marzahn.

da ist auch viel Mist bei, aber das macht ja nichts. Ich bin da überall herumgereist und habe mich inspirieren lassen. Mit welcher Lässigkeit die alle unterwegs sind! Die fangen einfach an, brauen zuhause und probieren alles Mögliche aus.

Und wie viele Craft-Brauer, die von ihrem Bier wirtschaftlich überleben können, gibt es mittlerweile in Deutschland?

Mergel: Das ist schwer zu sagen, wenn man die Bücher nicht kennt.

Wülfing: Es gibt jedenfalls wenige mit einer eigenen Brauerei, und auf die kommt es an. Deshalb stehe ich der Sache in Deutschland ja immer noch skeptisch gegenüber. Es gibt mittlerweile eine Menge Gipsy-Brewer, also Leute, die auf den Anlagen anderer Brauer produzieren, das habe ich ja auch sehr lange gemacht. Ich habe aber auch gemerkt, dass das überhaupt nicht befriedigend ist. Für jemanden, der wirklich Bier-Enthusiast ist und gerne braut, kann das nicht die Lösung sein.

Und wie viele Craft-Brauer mit eigener Brauerei gibt es?

Hanke: Die kann man an einer Hand abzählen und braucht dazu wahrscheinlich nicht mal alle Finger.

Wülfing: Und das ist eben der Unterschied zu anderen Ländern, wo es einen Boom an neuen Brauereien gibt. Das ist aber auch so dem deutschen Denken geschuldet, dass alles immer auf zehn, zwanzig Jahre hin geplant sein muss. Da sagt keiner: „Ich mache das jetzt einfach, klopfe

mir was zusammen, und das hält jetzt erst mal drei, vier Jahre".

Herr Hanke, im Gegensatz zu Ihren beiden Gesprächspartnern sind Sie bei einer großen Braugruppe beschäftigt. Haben Sie trotzdem schon mal darüber nachgedacht, eine eigene Kleinbrauerei zu gründen?

Hanke: Ich glaube, es gibt niemanden in der Szene, der sich damit noch nicht beschäftigt hat. Es ist nur immer die Frage: Wie groß ist der Sprung, und wie kalt ist das Wasser, in dem ich lande? Wenn ich nur mich ernähren müsste, sähe es vielleicht anders aus. Aber ich habe eine Frau und zwei Kinder.

Herr Mergel, Sie haben mit Ihren Kollegen von der „Bierfabrik" 2014 in Berlin-Marzahn eine eigene Brauerei in Betrieb genommen. Wann wollen Sie schwarze Zahlen schreiben?

Mergel: Schwarz sind wir sogar schon, jetzt geht es langsam darum, auch bei unseren Gehältern ein bisschen anzuziehen. Wir sind im Moment schon vier Leute, drei Gründer und unsere erste Angestellte. Wir werden in Kürze den zweiten Mitarbeiter anstellen und ich bin gerade dabei, einen Ausbildungsplatz zu schaffen. Als langfristiges Ziel stellen wir uns einen kleinen, mittelständischen Betrieb vor.

Herr Wülfing, wo wollen Sie mit „Ale-Mania" in zehn Jahren stehen?

Wülfing: Mein Ziel ist es erst mal, irgendwann in den nächsten Jahren meinen bisherigen Job aufgeben zu

können. Es muss dann aber eben auch für eine Altersvorsorge reichen und dafür, die Familie zu ernähren. Konkret: Im letzten Jahr haben wir 200 Hektoliter gebraut, viel mehr geht im Moment auch nicht, wegen des Umzugs in unsere neue Brauerei. Der „Break Even" läge bei etwa 300 Hektoliter im Jahr, Gewinne gäbe es ab 500 Hektolitern. Das heißt, wenn wir in fünf Jahren bei 1000, 2000, 3000 Hektolitern liegen, ist alles super.

Herr Hanke, Sie arbeiten ja schon für einen der Großen: Halten Sie es für möglich, dass aus einer der deutschen Craft-Brauereien in absehbarer Zeit ein Craft-Riese entsteht, vielleicht wie „Brew Dog" in Schottland oder wie die „Brooklyn Brewery" in den USA?

Hanke: Das bezweifle ich. Also 50.000 Hektoliter sind ja für eine Craft-Brauerei schon viel, und das halte ich derzeit für unrealistisch. Aber: Gut etabliert und ordentlich im Geschäft - ja, das kann ich mir sehr gut vorstellen.

Und andersherum gedacht: Hat Craft-Bier das Zeug, die etablierte Bierindustrie zu verändern?

Hanke: Na, aber ganz sicher. Wir sind ja schon auf dem besten Weg dahin. Schauen Sie sich doch mal die Sortimente der großen Brauereien an. Da gibt es plötzlich nicht mehr nur das Pils. Sondern auch Weizenbiere, ein Dunkles, ein Helles, sogar manches Pale Ale oder IPA ist darunter.

Wie müsste das Sortiment einer der bereits etablierten Brauereien Ihrer Meinung nach in Zukunft aussehen?

Hanke: Ich persönlich würde voll auf die saisonale Karte setzen. Also: Jede Brauerei hätte drei, vier feste Sorten im Angebot, das ganze Jahr über. Und dann gäbe es entsprechend Saisonbiere, vielleicht in jedem Quartal eines. Ich bin überzeugt davon, dass es die Abwechslung sein wird, die große Marken in Zukunft wieder interessant machen wird.

Viele der großen Brauereien haben mittlerweile eigene Craft-Editionen auf den Markt geworfen. Radeberger waren die ersten mit „Braufactum", aber auch Beck's hat seit einiger Zeit ein „Pale Ale" im Angebot, bei Bitburger gibt es das „Craftwerk". Wollen die Großen jetzt den Markt übernehmen? Und ihn vielleicht in ein paar Jahren sogar wieder ganz leise abwickeln?

Wülfing: Ich glaube nicht, dass die Strategien so ausgeklügelt sind. Die merken wahrscheinlich einfach: Da ist ein Trend. Dann wird diskutiert, dann gibt es Zahlen und die Analyse: Sieht gut aus, das Craft-Wachstum in Deutschland liegt im zweistelligen Prozentbereich – das machen wir jetzt. Außerdem sitzen natürlich die katastrophalen Erfahrungen aus Amerika im Hinterkopf, da sind die Großen von der Entwicklung ja völlig überrollt worden.

Hanke: Die Kleinen haben ja den riesigen Vorteil, dass sie keinen Bauchladen mit sich rumschleppen an Marketing, Vertrieb und so weiter. Sie sind wesentlich wendiger und können schneller auf Trends reagieren. Bei Craftwerk geht es deshalb vor allem darum, wieder schneller, auch reaktionsschneller zu werden. Bei uns stehen die Verkaufszahlen nicht im Vordergrund. Es zählt der Spass und zum Glück schauen die Controller noch nicht ganz so genau hin.

Mergel: Na ja, wenn ich sehe, dass ganz Berlin von Beck's gerade mit Pale-Ale-Plakaten zugepflastert wird, dann glaube ich schon, dass die großen Brauereien die Bedeutung erkennen. Aber im Grunde tun sie eben das, was sie immer getan haben, sie laufen einem Trend hinterher. Nur kommt der diesmal nicht, wie früher, aus der Industrie selbst, wie bei Beck's Gold oder bei Schöfferhofer Grapefruit, sondern von außen.

Also sehen Sie die Entwicklung eher kritisch?

Mergel: Nein, ganz im Gegenteil! Unterm Strich freue ich mich wahnsinnig über den Abstrahl-Effekt. So viel Marketinggeld, wie die Großen gerade in die Hand nehmen, das könnte ich doch gar nicht.

Wülfing: Genau, besser und schneller kann der Rückstand in Deutschland nicht aufgeholt werden. Viele potentielle Craft-Konsumenten, die Wert legen auf „regional" und „handwerklich" und „natürlich", die werden doch jetzt erst aufmerksam gemacht aufs Thema. Die Bierbildung ist in Deutschland auf niedrigem Niveau. Und wenn ein großer Konzern jetzt Werbung schaltet und jemand denkt dann: „Oh! Pale Ale, was ist das denn? Das google ich jetzt mal" - dann kann mir das nur recht sein, denn dann entdeckt der wahrscheinlich auch mein Bier oder eines aus Sebastians Bierfabrik.

DER KLEINE BEIM GROSSEN

Im Anschluss an sein Abitur absolvierte Dr. Stefan Hanke (Jahrgang 1980) zunächst ein Praktikum in der Privatbrauerei Schwerter in Meißen, wo ihn besonders ein in zweiter Gärung mit Brettanomyces-Hefen vergorenes Porter beeindruckte. Den besonderen Bieren blieb Hanke auch während seines Studiums (Brauwesen und Getränketechnologie) und seiner Promotion – natürlich über Hopfen – an der Technischen Universität München verbunden. Dort war er für die 60-Liter-Versuchsbrauanlage zuständig und entwickelte einige kreative Biere für die Bayerische Staatsbrauerei Weihenstephan. Seit 2013 arbeitet Hanke in der Abteilung „Produktentwicklung" der Bitburger-Gruppe und ist der Leiter des Craft-Bier-Ablegers der Großbrauerei.

Und in zwanzig Jahren trinken dann doch alle Deutschen Craft-Bier?

Hanke: Das zu glauben, wäre naiv. Es ist doch so: Ein schlankes, relativ geschmackloses Lightbier überfordert dich nicht, es ist einfach zu trinken. Ob du ein IPA trinkst oder ein amerikanisches Lightbier, das ist einfach ein Unterschied. Das Light läuft, es erfüllt seinen Zweck. Beim IPA dagegen wirst du überschwemmt von Aromen und Komplexität.

Mergel: Das glaube ich nicht, also dass man von vielschichtigen Bieren per se überfordert wird. Klar, es gibt Leute, die mögen den Hopfengeschmack nicht. Aber wir haben zum Beispiel neulich ein dreifach gehopftes Lager gebraut und das auf einem Punk- und Hardcore-Konzert ausgeschenkt, wo die Konsumenten eigentlich eher 50-Cent-Biere vom Kiosk trinken. Da gab es zwei Fraktionen: Die einen haben gesagt: „Lecker, aber mehr als eins kann ich davon nicht trinken". Viele meinten aber auch: „Allein wegen des Bieres hat es sich schon gelohnt, auf das Konzert zu gehen. Gib mir noch eins. Und noch eins. Und noch eins."

Dann überfordern Sie den deutschen Verbraucher doch einmal richtig: Welche ausgefallenen Bierstile, die bei uns noch überhaupt keine Rolle spielen, sollte es Ihrer Meinung nach bald in Deutschland geben?

Hanke: Ginger Beer und Kürbisbier.

Mergel: Internationale, historische Rezepte. Chicha-Biere zum Beispiel, das ist ein südamerikanischer Bier-typ, bei dem zum Aufspalten der Enzyme menschlicher Speichel verwendet wird. Die Körner werden gekaut und eingespeichelt, so heißt das.

Wülfing: Sehr appetitlich

Hanke: Ich war vor einem Jahr in einer amerikanischen Brauerei, die haben da ein riesengroßes Sauerbier-Programm. Sauerbiere werden meistens mit Milchsäurebakterien oder Brettanomyces-Hefen vergoren. Beides jagt den pH-Wert der Biere in den Keller. Ich finde Sauerbiere wahnsinnig spannend, auch wenn das nicht die Biere sind, an denen ich mich den ganzen Abend festhalten würde.

Wülfing: Sauerbiere sind leider ein schwieriges Thema, weil viele Brauer Angst haben, sich die Anlage mit den Bakterien oder Spezialhefen zu infizieren. Dabei ist das gar kein Problem, amerikanische Craft-Brauer benutzen in der Regel auch dieselbe Anlage für „normale Biere" und für Sauerbiere.

Mergel: Grut-Biere sind auch extrem spannend, das sind Kräuterbiere ohne Hopfen. Den hat man im Mittelalter ja sowieso nur zur Pflicht-Zutat gemacht, um dem Klerus finanziell unter die Arme zu greifen.

Wülfing: Und bei vielen aufregenden Bieren müsste man noch nicht mal ins Ausland gucken, da haben wir genug alte Rezepte hier in Deutschland: Die „Gose" zum Beispiel, das „Saure Alt" oder das „Adambier", das ist ein ganz wunderbarer Bierstil aus dem Ruhrgebiet, mit Brettanomyces-Hefen vergoren und im Fass gelagert.

Bevor wir enden - möchte jemand noch etwas Wichtiges loswerden?

Mergel: Ich weiß, es ist ein schwieriges Thema, aber Alkohol ist und bleibt in Deutschland Volksdroge Nummer eins. Alkohol holt aus Menschen mitunter das Schlimmste raus, und wir sind im Endeffekt legale Drogendealer, ich finde wichtig, dass wir uns das bewusst machen und verantwortungsvoll mit dem Thema umgehen.

Wülfing: Ja, aber das Tolle ist doch, dass das für uns gar nicht richtig zählt. Wenn man die echten Craft-Bierfeste besucht, dann haben die Leute da einen enormen Alkoholpegel, aber bleiben völlig friedlich dabei.

Mergel: Da ist allerdings was dran. Ich war vor einem Jahr auf einem Craft-Festival und habe die Sanitäter einmal auf das Thema angesprochen. Die sagten: „Wir waren noch nie auf einem Bierfest, bei dem es so wenige Einsätze gab. Wir hatten eigentlich nur ein paar undramatische Kreislaufprobleme, wegen der Hitze."

Macht Craft-Bier aus uns am Ende auch noch bessere Menschen?

Wülfing: Definitiv.

Herr Dr. Hanke, Herr Mergel, Herr Wülfing, vielen Dank für das Gespräch!

VON DE
DES BIE

TEIL 2 / SACHVERSTAND

R SEELE

RES

WAS EIN BIER ALLES BRAUCH

DIE ZUTATEN

Nachdem das Wasser-
Korn-Gemisch 28
Stunden in der Weiche
lag, wird es zum
Keimen gebracht

DIE KORNKEIM-KAMMER

Frisch vermälzt

In fünfter Generation vermälzt Jörg Gewalt in Franken Getreide. Die 10.000 Tonnen pro Jahr, die seine Fabrik in Zirndorf verlassen, produzieren die Großen der Branche zwar in einem knappen Monat - mit der Vielfalt und Qualität seiner Spezialmalze kann aber kaum einer mithalten. Uns hat er erklärt, was seine Mälzerei für Craft-Brauer so interessant macht - und wie das Mälzen überhaupt funktioniert.

Das Problem liegt auf der Hand. Nicht sprichwörtlich, nicht im übertragenen Sinne, sondern genau dort. Drei Dinkelkörner hält Christine Gewalt ihrem Mann Jörg unter die Nase und schaut ihn skeptisch an dabei, im ersten Stock des Büroanbaus, durch dessen Kippfenster der intensive, süßlich warme Duft dringt, der hier überall und immer in der Luft liegt. Seit mehr als einem halben Jahrhundert schon, von morgens bis abends und in der Nacht auch.

Runzelig sehen die Körner auf ihrer Handfläche aus, je zwei dünne Triebe haben sich aus den Kornkörpern geschoben, ein paar Millimeter lang nur sind sie, der untere ein wenig kürzer als der obere, blassgrün und spröde. Und doch haben die kleinen Triebe eine gesamte Dinkellieferung unbrauchbar gemacht. „Mit diesen Körnern können wir nichts anfangen", sagt Jörg Gewalt, „denn keimen soll das Getreide hier bei uns. Nirgendwo sonst - und schon gar nicht auf dem Feld."

Ohne Getreide braut man kein Bier, klar. Mit Getreide direkt vom Acker tut man das aber auch nicht. Denn das gemahlene Schrot aus Gersten-, Roggen-, oder Weizenkörnern würde im warmen Brauwasser zwar ein wenig auf-

quellen, es sicher auch etwas trübe machen und ihm vielleicht sogar einen Hauch staubigen Getreidearomas verpassen. Es würde das Wasser aber ganz sicher nicht golden färben wie ein Münchner Helles, oder cremig-dunkel wie ein irisches Stout. Vor allem aber würde sich in diesem Brauwasser selbst in hundert Jahren kein Zucker bilden, den die Hefe später vergären könnte.

DER MÄLZER

Damit dieser Zucker ins Getreide kommt, braucht es Männer wie Jörg Gewalt. Der drahtige Mann im karierten Hemd ist 51 Jahre alt, sieht jünger aus, und ist verantwortlich für den 1861 gegründeten Familienbetrieb. Vor 15 Jahren hatte er die Mälzerei in Zirndorf, einer Kleinstadt gleich neben Fürth, von seinem Vater übernommen - obwohl er das eigentlich nie vorhatte. Nach dem Abitur studierte er erst Informatik und arbeitete dann in der Software-Abteilung eines großen Ingenieurbüros in Frankfurt. Doch als sein Bruder Christoph, der die Mälzerei eigentlich übernehmen sollte, 1995 eine Gasthausbrauerei gründete, kam Jörg Gewalt zurück nach Zirndorf. Für ein paar Jahre nur, so war es geplant, bis die Brauerei des Bruders in Fahrt gekommen war und der wieder voll ins Kerngeschäft der Familie einsteigen konnte. Doch der Bruder war auf einmal rund um die Uhr mit seinem Bier beschäftigt - und Jörg blieb.

„Natürlich haben kleine Mälzereien wie wir eine Zukunft", wird Gewalt am Ende des Tages sagen, und dieser Satz steht für das eigentlich Verblüffende an seiner Geschichte. 10.000 Tonnen Malz produziert die „Mälzerei Gebrüder Steinbach" im Jahr, die richtig großen Betriebe in Deutschland kommen auf mehr als die zehnfache Menge. In Norddeutschland, oder „nördlich des Mains", wie man südlich des Mains sagt, könnte eine Mälzerei dieser Größe niemals überleben. Doch in Franken passen die Strukturen noch zusammen, glaubt Gewalt. „Hier sind eben auch die Brauereien kleiner, genau wie die Felder der Getreidebauern", erläutert er. Und wenn es kommt, wie er sich das vorstellt, dann könnte diese Zukunft sogar noch eine ganze Ecke erfolgreicher werden. Aber der Reihe nach.

DAS WEICHEN

Auf der anderen Seite des betonierten Hofs, über den sich den ganzen Tag lang die großen Getreidelaster schieben, im dritten Stock des mächtigen Fabrikgebäudes, hängt ein dicker Schlauch von der Decke. Der Trichter, der den Schlauch abschließt, baumelt über einer Weiche, das ist Mälzer-Deutsch und steht für einen großen, in den Boden eingelassenen Behälter voller Wasser. Na ja, eigentlich baumeln in dieser vierstöckigen Fabrik mit den vielen Türen und den verwinkelten Wendeltreppen überall Schläuche von den Decken, verschwinden Rohre in den Wänden. Wie unzählige kleine, in sich verschlungene Labyrinthe laufen die Leitungen von Raum zu Raum, von Stockwerk zu Stockwerk, bis ganz nach oben unter den Dachstuhl und wieder hinunter. Was wahllos wirkt, folgt in Wahrheit einem genauen Plan, denn durch die Leitungen rauscht, was in einer Mälzerei ständig in Bewegung ist: Wasser, Wärme und Getreide.

Hermann Renner zieht an einer Stahlkette und öffnet den Schieberiegel, der den Schlauchtrichter über dem Wasserbehälter nach unten geschlossen hält. Gerstenkörner schießen heraus und fallen ins Wasser, sinken hinab auf den Grund der Weiche, saugen sich voll und werden sofort ein paar Nuancen dunkler dabei. Renner ist Betriebsleiter der Mälzerei, erster Mann am Platz also – nach den beiden Geschäftsführern Jörg und Christine Gewalt. Der 52-Jährige trägt eine beigefarbene Vlies-Jacke über der Arbeitshose und ein breites Lächeln unter dem grauen Stoppelbart. Vor 20 Jahren hatte es den Oberpfälzer nach Franken verschlagen, doch seine Heimat ist bei ihm geblieben, man kann sie jedes Mal hören, wenn er den Mund aufmacht. „Ohne Wasser geht bei uns nichts", ruft er und sein tiefes Bayerisch macht es nicht einfacher, ihn im Brummen der Anlagen und gegen das Rauschen des Getreides zu verstehen.

„Das Wasser reinigt das Korn", erklärt Renner und deutet auf die dünne Schicht aus Getreidestaub und auf die kleinen, aufgeplatzten Körner, die an der Oberfläche schwimmen. Verletzte Körner sind leichter und haben eine größere Oberfläche als die unversehrten, deshalb

treiben sie nach oben. „Aber noch wichtiger", fügt Renner hinzu, „ohne das Wasser würde das Getreide nicht keimen." Es dauert keine fünf Minuten, dann sind etwas mehr als zwölf Tonnen durch den Trichter ins Wasser gefallen. Nicht aus dem Schlauch alleine natürlich, sondern aus einem Getreidesilo, an das der Schlauch angeschlossen ist. Ungefähr vier Stunden bleibt das Korn nun im Wasser, die genaue Dauer ist von Sorte zu Sorte unterschiedlich und hängt unter anderem vom jeweiligen Eiweißgehalt ab. Danach wird das Wasser abgelassen, das Korn liegt bis zum nächsten Tag in der Weiche, zwanzig Stunden lang, bevor es zum Schluss noch einmal für bis zu vier Stunden gewässert wird. Und irgendwann in dieser Zeit fügt es sich schließlich in seine Bestimmung: Es beginnt zu keimen.

„Das Korn tut bei uns in der Mälzerei nur, was es auf dem Feld sowieso getan hätte", sagt Jörg Gewalt, der sich nun auch einen weißen Kittel übergeworfen hat, und deutet hinunter auf die aufgeschwemmten Körner. „Eigentlich gaukeln wir dem Getreide die ganze Zeit vor, es befände sich im feuchten Ackerboden. Vom Prinzip ist das, als würden wir das Korn aussäen – nur eben unter besonders kontrollierten Bedingungen." Anhand dreier Faktoren könne er die Qualität des Malzes beeinflussen: der Menge an Wasser, die er während der einzelnen Mälzschritte ans Korn gibt, der Temperatur, bei der er das Korn erst keimen und später trocknen lässt. Und dadurch, wieviel Luft er dabei immer wieder durchs Grünmalz – das keimende Getreide – bläst. Das alles kann ein Getreidebauer natürlich nicht.

DAS KEIMEN

Das Korn ist der Samen einer Getreidepflanze. In ihm steckt Stärke, also konzentrierte Energie, und die erhält die aus dem Korn heranwachsende Pflanze am Leben – so lange, bis sie ausgewachsen ist und mittels Photosynthese selber Energie erzeugen kann. Werden die Samen nicht geerntet, fallen sie auf den Boden und treiben aus. Aus dem unteren, kürzeren Trieb wächst die Wurzel. Der obere, größere Trieb schießt als neuer Getreidehalm in die Höhe. Hat der Getreidebauer aber Pech und ist es im Sommer zu lange feucht und kalt, dann gerät das Korn durcheinander – und beginnt schon am Halm auszutreiben. Fährt der Bauer es dann trotzdem in die Mälzerei, wird dort eben mit ziemlicher Sicherheit jemand ein paar dieser Körner dem Obermälzer unter die Nase halten und dabei skeptisch gucken. 95 Prozent einer Lieferung müssen keimfähig sein, denn ein Korn, das bereits auf dem Acker ausgetrieben hatte und danach wieder getrocknet ist, kann später nicht wieder keimen, zumindest nicht kontrolliert und gleichmäßig.

Jörg Gewalt,
Inhaber des Familien-
betriebs Mälzerei
Gebr.Steinbach.
Die Mälzerei wird
bereits in fünfter
Generation betrieben

Betriebsleiter
Hermann Renner

Anlieferung
des Getreides

Qualitätskontrolle
durch Jörg Gewalt

Hermann Renner
bei der Vorbereitung
der Weiche

Keimende
Braugerste

Die fränkischen
Tropen – das Darren
der Braugerste

Um das Entzünden
des Getreides bei
der Herstellung
von Röstmalzen zu
verhindern, wird in
der Trommeldarre
das Malz konstant
befeuchtet und in
Bewegung gehalten

Das Abfüllen
des Malzes

Spezialmalze, wie
hier Roggenmalz
zum Brauen von
Roggenbier, werden
immer häufiger
nachgefragt

Hinter einer unscheinbaren Stahltür in der Zirndorfer Mälzerei, ein Stockwerk unterhalb der Halle mit den großen Weichen, kleben Kacheln in 60er-Jahre-Grün an den Wänden. Ein steter Wasserfilm liegt auf ihnen, die Luft unter der niedrigen Decke ist feucht und stickig. Ein junger, kräftiger Geselle stößt mit einem Stecken sieben dicke Ventile auf, die von einer noch dickeren Röhre abgehen. Aus jedem Ventil spritzt mit Urgewalt das Wasser-Korn-Gemisch heraus - dasselbe, das vorher 28 Stunden in den Weichen lag.

Sieben kleine Getreideberge bilden sich auf einem rechteckigen Stück Edelstahlboden, der nach allen Seiten von einer brusthohen Mauer umrahmt wird. 25 Tonnen Getreide, eine gute LKW-Ladung, fallen in einer halben Stunde aus den Weichen. Kleine Spalten im Boden, die „Horden", lassen das Wasser rasch ablaufen. Durch diese Spalten wird später auch der Sauerstoff ins Korn geblasen, den brauchen die Keimlinge zum Wachsen. In diesen „Keimkästen" wird das Grünmalz nun weitere fünf bis sechs Tage keimen und die fürs Brauen so wichtigen Enzyme bilden, allen voran Alpha- und Beta-Amylasen. Die wiederum wandeln die Stärkeketten in der Kornkammer in kleinere Zuckermoleküle um, von denen sich der junge Keimling ernährt. Im Brauwasser werden die Enzyme später dasselbe tun, nur, dass der Zucker dann eben die Hefe mit Energie versorgen wird.

Jörg Gewalt greift hinein in das aufgeschwemmte Grünmalz, hält sich eine Hand voll unter die Nase und streckt es gegen das schummrige Deckenlicht. „Der Mensch ist ein hoch entwickeltes Analysegerät", sagt er und wirft es zurück in die Keimkammer. „Meine Nase und meine Augen, viel mehr brauche ich als Mälzer nicht. Ich fühle, ob das Korn das Wasser aufgenommen hat, und ich fühle auch, ob es wächst." Um rund zehn Prozent wird das Volumen des jungen Malzes in den kommenden Tagen zunehmen.

DIE TROCKNUNG DER KEIMLINGE – DAS DARREN BEGINNT

Noch einmal ein Stockwerk weiter unten beginnen die fränkischen Tropen, gefühlt jedenfalls. 30 Grad warm ist die Luft und so feucht, dass sie sofort kondensiert und sich wie ein klebriger Film auf die Haut legt. Wieder liegt das Malz in einem eingemauerten Rechteck, wieder wird von unten warme Luft hineingeblasen, nur ist sie jetzt deutlich heißer als im Keimkasten: Das Grünmalz hat genug gekeimt - und wird nun getrocknet.

„Wir müssen vorsichtig sein dabei", so Jörg Gewalt, „und manchmal müssen wir auch Geduld haben." In zwei Phasen wird „gedarrt", also getrocknet. In der ersten geht's um den bio-chemischen Prozess, in der zweiten um Geschmack. Zunächst steigt die Luft mit 55 bis 60 Grad durch den Boden ins Malz, bei dieser Temperatur hören die Enzyme Schritt für Schritt auf, Stärke umzuwandeln. Der Sinn dahinter: Würde die Keimung bis zu ihrem natürlichen Ende weiterlaufen, bliebe am Ende keine Stärke mehr übrig, aus der sich beim Brauen Zucker bilden könnte. Weil es aber auch dafür wieder Enzyme brauchen wird, dürfen die wiederum beim Trocknen nicht abgetötet werden. „Es gehört Fingerspitzengefühl dazu, die richtigen Temperaturen anzusteuern", sagt Gewalt. „Eigentlich ist es wie beim Brauen: Man muss immer mal in der Lage sein, ein wenig vom Rezept abzuweichen."

Während der zweiten Stufe, beim sogenannten Abdarren, verdampft der größte Teil der Flüssigkeit, 70 Grad heiß wird es dann oberhalb der Darre, bei dunklem Malz sogar noch zwanzig Grad heißer, und die fränkischen Tropen verwandeln sich in die Wüste von Zirndorf, denn feucht ist die Luft dann natürlich nicht mehr. Nur noch etwa fünf Prozent Wasseranteil sollen am Ende im Malz stecken. Zum Vergleich: Als das Getreide vom Bauern oder aus dem Getreidelager in die Mälzerei kam, betrug dieser Anteil etwa 14 Prozent, durch das Weichen wurde er zwischenzeitlich sogar auf mindestens 40, je nach angestrebter Malzsorte auf bis zu 45 Prozent erhöht. Und auch jetzt beim Abdarren muss der Mälzer wieder entscheiden: Trocknet er nämlich bei relativ niedrigen Temperaturen von etwa 85 Grad, kommt am Ende auch ein helles Malz mit relativ wenig Röstgeschmack dabei heraus, etwa ein Pilsner Malz. Erhöht er die Temperatur aber auf bis zu 110 Grad, liegen am Ende eben entsprechend dunklere Malze in der Darre, dem Trockenkasten, also zum Beispiel ein Münchner Malz, das der Brauer später in ein Dunkles oder ein Bockbier verwandeln kann. Das funktioniert, wie beim Schweinebraten, nach dem Prinzip der Maillard-Reaktion: Hitze von über 90 Grad wandelt Aminosäuren und Proteine zu neuen chemischen Verbindungen um, den sogenannten Melanoidinen. Das bringt zum einen Farbe und zum anderen Geschmack ins Korn.

Natürlich kann man die Temperatur beim Trocknen noch weiter erhöhen. Auf 170 Grad für Karamellmalz zum Beispiel oder auf bis zu 600 Grad für ein extremes Röstmalz, zum Beispiel ein Chocolat Malt, aus dem irische Stouts gebraut werden. Auf diese Temperaturen bekommt man die Luft in einer Darre aber nicht aufgeheizt, außerdem würde das Malz dort irgendwann schlicht verbrennen. Zur Produktion von Röstmalz braucht es spezielle Trommeldarren, die das Malz wie in einem Betonmischer ständig in Bewegung halten und immer wieder befeuchten, damit es nicht Feuer fängt. Die Enzyme sterben bei diesen hohen Temperaturen aber ab, deshalb kann ein echtes Röstmalz auch nur in sehr geringen Mengen beim Brauen eingesetzt werden.

DAS MALZ

Säcke, überall Säcke. Hunderte von ihnen liegen oder stehen auf dem Betonboden im ersten Stock der Mälzerei, nebeneinander und übereinander. Farbige Etikette kleben auf ihnen: rot für „Karamellmalz", blau für „Münchner Malz Typ 1", grün für „Bio-Weizenmalz".

Von Hand wiegen Jörg Gewalts zwölf Mitarbeiter die unterschiedlichen Sorten hier ab und füllen sie anschließend in 25 oder 50 Kilo schwere Chargen ab. Der überwiegende Anteil ist längst verkauft, seit Wochen und Monaten schon. Die Säcke gehen nach Italien und Belgien, mittlerweile aber auch nach Thailand, nach Kambodscha und nach Russland – denn Jörg Gewalts Spezialmalze sind begehrt. „Es ist unsere Überlebensgarantie", sagt er. „Wir denken und arbeiten hier mitunter in Mini-Größen. Bei denen würde sich jeder Großmälzer an die Stirn tippen."

Es ist eine betriebswirtschaftliche Binsenweisheit, aber in diesem Lager mit der improvisierten Sackrutsche, die von der hinteren Wand hinunter in den Hof führt, fühlt sich diese Weisheit ziemlich plastisch an: Wer nicht über die Menge mithalten kann, der muss besser sein als die Konkurrenz – vor allem aber muss er flinker sein, flexibler, erfinderischer. Etwa 25 Sorten Malz produziert Jörg Gewalt in seiner Mälzerei, die Klassiker, natürlich, Pilsner Malz etwa oder Münchner Malz. Aber eben auch echte Spezialitäten: Sauermalz, das in der eigenen Milchsäure gesäuert wird. Rauchmalz, das über schwelender Buche seinen speziellen Schinkengeschmack entwickelt. Karamellmalz aus der Trommeldarre. Malz nicht nur aus Gerste und Weizen, sondern auch aus Roggen, Dinkel, Nackthafer, den Urgetreidesorten Emmer und Einkorn, ja sogar aus Sorghum, einer seltenen Hirsesorte, die ihm ein Landwirt aus Italien zum Vermälzen nach Franken schickt. Außerdem gibt es viele Malzsorten wahlweise auch in Bio-Qualität. Die meisten modernen Riesen-Anlagen sind dagegen so gebaut, dass sie mehr als ein oder zwei unterschiedliche Malze schon technisch nicht mehr herstellen können.

Bei den großen Mälzereien passen in den kleinsten Keimkasten vielleicht 50 Tonnen, in Zirndorf sind es fünf.

Nördlich des Mains pumpen sie das Malz aus riesigen Silos in fast genauso riesige Tanklastwagen, in Zirndorf darf auch schon mal ein Hobbybrauer anrufen, der vergessen hatte, zu bestellen, für den nächsten Tag aber trotzdem noch dringend 500 Gramm Pale-Ale-Malz fürs IPA braucht. Oder ein Gasthausbrauer aus dem Nachbarort, der Probleme mit seinem Bier hat und wissen möchte, wie er ein wenig mehr Farbe hineinbekommt oder vielleicht ein wenig mehr Geschmack.

Mittagspause in Zirndorf, Christine und Jörg Gewalt sitzen im Besprechungszimmer, das liegt direkt neben den Büros der beiden, der süße Geruch des trocknenden Malzes ist noch immer da, natürlich, aber gerade mischt er sich mit dem Duft dreier großer Pizzen auf dem Konferenztisch, die Kombination riecht – interessant. Hermann Renner ist dabei, und auch ein junger Brauer, der sich um die Kommunikation mit den Brauerei-Kunden kümmert, sie berät, Malz-Kombinationen empfiehlt. Die Gewalts und ihre Mitarbeiter besprechen anstehende Lieferungen, gehen eine Produktionsliste durch.

„BIER IST EINES DER KOMPLEXESTEN UND VIELFÄLTIGSTEN GETRÄNKE DER WELT"

sagt Jörg Gewalt irgendwann. An dessen 2000 Aromakomponenten reiche noch nicht mal Wein heran, bei weitem nicht. Der junge Brauer erzählt von Brauereien in der Umgebung, die sich jetzt wieder an ausgefallene Rezepturen wagten, Jörg Gewalt deutet auf eine Flasche, die auf einem Tischchen in der Ecke steht. Ein ziemlich angesagter Craft-Brauer aus Berlin-Kreuzberg hat das hopfige Ale mit dem englischen Namen nach Zirndorf geschickt, denn von dort bezieht auch er seine Malze. Das Bier in Deutschland wird gerade wieder ziemlich aufregend, und hier in Zirndorf produzieren sie den wichtigsten Rohstoff für diese Aufregung, in einer Vielfalt, wie es nur ganz wenige Mälzereien hinbekommen auf der Welt. „Natürlich freue ich mich, dass der internationale Craft-Bier-Boom jetzt auch nach Deutschland kommt", begeistert sich Jörg Gewalt, und dazu hat er natürlich jeden Grund.

Der Röstgrad des Malzes ist ein wesentlicher Faktor für die Farbe des fertigen Bieres

DIE EBC-WERTE

Wie die Bierfarbe bestimmt wird

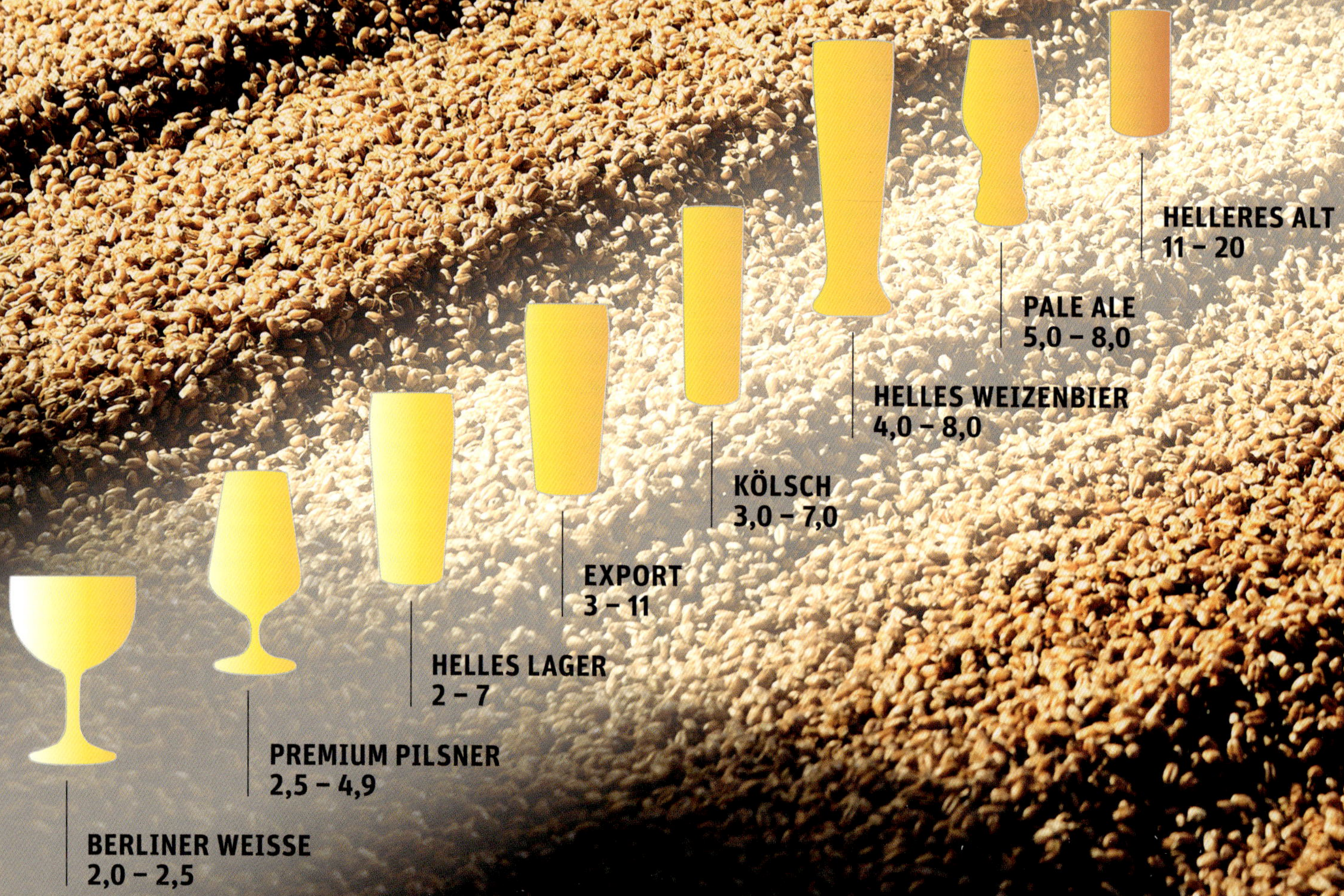
BERLINER WEISSE
2,0 – 2,5
PREMIUM PILSNER
2,5 – 4,9
HELLES LAGER
2 – 7
EXPORT
3 – 11
KÖLSCH
3,0 – 7,0
HELLES WEIZENBIER
4,0 – 8,0
PALE ALE
5,0 – 8,0
HELLERES ALT
11 – 20

DOUBLE STOUT
1300 – 1500

PORTER
300 – 1500

STOUT
300 – 1000

DUNKLES WEIZENBIER
28 – 32

DUNKLER BOCK
21 – 35

DUNKLERES ALT
21 – 35

MÄRZEN, FESTBIER
8 – 25

HELLER BOCK
11 – 20

EBC

Diese Abkürzung steht eigentlich für eine Organisation, nämlich die European Brewer Convention, also für den Europäischen Brauerkongress. Sie bezeichnet aber auch die Skala, auf die sich dieser Kongress einst für die Farbbestimmung bei Malz und Bier geeinigt hat. Nicht verwirren lassen: Weil ein Bier selten aus nur einem Malz gebraut wird, entspricht die Farbe einer bestimmten Malzsorte auch nur selten eins zu eins dem Bierstil, dem sie ihren Namen gegeben hat. Weil in einem Pale Ale zum Beispiel oft auch ein wenig Karamellmalz verbraut wird, ist der Bierstil Pale Ale deutlich dunkler als das eigentliche Pale-Ale-Malz. In der nebenstehenden Grafik sind beispielhaft die Werte der Brau- und Röstmalze und die daraus gebrauten typischen Biersorten aufgeführt.

Die Bierfarbe lässt sich mit folgender Formel errechnen:

BIERFARBE (EBC) = SUMME (GEWICHT MALZ · EBC MALZ) ÷ (GEWICHT SCHÜTTUNG)

Ausschließlich die Blüten
der weiblichen Hopfenpflanze
lassen sich für das Brauen
von Bier verwenden

DER HOPFEN

Das ist bitter!

Seit dem Mittelalter dominiert der Hopfen die europäischen Biere, er verbannte die Kräutermischungen der frühen Brauer in die Küchen und Apotheken. In Deutschland setzte man lange nur auf seine Bitterkeit und seinen dezenten Geschmack - die Craft-Brauer in den Staaten holten dann die Aromahopfenkeule raus.

„Die Bitterkeit des Hopfens verhindert die Fäulnis" schrieb die weise Hildegard von Bingen im Jahr 1146 - und lag damit nur knapp daneben. Der Hopfen, ein Schlingpflanzengewächs, das ursprünglich aus China stammt und im Laufe des Mittelalters und der Jahrhunderte seinen Weg ins europäische Bier fand, besaß neben seinem einzigartigen Aromenmix schon immer ein paar angenehme Nebenerscheinungen, wirkte beruhigend und machte eine mit ihm gewürzte Flüssigkeit länger haltbar. Verantwortlich dafür sind aber nicht die Bitterstoffe, sondern andere Verbindungen, die diesen Effekt bewirken.

Immer waren es die Biere, die am längsten trinkbar bleiben mussten, in denen besonders viel Hopfen verbraut wurde. Vor allem die Biere der Seefahrer schmeckten besonders bitter und aromatisch, denn sie mussten ja, wie das berühmte India Pale Ale (IPA), lange Schiffspassagen überstehen. Dieser Bierstil wurde im England des 18. und 19. Jahrhunderts für die britischen Überseekolonien in Indien gebraut - besonders alkoholstark zudem, denn auch Alkohol macht bekanntlich ein Getränk länger haltbar. Doch erst, als die Craft-Brauer in den Vereinigten Staaten sich in den späten 1970er-Jahren wieder aufs IPA und andere alte Bierstile besannen, erlebte die unbeschreibliche Vielfalt des Hopfenaromas ihre Renaissance.

Und das alles lag und liegt an einem gelben, klebrigen Pulver unter den Blättern der unbefruchteten Hopfenblüte. Der gemeine Hopfen zählt zu der Familie der Hanfgewächse. Für das Brauen sind nur die weiblichen Fruchtstände von Bedeutung, daher werden auch nur diese kultiviert. Als Dolden bezeichnet man umgangssprachlich die Blüten der weiblichen Hopfenpfanze - obwohl es sich bei ihnen botanisch gesehen um Scheinähren handelt.

Bei Reifebeginn werden sie gesammelt und getrocknet, dabei fallen die Lupulindrüsen heraus, die das klebrige Pulver Lupulin ergeben. Es besteht bis zu etwa 80 Prozent aus Harz und bis zu 3 Prozent aus ätherischem Öl. Auch die für das Brauen bedeutenden Eigenschaften des Hopfens stammen im Wesentlichen aus dem Lupulin.

Den Hauptbestandteil des Harzes bilden die Alpha- und Betasäuren. Sie machen das Bier bitter, die ätherischen Öle verleihen ihm Aroma. Den ebenfalls im Hopfen enthaltenen Polyphenolen werden als sekundären Pflanzeninhaltsstoffen gesundheitsfördernde Wirkungen zugesprochen. Sie wirken aber auch als Gerbstoffe, deren derben Geschmack man aus dem Bier fernzuhalten versucht. Die Bestandteile des Hopfens sind wegen ihrer antibakteriellen Wirkung für eine Verlängerung der Haltbarkeit von Bier verantwortlich und werden wegen der nachgesagten beruhigenden Wirkung in Kombination mit Baldrian auch medizinisch eingesetzt.

Kommen besonders viele Bitterstoffe in einer Hopfensorte vor, bezeichnet man diesen Hopfen als Bitterhopfen. Beim Kochen der Bierwürze lösen sich die Harze des Lupulins und die darin enthaltenen Alphasäuren verändern ihre Struktur. Bei der sogenannten Isomerisierung werden Bitterstoffe freigesetzt, deshalb gibt die Menge der

BIER	IBU
IPA	40 +
PILS	30 – 45
STOUT	25 – 60
PORTER	20 – 40
PALE ALE	15 – 30
KÖLSCH	18 – 25
WEIZEN	15 – 20
BELGISCHE BIERE	11 – 23

Die unterschiedlichen Bierstile mit ihren typischen Bitterwerten in IBU (International Bitterness Units)

Iso-Alphasäure im Bier Aufschluss darüber, wie bitter es schmeckt. Die Freisetzung der Bitterstoffe, die auch durch die Kochdauer, Temperatur und Stammwürze beeinflusst wird, ist verantwortlich für die klassische Bierbittere, die in „Milligramm Iso-Alphasäure pro Liter" angegeben wird. 1 mg/l entspricht 1 International Bitterness Unit (IBU), einer Bittereinheit.

Der Bitterstoffgehalt einer Hopfensorte hingegen wird angegeben als prozentualer Anteil der Alphasäuren an der gesamten Pflanze als „Prozent Alpha" (%α). Ab etwa 10 %α spricht man von einem Bitterhopfen, ab etwa 12 %α von Hochalphasorten mit entsprechend hohem Bitterwert.

Wird ein Hopfen hingegen eingesetzt, um vor allem den typischen Hopfengeschmack ins Bier zu bringen, spricht man von Aromahopfen. Die ätherischen Öle lösen sich wie die Harze in der heißen oder kochenden Bierwürze, ver-

dampfen aber ziemlich schnell. Deshalb kommt Aromahopfen erst ganz am Ende des „Hopfenkochens" in die Würze, mitunter wird er auch erst beim Abkühlen der Würze zugegeben. In Aromahopfen stecken in der Regel ätherische Öle mit einem milden, angenehmem Aroma, außerdem viele Polyphenole (sekundäre Pflanzeninhaltsstoffe) und ein geringer Anteil an Alphasäure (deutlich unter 10 %α). Verleihen seine ätherischen Öle einem Hopfen außergewöhnliche, hopfenuntypische Noten (von erdig bis zitrusfruchtig), bezeichnet man sie als Flavour Hops.

Bei ihnen kommt es nicht so sehr auf den Alphasäuregehalt an, auch viele Sorten, die man aufgrund ihrer vielen Bitterstoffe als Bitterhopfen oder Hochalphasorten einsetzen könnte, verwenden Craft-Brauer hauptsächlich wegen ihrer Aromatik. Flavour Hops werden häufig erst kurz vor Ende der Gärung zugesetzt, beim Kochen würden sie zu viele Bitterstoffe abgeben.

ZWEI TRENDS VERDEUTLICHT DIESE GRAFIK:

Was die Entwicklung der internationalen Hopfenernte von 1973 – 2014 zeigt: Während die weltweite Erntemenge im Laufe der Jahrzehnte immer weiter abnimmt, steigt der weltweite Bierausstoß. Dies hängt vor allem mit dem Fortschritt der Brauerei-Technologie und der effizienteren Rohstoffnutzung zusammen. Die in den 70er-Jahren bedeutenden Anbaugebiete in Großbritannien und Belgien haben ihre Position an die USA abgetreten, die nach Deutschland zu den größten Hopfenproduzenten gehören.

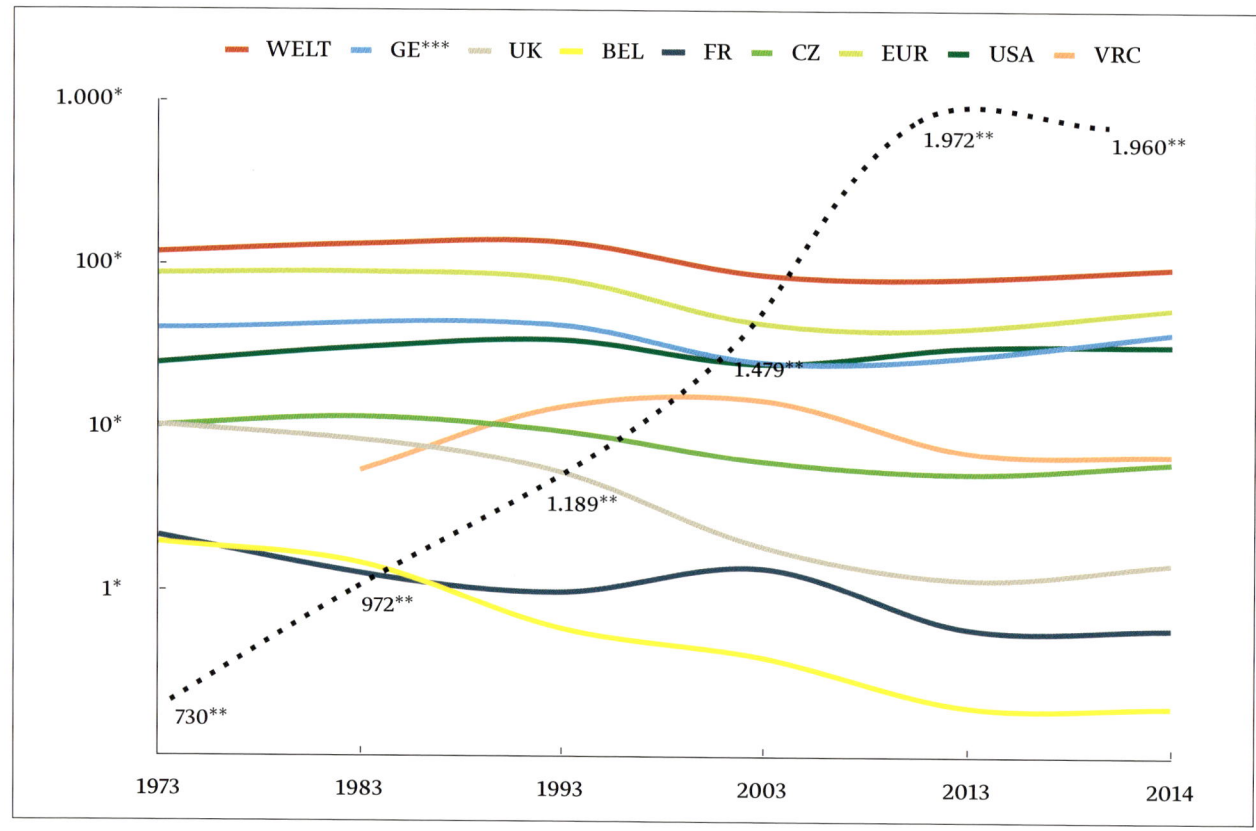

*Hopfenernte in 1.000 Tonnen / **Welt-Bierausstoß in Mio. Hektoliter / ***Summe der Ernteerträge BRD und DDR

Aufzucht von Hopfenpflanzen am Drahtgestell – ein typischer Anblick in der Hallertau, eines der weltweit größten Anbaugebiete

DR. FLORIAN SCHÜLL / (Jahrgang 1979) hat sein Studium der Brauereitechnologie

in Weihenstephan als Diplomingenieur abgeschlossen. Während seiner anschließenden Promotion arbeitete er zunächst vor allem im Labor, analysierte Gerste, Malz – und eben auch Hopfen. Ab 2010 leitete er die Versuchsbrauerei der Universität und entwickelte dort kreative, oft hopfenbetonte Rezepturen für Brauereien weltweit. Heute berät er als Mitarbeiter der Hopfenverwertungsgenossenschaft e.G. (HVG), einer von mehreren deutschen Genossenschaften der Hopfenproduzenten, Brauereien bei Auswahl und richtigem Einsatz der unterschiedlichen Sorten.

Herr Dr. Schüll, wie schmeckt Hopfen?

Kurze Antwort: Das kommt ganz darauf an.

Dann nehmen wir die lange...

Zunächst mal besteht jeder Hopfen aus vielen verschiedenen Komponenten, die am Ende fast alle den Geschmack des Bieres beeinflussen können. Die wichtigsten: Bitterstoffe und aromatische ätherische Öle. Außerdem unterscheiden sich alle Hopfensorten noch einmal untereinander.

Wie genau macht der Hopfen das Bier denn bitter?

Durch die Alphasäuren, die in den harzigen Anteilen der Dolde vorkommen. Die sind sehr schwer löslich, deshalb muss ich den Hopfen ja auch bis zu 90 Minuten lang in der Würze kochen, um die Alphasäuren zu „isomerisieren", sprich, sie so zu verändern, dass sie löslich werden und die Bittere ins Bier kommt. Neben den Alphasäuren gibt es aber noch andere Bestandteile des Hopfens, die

bitter schmecken, etwa die Polyphenole in den Blütenblättern. Für einen ausgewogenen Biergeschmack brauche ich immer eine Kombination.

Warum?

Weil das Bier sonst künstlich bitter schmecken würde. Klar kann ich Iso-Alphasäuren-Extrakt, also die nackte Bierbittere, mittlerweile auch relativ rein herstellen. Die Zugabe solcher Präparate ist sogar deutlich effektiver als das Kochen konventioneller Hopfenprodukte, bei dem werden nämlich je nach Sorte und Verarbeitung nur um die 30 Prozent der Alphasäuren isomerisiert und gelöst. Geschmacklich kann man so eine reine Bittere aber mit künstlichem Erdbeeraroma vergleichen: Das kommt schon irgendwie an den Geschmack einer Erdbeere heran, aber statt vielleicht 1000 Aroma-Komponenten werden im Joghurt nur einige wenige, besonders dominante, eingesetzt. Und das schmeckt dann eben auch verkürzt.

Setzen Brauereien diese reine Bittere trotzdem ein?

Chemisch reine Iso-Alphasäure nicht, das wäre viel zu teuer. Chemisch vor-isomerisierte Hopfenprodukte, die am Ende höhere Bitterstoffausbeuten bringen, werden im Ausland aber verwendet. In Deutschland nicht, denn das Biersteuergesetz, das sich ja aufs bayerische Reinheitsgebot bezieht, erlaubt die chemische Behandlung des Hopfens gar nicht.

Und wie bringt der Hopfen Geschmack ins Bier?

Vor allem durch seine aromatischen ätherischen Öle. Diese Öle sind leider überwiegend sehr leicht flüchtig und überstehen das Kochen deshalb nicht. Möchte ein Brauer das Aroma einer bestimmten Hopfensorte im Bier haben, kocht er diesen Hopfen deshalb nur für wenige Minuten oder gibt den Hopfen in kleinen Dosen nach der Gärung in das schon fast fertige Bier. Besonders bei diesem sogenannten Hopfenstopfen steht der Brauer aber regelmäßig vor einem Problem: Die theoretische Unterscheidung zwischen Aromahopfen und Bitterhopfen ist da gar nicht zielführend.

Warum nicht?

Na ja, ein Bitterhopfen zum Beispiel ist ja kein Klumpen chemisch reiner Alphasäuren, natürlich stecken auch in ihm ätherische Öle. Ich habe schon sehr aromatische IPAs getrunken, die waren mit „Herkules" gestopft, einem ganz klassischen Bitterhopfen. Wenn man den nur spät genug in die Würze gibt oder ihn eben zum Hopfenstopfen verwendet, lösen sich nur wenige Alphasäuren - und viele Aromaöle.

Sind Hochalphasorten im Vergleich zu Aromasorten denn günstiger?

Im Ergebnis, also auf die Bierbittere bezogen, schon, denn ich setze im Sudhaus ja deutlich weniger von ihnen ein.

Nehmen wir mal eine internationale Großbrauerei, die ein halbwegs bitteres Bier brauen möchte, das nicht nach Hopfen schmeckt. Welchen Hopfen benutzt die?

Sogenannte Hochalphasorten, also einen Bitterhopfen mit besonders viel Alphasäure. Großen Brauereien geht es bei ihren untergärigen Lagerbieren um eine ganz saubere, milde Grundbittere, aber sie wollen in der Regel kein Hopfenaroma. Und diese Bittere erzeugt man am effektivsten, indem man einen sehr bitteren, hochwertigen Hopfen oder Hopfenextrakt verwendet, oder beides zusammen.

Ist Hopfenextrakt ein minderwertiges Produkt?

Da gibt es viele Vorurteile und zum Teil auch unhaltbare Thesen wie: Großbrauer produzieren günstiger als eine Kleinbrauerei, und deshalb bekommt man per se schlechtere Qualität, oder: Hopfenextrakt ist minderwertiger als Hopfenpellets und Betrug am Verbraucher - und natürlich am Reinheitsgebot. Dazu nur so viel: Mit durch CO_2 gelöstem Extrakt zu brauen, ist nicht billiger als Pellets der gleichen Bittersorte zu verwenden, sondern teurer.

Und welchen Hopfen verwenden die großen deutschen Pils-Brauereien?

Die exakten Rezepturen kenne ich natürlich nicht, die großen Pils-Brauereien wollen aber in der Regel auch kein ausgeprägtes Hopfenaroma im Bier haben - einen dezenten Hopfengeschmack und angenehmen Bittereindruck aber eben doch. Deshalb geben sie zusätzlich zu Bitterhopfen und Extrakt während des Brauens noch die ein oder andere klassische deutsche Aromasorte dazu, „Perle und Tradition" zum Beispiel oder „Hallertauer Mittelfrüh".

Moment, was ist an „Hopfenaroma" denn anders als an „Hopfengeschmack"?

Einfach gesagt: Schmecken kann ein Mensch lediglich süß, sauer, salzig, umami und eben bitter. Demnach wäre der typische Eigengeschmack des Hopfens der vielschichtige Bittereindruck, den er ins Bier bringt. Als Hopfenaroma dagegen kann man vereinfacht alle Noten zusammenfassen, die man riechen kann, wenn man eine Dolde zwischen den Fingern zerreibt - zum Beispiel fruchtige Noten oder Zitrusnoten. Das Problem: Diese verschiedenen Geschmacksnoten spielen natürlich zusammen, man kann sie nicht genau voneinander trennen und am Ende finde ich auch nicht alle Aromen des verwendeten Hopfens im Bier wieder. Im Deutschen fehlt uns für die Beschreibung des kompletten Sinneseindruckes, der entsteht, wenn ich einen Schluck Bier in den Mund nehme, das richtige Vokabular - deshalb bin ich ein Freund des englischen Wortes „Flavour". Da steckt alles drin.

Sprechen Craft-Brauer deshalb vom „Flavourhopfen"?

Ja, denn über den Aromaeindruck kann ich diesen Typ Hopfen ziemlich genau definieren. Geht man nur über die chemischen Substanzen der einzelnen Sorten, ist eine Unterscheidung viel schwieriger, manchmal unmöglich. Allerdings sind meine Kollegen und ich auch mit dem Begriff „Flavour Hops" nicht ganz glücklich, auch wenn er sich bereits eingebürgert hat. Er impliziert ja ungewollt, dass es auch „Non Flavour Hops" geben muss. Da aber alle Hopfen ein Aroma haben - somit eigentlich alle Hopfen Flavour-Hopfen sind -, bezeichnen wir Sorten, die vom klassischen Hopfenaroma abweichen, als „Special Flavour Hops".

Und wie schmecken die genau?

Werden diese Hopfensorten richtig dosiert und im richtigen Moment eingesetzt, kann der Brauer einzigartige und extrem vielfältige Aromen ins Bier zaubern - von erdig, zwiebelig, harzig bis hin zu Zitrus- und Tropenfrüchten ist da alles möglich. Wie schwierig die Einteilung der Sorten inzwischen aber ist, zeigt sich etwa bei der Neuzüchtung „Polaris". Vermarktet wird diese Sorte als „Special Flavour", als solche auch gern für Aromagaben verwendet, nach klassischer Einteilung ist Polaris aber eine Bitter- oder sogar Hochalphasorte.

Woher hatten die Craft-Brauer in den 1980er-Jahren überhaupt ihre wahnsinnig aromatischen Hopfensorten, zum Beispiel fürs IPA? Wenn die großen Konzerne nur auf Bittere aus waren, wurden diese Sorten doch wahrscheinlich gar nicht angebaut.

Das ist ja genau der Punkt. Als die Craft-Brauer in den USA anfingen, mussten sie mit den Sorten arbeiten, die es vor Ort gab, und das waren in den Vereinigten Staaten fast ausschließlich Bittersorten. Mit denen einem Bier Geschmack zu geben, darauf wäre damals keiner gekommen, zumindest nicht freiwillig. Ein weiteres Beispiel: „Cascade". Diesen damals neu gezüchteten Aromahopfen hatten die Händler seit Anfang der 1970er im Angebot, aber kaum einer der „Großen" wollte mit ihm brauen,

wegen seines ungewöhnlichen Aromas und der relativ geringen Bittere. Dann haben die Craft-Brauer ihn ausprobiert, aus Neugier und wegen des begrenzten Angebots, zunächst vielleicht auch als Notlösung, und die merkten: Der schmeckt ja super. Und seitdem geht diese Sorte durch die Decke.

Kann man das denn so genau steuern, holt man sich manchmal nicht doch zu viele Bitterstoffe ins Bier?

Nein, wenn man weiß, was man macht, ist das kein Problem. Die Craft-Brauer haben ja auch deshalb so stark auf die alte Technik des „dry hopping" gesetzt, aufs Hopfenstopfen. Da zieht der Hopfen eine Weile lang in der gärenden Würze oder im Jungbier und gibt fast nur noch ätherische Öle, also „Flavour", ab.

Wie genau funktioniert Hopfenstopfen?

Grundsätzlich lösen sich die Aromastoffe aus dem Hopfen in Alkohol viel besser als in Wasser. Um das Prinzip zu verstehen, braucht man nur mal einen Tropfen Olivenöl in ein Glas mit Leitungswasser geben und zum Vergleich in ein Glas mit hochprozentigem Wodka. Die Alphasäuren auf der anderen Seite können das Bier ja nur bitter machen, wenn sie unter Hitzeeinwirkung in Iso-Alphasäuren umgewandelt werden - nur: Bei der Gärung kommt das junge Bier höchstens auf etwas über 20 Grad. Alle Facetten des Hopfenstopfens hat man aber noch gar nicht entschlüsselt. Deshalb ist das beste Rezept sowieso immer: rein damit - und schauen, was passiert.

Sie beraten viele Brauereien in Deutschland. Werden die beim Hopfen jetzt auch experimentierfreudiger?

Auf jeden Fall! Die großen Brauereien, aber auch viele Mittelständler, schauen ganz genau auf die wachsende Kreativ-Bier-Szene. Sagen wir so: Der entscheidende Unterschied beim Bier bestand in den letzten Jahren doch oft darin, für welche Werbeagentur sich eine Brauerei entschieden hat. Ich bin ziemlich zuversichtlich, dass sich das jetzt wieder ändert.

ÜBERSICHT ROHHOPFEN

SORTE/AROMA	Menthol	Tee	Grüne Früchte	Zitrus	Grün	Vegetal	Sahne	Holzig aromatisch	Würzig/ Krautig	Rote Beeren	Süße Früchte	Blumig
AURORA	+			++				+	+			
CASCADE				+++			++		++	+++		
CELEIA	++								+++			
CENTENNIAL								+++	+	++		
CITRA			+++							+++	+++	+++
COMET				+++								++
CTZ	+		++	++					++			+
ELLA								++	+++			+
FUGGLES		+						+++	+			
GALAXY			++	++					+++	+++		
HALLERTAU BLANC	+		++			+						
HALLERTAU MAGNUM				+	+							
HERKULES					++							
HERSBRUCKER	+			+					+			
HÜLL MELON										++	++	
KAZBEK				+			+			+	+	
MANDARINA BAVARIA			++	+							++	
MILLENIUM								+++		++		
MITTELFRÜH								++	+++	+		
MOSAIC				++	++					++	++	
MOUNT HOOD								+	++	+		
NUGGET		+					+				++	
OPAL								+	++			
PERLE						+++			++			
POLARIS	++		+	++							++	
SAPHIR								+	++	++		
SMARAGD						+		++				
SPALTER SELECT		+						+				+
SUMMIT				+	++	+++			+	+		
TAURUS								++	++			
TETTNANG							++	++	+			
TOPAZ								+			+++	
TRADITION	+			++						+		
TRISKEL					+		+					

Angabe Intensität in + / ++ / +++ (Quelle: barthhaasgroup.com)

Bei der Herstellung von Hopfenpellets werden die Hopfenblüten gemahlen und anschließend gepresst

SO KOMMT DER HOPFEN INS BIER

Hopfen ist eine Schling- und Kletterpflanze, sie wächst im Hopfengarten an einem langen Draht bis zu acht Meter in die Höhe. Zur Erntezeit (Ende August bis Ende September) werden die Hopfenreben über dem Boden abgeschnitten und samt der „Aufleitdrähte" von einer Maschine heruntergerissen, dann landen sie direkt auf dem Hänger. Anschließend werden die Hopfenzapfen maschinell von den Reben gepflückt, gereinigt, getrocknet und gelagert.

Frischer Hopfen vom Feld besteht zu etwa 80 Prozent aus Wasser, er muss sofort getrocknet werden, sonst verliert er sein Aroma und beginnt zu schimmeln. Das geschieht in den sogenannten Hopfendarren, großen Siebböden, durch die von unten warme Luft geblasen wird. Am Ende sollten noch ziemlich genau zehn Prozent Feuchtigkeit in den Dolden stecken. Im Extremfall laufen bei zu viel Restfeuchte und falscher Lagerung des Hopfens komplexe, mehrstufige Abbauprozesse ab, die zu einer starken Erwärmung und im schlimmsten Fall zur Selbstentzündung des Hopfens führen - das Problem: Alte Hopfenstadel sind aus Holz.

Mit ganzen Dolden wird so gut wie gar nicht mehr gebraut. Erstens haben sie eine im Vergleich zu ihren Inhaltsstoffen riesige Oberfläche, und je länger sie nach dem Trocknen mit Sauerstoff in Berührung kommen, desto mehr Geschmack und Bitterstoffe verlieren sie. Andersherum ausgedrückt: Je kompakter man Hopfen verarbeitet, desto einfacher ist es, ihn luftfrei zu verpacken, und umso stabiler bleiben dann auch seine Inhaltsstoffe während der Lagerung erhalten.

Die größten Feinde der Hopfenqualität während der Lagerung sind nämlich Sauerstoff und Wärme, auch zuhause! Für Profis ist es auch eine Platzfrage: Um ganze Dolden in Ballen bis zur Verarbeitung in ausreichender Menge aufzubewahren, bräuchten Brauereien riesige Lager. Deshalb ist auch das geringere Verpackungsvolumen ein entscheidender Grund für die Weiterverarbeitung zu Pellets und Extrakt.

Bei der Herstellung von Hopfenpellets werden die Dolden vermahlen und anschließend schonend in kleine, kompakte, rundlich-längliche Pellets gepresst. Je nachdem, wie viel Pflanzenmaterial abgetrennt wurde, unterscheidet man zwei Typen von Pellets: Typ 90 (90 Gramm Pellets entsprechen 100 Gramm Dolden) und Typ 45 (mit Lupulin angereicherte Hopfenpellets). Hopfenextrakt, der in Dosen und Fässern gelagert wird, ist besonders stark konzentriert, er kommt nur noch auf etwa zehn Prozent des ursprünglichen Volumens.

Die Züchtung von Reinzuchthefen
unter kontrollierten Bedingungen
in der Hefebank Weihenstephan

Der Zuckerpilz des Bieres

Die Bierwürze und die Hefe, das ist eine ziemlich perfekte Kombination - wenn auch nur aus Sicht des Biertrinkers. Die Hefe selbst würde lieber atmen, als sich im Gärtank, abgeschirmt vom Sauerstoff und gefangen unter Hektolitern Jungbier, die Energie mühsam durch alkoholische Gärung aus dem Malzzucker zu ziehen.

Nur ist es eben dieser „Notstoffwechsel" der Hefe, der sie seit Jahrtausenden fürs Backen und Brauen unentbehrlich macht: Kommen die Bier- und Bäckerhefen nicht heran an Sauerstoff, und können sie deshalb Energie nicht durch Zellatmung erzeugen, versuchen sie über Plan B ans Ziel zu kommen - durch Gärung, also den Abbau organischer Stoffe, und durchs Ausscheiden der Gär-Nebenprodukte, also Ethanol (C_2H_5OH), Kohlenstoffdioxid (CO_2) und einiger anderer Stoffe, die ein Bier nach Bier schmecken lassen.

Beim Backen steigen dabei Kohlensäure-Bläschen im Brotteig auf, setzen sich in ihm ab und lassen ihn an Volumen zulegen. Ist der Teig stabil genug, seine Struktur auch im heißen Ofen zu halten, bleiben diese Bläschen als Millionen kleiner und großer Löcher am Ende auch in der Krume bestehen, dem Inneren des Brots, und machen das Brot locker und luftig. Der Alkohol verdampft dabei.

Dass es die andere der beiden uralten Kulturtechniken war, von der sich die Menschen schon immer besonders beeindrucken ließen, kann man am Gattungsnamen der Back- und Brauhefen ablesen: „Saccharomyces cerevisiae" ist eine Mischung aus Griechisch und Latein und bedeutet: „Zuckerpilz des Bieres".

Auch wenn man sich die chemische Formel, die das Wunder der Gärung beschreibt - nichts anderes war sie über die längste Zeit der vergangenen Jahrtausende - nicht merken muss. Ein paar Sekunden lang darf man sie ruhig bestaunen:

$$C_6H_{12}O_6 \rightarrow 2\ C_2H_5OH + 2\ CO_2 + \text{WÄRME}$$

Bei der alkoholischen Gärung werden Zucker durch Hefen oder Bakterien zu Ethanol, Kohlenstoffdioxid und Wärme vergoren.

HOT OR NOT?

Jahrhunderte lang waren es obergärige Hefestämme (Saccharomyces cerevisiae, englisch: top-fermenting yeast), die nahezu jedes Bier der Welt vergoren. Nur in Bayern stand die Sache anders, dort braut man nämlich seit etwa dem 16. Jahrhundert mit untergärigen Hefen (die sogenannte Lager-Hefe, Saccharomyces carlsbergensis, englisch: bottom-fermenting yeast).

Und das nicht, weil die Bayern schon immer ein wenig besonders waren, sondern weil die historischen Bedingungen es notwendig machten. Das Brauen war dort im Sommer nämlich verboten, deshalb konnten die Bayern ihr Bier nur in den kalten Jahreszeiten vergären lassen, das funktioniert aber mit obergärigen Hefen nicht (ideale Gärtempertur: etwa 20–25 Grad). So setzten sich die Lager-Hefen zunächst in der Oberpfalz (in der Region um Regensburg), dann in ganz Altbayern und Württemberg durch und fanden in den kalten unterirdischen Gär- und Lagerkellern ideale Gärtemperaturen (etwa 5–10 Grad). Erst mit der Erfindung der Kältemaschine aber konnten sie im späten 19. Jahrhundert ihren Siegeszug um den Erdball starten – heute werden mehr als 90 Prozent aller Biere auf der Welt mit untergärigen Hefestämmen vergoren.

Ihre Namen verdanken die Hefen allerdings ihrer äußeren Gestalt: Die obergärigen Hefen bilden lange Zellketten mit einer großen Oberfläche – und werden von der Kohlensäure im gärenden Jungbier nach oben getragen. Untergärige Hefen hingegen können immer nur eine Tochterzelle gleichzeitig bilden, deshalb bilden sich keine Ketten, die Hefe schwebt im Bier und setzt sich tendenziell am Boden des Gärbottichs ab, also unten. Obergärige Hefen schmecken reicher, sie können eine größere Bandbreite an Aromen erzeugen. Untergärige Hefen wandeln dafür auch Raffinose um, einen komplexen Zucker.

OBERGÄRIGE BIERSTILE
Ale (englischer Oberbegriff für alle „bottom-fermenting beers"), IPA, Kölsch, Alt, Weißbier, Porter, Stout, Witbier, Bockbier, Double, Triple, Barley Wine

UNTERGÄRIGE BIERSTILE:
Pilsner, Helles, Festbier, Export, Märzen, Schwarzbier, Zwickel, Baltic Porter, Lager (englischer Oberbegriff für alle „top-fermenting beers")

Neben der Unterscheidung in unter- und obergärige Hefen, gibt es auch innerhalb dieser
Gruppen viele Varianten, die das Bier während
der Gärung maßgeblich beeinflussen

INTERVIEW

Herr Peise, kann man mit frischer Backhefe Bier brauen?

Grundsätzlich ja, ich würde es Ihnen aber nicht empfehlen.

Warum nicht?

Weil das Ergebnis in der Regel nicht nach Bier schmecken würde – zumindest nicht nach Bier, wie wir es kennen. Bäckerhefen und Bierhefen stammen zwar vom selben Stamm ab, früher haben Bäcker auch noch mit der Hefe gebacken, die die Brauer aus den Gärfässern „ernteten", nachdem sie das fertige Bier in Lagerfässer umgefüllt hatten. Nur beim Brauen bleibt Hefe ja in einigermaßen reiner Form erhalten – im Brot dagegen wird sie vollständig verbacken. Heute wird Bäckerhefe aber separat gezüchtet, die eignet sich aus verschiedenen Gründen nur sehr eingeschränkt zum Brauen.

Wie hat so ein mit Bierhefe gebackenes Brot denn geschmeckt?

Probiert habe ich es noch nicht. In der Hefemasse, die man beim Brauen erntet, stecken aber automatisch gewisse Bitterstoffe aus dem Hopfen, bittere Proteine und Gerbstoffe. Die werden auch das Brot unerwünscht geschmacklich beeinflusst haben. Ich weiß aber, dass einige Pizzabäcker heute noch Bierhefe für ihre Teige verwenden, sogar darauf schwören.

Vergären Bäckerhefen anders als Brauhefen, bilden sie zum Beispiel mehr Kohlenstoffdioxid als Alkohol?

Nein, alkoholische Gärung läuft immer nach derselben Reaktions-formel ab. Der Unterschied liegt vor allem in Art und Menge der erzeugten Gärnebenprodukte. Das sind Stoffe, die von der Hefe während der Gärung ausgeschieden werden.

Verwendet man deshalb auch unterschiedliche Hefen für unterschiedliche Biere?

Ja, auch beim Brauen spielen die Gärnebenprodukte eine wichtige Rolle. Konkret muss sich ein Brauer fragen: Welche dieser Stoffe sollen in welcher Konzentration und in welchem Verhältnis ins Bier gelangen? Denn vor allem die Gärnebenprodukte entscheiden über die Aromen, die unterschiedliche Bierhefestämme erzeugen und die wiederum typisch sind für unterschiedliche Bierspezi-alitäten.

Kann man diese Geschmacks-komponenten unterschiedlichen Bieren zuordnen?

Nicht pauschal, Hefen erzeugen immer komplexe Aromen. Sehr deut-lich schmeckt man es aber bei vielen Weißbieren, die durch bestimmte Gärnebenprodukte in Richtung Banane, Birne, „fruchtig-blumig" oder Gewürznelke tendieren. Am Ende ist es aber wie beim Kochen: Das Zusammenspiel aller Bierzutaten erzeugt den unverwechselbaren Geschmack.

Gibt es auch Biere, in denen man keine Hefearomen schmeckt?

Ja, denn oft geht es dem Brauer ge-rade darum, möglichst wenig Aroma aus den Gärnebenprodukten ins Bier zu bekommen. Bei stark hopfen- oder malzbetonten Bieren, beim IPA zum Beispiel, soll die Hefe nicht dominant schmecken, sondern den Charakter des Bieres unterstützen, indem sie wenig eigene Aromen erzeugt. Ale-Hefen vergären die Bierwürze grund-sätzlich neutraler als andere obergä-rige Hefen. Ähnlich wie die deutsche Kölsch-Hefe übrigens.

Worin unterscheiden sich Brauhefen noch?

In vielen Eigenschaften. Wie sie sich im Bier absetzen, ab welcher Alkoholkonzentration im Bier sie absterben, ob sie hohe oder niedrige Temperaturen bevorzugen. Und Hefen wandeln nur die Zuckermoleküle um, mit denen sie auch etwas anfangen können, auch darin unterscheiden sich die einzelnen Kulturen.

Deshalb schmecken manche Biere süffiger und süßer als andere?

Das kann man so einfach nicht sagen. Wie ein Bier am Ende schmeckt, ist immer die Entscheidung des Brau-ers, und einen starken Malzkörper erreicht man in der Regel, indem man dunklere, aromatischere Malze ver-wendet. Aber im jeweiligen Rezept ist natürlich auch angelegt, welche Zucker beim Maischen gebildet wer-den. Und je nachdem, welche Hefe-kulturen der Brauer dann verwendet – und welche unterschiedlichen Zucker diese Hefe umwandeln kann – bein-flusst auch das, wie viel Körper ein Bier am Ende hat.

Konkret: Was macht ein Pils so schlank?

Wie gesagt: Das liegt nicht nur an der Hefe. Schon der Eigengeschmack des verwendeten Malzes ist schwach, Pilsner Malz ist ja das hellste und am wenigsten aromatisch. Außerdem verwendet man sehr weiches Wasser, das nur wenige Mineralsalze enthält. Aber auch die untergärigen Pilsner-Hefen haben in der Regel ein eher neutrales Aromaprofil. Außerdem vergären sie besonders viel Zucker, deshalb bleibt auch wenig Restsüße übrig.

Wie haben sich in unterschiedlichen Städten und Regionen überhaupt unterschiedliche Hefen durchgesetzt?

Zunächst hätten ohne Bier im Europa des Mittelalters keine Städte entstehen können. Wo nämlich immer mehr Menschen auf engem Raum lebten, war es als Nahrungsmittel lebensnotwendig. Was sollte man sonst trinken? Wasser verschmutzte schnell, da steckten so viele Krankheitserreger drin, dass man an ihnen ziemlich sicher erkrankt oder sogar gestorben ist. Obstsäfte gab es nur saisonal, Früchte waren selten. Weil das Bier aber alkoholisch vergoren und vorher erhitzt worden war, konnte man es relativ bedenkenlos trinken. Auch Kinder und Jugendliche übrigens.

Galt das nicht für alle Städte gleichermaßen?

Schon, in den einzelnen Städten entwickelten sich aber bald eigene Bierstile, und die bauten auf unterschiedlichen Hefekulturen auf. Brauer durften immer nur in einer bestimmten Ecke eines Dorfes oder einer Stadt produzieren. Beim Brauen wird es nämlich heiß, früher wurden die Kessel sogar noch mit offenem Feuer beheizt. Das war für die Holzhäuser der Städte sehr gefährlich, da hat es einmal „zack" gemacht – und ein ganzer Stadtteil war abgebrannt. Weil die Brauer aber alle auf einer Stelle saßen, haben sie sich auch gegenseitig beeinflusst.

Und da gab es dann in jeder Stadt auch eine dominante Hefe?

Mehr oder weniger, ja. Es kommen zwar überall viele verschiedene Hefekulturen vor, unter den regional unterschiedlichen Bedingungen haben sich mit der Zeit aber überall einige wenige Hefen, manchmal auch nur eine einzige durchgesetzt. Die Biere wurden dann diesen Hefen und den anderen Zutaten angepasst, die Qualität von Wasser, Malz und Hopfen war ja auch überall eine andere. Diese Hefe wurde dann immer wieder aus den Gärfässern geerntet, sie wurde „geführt" – und setzte sich durch.

ULRICH PEISE / (Jahrgang 1970) wurde an der Fachakademie in Doemens, im Landkreis München, zum Braumeister ausgebildet, später sammelte er im Ausland praktische Erfahrung. Heute ist er technischer Leiter der Hefebank Weihenstephan, die seit den 1940er-Jahren Hefekulturen züchtet und zahlreiche Brauereien in Deutschland und im Ausland mit ihnen beliefert. Uns hat Ulrich Peise erklärt, wie auch die Hefe einem Bier Geschmack verleihen kann, und wie sich in den Städten des Mittelalters überhaupt unterschiedliche Kulturen haben durchsetzen können.

DIE HEFE

SO BEEINFLUSSEN HEFEN DEN BIERGESCHMACK

Während der Gärung entsteht vor allem Ethanol, also Trinkalkohol, der ist ein wichtiger Geschmacksträger im Bier. Deshalb ist es so schwierig, alkoholfreies Bier zu brauen, das nach Bier schmeckt.

Hefen bilden aber auch sogenannte mehrwertige Alkohole. Die unterscheiden sich in Qualität und Geschmack enorm voneinander. Sie können ab einer bestimmten Konzentration unangenehm schmecken, nach Nagellackentferner oder Lösungsmitteln, können aber auch nach Rosenblüten duften.

ALLGEMEIN GILT:

Abhängig von der jeweiligen Biersorte strebt ein Brauer eine bestimmte Konzentration bestimmter mehrwertiger Alkohole an – einen bestimmten Grenzwert will er dabei aber nicht überschreiten.

Ein Anteil der mehrwertigen Alkohole reagiert zu Ester-Verbindungen. Auch die sind geschmacklich vielfältig, sie können blumig, fruchtig oder zitrusfruchtig sein, oft erinnern sie an Banane, Birne oder grünen Apfel. Ester erzeugen aber auch Aromen von Waldbeeren, Honig oder Gewürznelke – und auch da ist noch lange nicht Schluss.

Organische Säuren senken den pH-Wert, machen das Bier also sauer und haben so auch Einfluss darauf, wie süffig es schmeckt – denn ihre Säure neutralisiert die Malzsüße. Unterschiedliche organische Säuren haben aber auch unterschiedlichen Einfluss auf Geschmack und Geruch des Bieres. Vereinfacht gesagt: Essig riecht bekanntermaßen anders als Zitrone.

Die eine oder andere Hefe schwefelt zudem etwas stärker, das kann in Kombination mit dem Malz spannende Noten erzeugen.

DER HEFE-ERKLÄRER

Louis Pasteur beschrieb 1876 als erster Wissenschaftler das Gärverhalten von Hefen und anderen Mikroorganismen. Wir stellen die fürs Bier wichtigsten seiner sieben Thesen vor – nur bei einer lag er daneben:

„GÄRUNG IST DAS RESULTAT LEBENDER MIKROORGANISMEN"

Stimmt, heute drückt man es nur etwas komplizierter aus: „Gärung ist der mikrobielle Abbau organischer Stoffe zum Zweck der Energiegewinnung ohne Einbeziehung externer Elektronenakzeptoren wie Sauerstoff oder Nitrat."

Beim Bier: Hefen und Bakterien gewinnen Energie aus Kohlenhydraten.

„JEDE FORM DER GÄRUNG KANN AUF EINEN BESTIMMTEN MIKROORGANISMUS ZURÜCKGEFÜHRT WERDEN"

Stimmt, auf viele unterschiedliche Bakterien- und Hefestämme.

Beim Bier: alkoholische Gärung durch Hefekulturen, Säuregärung durch vor allem Milchsäurebakterien (bei der Herstellung von Sauerbieren wie der Berliner Weißen oder des belgischen Lambics).

„DAS GÄRENDE MEDIUM LIEFERT DEM MIKROORGANISMUS DIE NÄHRSTOFFE"

Stimmt, nämlich Stärke oder Zucker, Proteine und Spurenelemente.

Beim Bier: Unterschiedliche Hefekulturen können unterschiedliche Zuckermoleküle umwandeln, nehmen freie Aminosäuren auf und synthetisieren aus ihnen die benötigten Bausteine für den Zellaufbau und Stoffwechsel. Milchsäurebakterien können die Stärke direkt verstoffwechseln.

„VERSCHIEDENE MIKROORGANISMEN KONKURRIEREN IN EINEM MEDIUM"

Stimmt: Mikroorganismen, die besonders gut zurechtkommen mit der Zusammensetzung einer Flüssigkeit oder die als erste mit dem Stoffwechsel beginnen, verdrängen die anderen Mikroorganismen.

Beim Bier: Will man vermeiden, dass Bakterien oder wilde Hefen die Gärung übernehmen, muss man der eigenen Brauhefe einen Startvorteil verschaffen, etwa durch eine bestimmte Anfangsmenge und gezielte Belüftung, also den Zusatz von Sauerstoff.

„LUFT IST DIE QUELLE ALLER MIKROORGANISMEN, DIE EINE GÄRUNG AUSLÖSEN"

Stimmt nicht (mehr): Mittlerweile werden Hefekulturen auch in Reinzucht von anderen Stämmen isoliert und können so kontrolliert eingesetzt werden.

Beim Bier: Zunächst konnten alle Brauer nur mit Hefen aus der Luft brauen, sie ließen ihr Bier also spontan vergären. Später ernteten sie die Hefe aus den Braukesseln und „führten" sie – gaben also immer wieder denselben Hefestamm an die Würze. Heute werden auch Bierhefekulturen im Labor gezüchtet. Nur wenige Biere werden noch mit wilden Hefen vergoren, etwa das belgische Lambic.

DAS WASSER

Wo Wasser war, war auch ein Weg zum Bier

Über 90 Prozent eines Bieres ist Wasser, und das unterscheidet sich von Region zu Region. Deshalb braut man aus unbehandeltem bayerischen Grundwasser auch nie und nimmer ein Pils. Historisch gesehen liegt die Sache einfach: Wo ein Wasser war, war immer auch ein Weg – zum Bier. Sumerer, Ägypter, Kelten, Germanen und mittelalterliche Mönche, sie alle brauten mit Wasser aus dem nächstgelegenen Brunnen, und das klappte auch immer.

Eigentlich kann man als Brauer deshalb nicht allzu viel falsch machen bei der Wahl des Brauwassers. Anderseits besteht Bier eben zu über 90 Prozent aus Wasser, und gerade dessen regional unterschiedliche Zusammensetzung verpasst auch dem jeweils daraus gebrauten Bier seine unterschiedliche Textur und Härte – die dann wiederum Voraussetzung dafür ist, wie Malze und Hopfen im Bier zur Geltung kommen können. Durch das sulfatreiche Wasser im englischen Bier-Mekka Burton-upon-Trent etwa konnten die dunklen Ales ihre charakteristischen Hopfenaromen besonders gut entfalten, das carbonatarme Urgesteinswasser in Pilsen dagegen verpackt die hohe Bittere eines Pilsners in eine angenehme geringe Restalkalität, macht es dadurch weich und süffig. Klar, das geht auch anders, aber dann wird

ein Pils eben friesisch herb – manche sagen auch friesisch kratzig. Und der relativ hohe Chloridanteil im bayerischen Wasser erst lässt ein Helles so vollmundig schmecken.

Mit modernen Anlagen kann man mittlerweile aber jedes gewünschte Brauwasser herstellen, etwa durch Zugabe von Ätzkalk, Braugips, Milchsäure oder Sauermalz, – mehr als die Hälfte der rund 1300 deutschen Brauer verlässt sich trotzdem immer noch auf ihre regionalen Wasserquellen. Für den Heimgebrauch tut es deshalb in den allermeisten Fällen das Leitungswasser.

Vier bis sechs Liter Wasser übrigens verbrauchen heute selbst technologisch effiziente Brauereien im Schnitt für einen Liter Bier – beim Maischen und beim sogenannten Anschwänzen (also für den Nachguss, mit dem man das Malz am Ende des Maischens noch einmal zusätzlich ausspült). Auch das Kühlen der Würze und das Säubern der Anlage schluckt Wasser. Weil dieses „Brauchwasser" im Gegensatz zum „Brauwasser" am Ende nicht im Bier landet, spielt auch das für Hobbybrauer keine wesentliche Rolle. Wer nur 25 Liter Bier produziert, muss sich weder um seinen Geldbeutel noch um seinen ökologischen Fußabdruck allzu große Sorgen machen.

DIE WASSERCHEMIE

HART GEGEN WEICH

Grundwasser unterscheidet sich von Region zu Region wegen der unterschiedlich zusammengesetzten Gesteinsschichten, die das Regenwasser durchdringt, bevor es sich in den unterirdischen Wasserreservoirs sammelt. Konkret: durch die Mineralsalze, mit denen es beim Absickern angereichert wird. Sie bestimmen den Härtegrad des Wassers, und man kann diese Unterschiede sogar schmecken. Je härter das Wasser ist, umso intensiver schmeckt es und wirkt sich später auch entsprechend auf den Geschmack des fertigen Bieres aus. Entscheidend fürs Brauen ist jedoch die chemische Wirkung:

Die Gesamthärte wird im Wesentlichen durch die Konzentration der gelösten Calcium- und Magnesiumsalze im Wasser bestimmt, in Deutschland wird die Wasserhärte mit der Einheit „deutscher Härtegrad" (°dH) angegeben. 1 °dH bedeutet, dass in einem Liter Wasser 10 Milligramm Calciumoxid (Nicht-Chemiker sagen: „gebrannter Kalk") oder 7,19 Milligramm Magnesiumoxid gelöst sind. Die Alkalität des Wassers wird durch die Konzentration der Hydrogencarbonat-Ionen bestimmt und beeinflusst in Verbindung mit der Konzentration der Magnesium- und Calcium-Ionen die Qualität des Brauwassers.

Die gelösten Mineralsalze kann man im Brauwasser nicht nur schmecken, sie verändern auch beim ersten Brauschritt, dem Maischen, den pH-Wert der Maische. Wichtig für das Brauen ist also nicht die Gesamthärte des Wassers, sondern die Carbonathärte, also die Menge der gelösten Hydrogencarbonat-Ionen im Verhältnis zu den Calcium- und Magnesium-Ionen.

ALKALISCHE HÄRTE GEGEN WEICHE SÄURE

Die meisten Prozesse beim Brauen, wie etwa die Enzymtätigkeit beim Maischen und das Lösen der Bitterstopfe beim Hopfenkochen, laufen optimal bei einem pH-Wert von 5,4 ab, also in leicht saurem Wasser. Bestandteile des Malzes verringern den pH-Wert beim Maischen, machen das Brauwasser also saurer. Generell gilt: Je dunkler das Malz, desto saurer wird die Maische. Idealerweise kommt man beim Einmaischen, also beim Einrühren des Malzes ins warme Wasser, auf den für das Brauen idealen pH-Wert von 5,4. Dabei muss das Wasser jedoch nicht vor dem Maischen den pH-Wert bereits aufweisen, sondern sollte möglichst pH-neutral sein.

Unerfreulicherweise reagieren die Carbonat-Ionen im Brauwasser alkalisch, sie wirken der Säuerung also entgegen. Überwiegt der carbonathaltige Anteil am Mineral-Mix des Wassers, insbesondere bei hellen und stärker gehopften Bieren, werden erstens zu viele Gerbstoffe ausgelaugt, die das Bier derb machen. Zweitens wird die Vergärung erschwert, da die Enzymtätigkeit bei steigendem pH-Wert nachlässt. Und drittens lösen sich zu viele Hopfenbitterstoffe in der Würze. Erfreulicherweise wird diese Wirkung aber durch die säurefördernden Calcium- und Magnesium-Ionen ausgeglichen.

Die Qualität des Brauwassers wird also wesentlich darüber bestimmt, wie sich das Verhältnis von Gesamthärte und Carbonathärte auf das Maischen auswirkt. Dieses Verhältnis bezeichnet man als „Restalkalität", also in welcher Konzentration die säurevernichtenden Carbonat-Ionen in der Maische wirksam sind.

WHAT THE FRACK!

Nicht nur Umweltverbände kämpfen seit Jahren erbittert gegen die umstrittene Gasförderung durch Fracking – auch der Deutsche Brauer-Bund setzt seine ganze Lobbymacht ein gegen die umstrittene Methode. Beim Fracking wird ein Gemisch aus Wasser, Sand und Chemikalien in den Boden gepresst, um gashaltiges Gestein aufzubrechen. Die Sorge des Deutschen Brauer-Bundes: Durch das Fracking könnte das Trinkwasser verunreinigt werden, für die Bierherstellung wäre es dann unbrauchbar. „Wir dürfen nicht zulassen, dass Wasservorkommen für Lebensmittel, die teilweise seit Jahrzehnten von ortsansässigen Betrieben in der Ernährungswirtschaft genutzt werden, Fracking-Risiken ausgesetzt werden", heißt es in einer Pressemitteilung vom „Bündnis zum Schutz von Wasser", an dem der Brauerverband beteiligt ist.

WAS KOMMT AUS DEM HAHN?

Wie es ums eigene Leitungswasser bestellt ist, verrät eine behördliche Analyse – für die meisten deutschen Großstädte lassen sich diese Berichte bequem online abrufen. Aus ihnen kann man die wichtigsten Daten ablesen: Wie hoch ist die Gesamthärte? Wie hoch die Carbonathärte? Das Brauwasser sollte möglichst pH-neutral sein, dann senkt das Malz diesen pH-Wert automatisch auf einen idealen bis passablen Säuregrad – zumindest bei hellen Malzen. Je dunkler das Malz aber, wie bereits erwähnt, desto tiefer sinkt der pH-Wert. Mitunter sollte man deshalb beim Brauen sehr dunkler Biere ein etwas alkalischeres (weniger saures) Wasser verwenden.

WAS IST DRIN IM WASSER?

Calciumoxid: Umgangssprachlich auch einfach als gebrannter Kalk bezeichnet. Sehr wichtiger Stoff für den Brauprozess: verstärkt das Absetzen von Trub und Hefe nach der Gärung, fällt Oxalate aus, die Überschäumen und dauerhafte Trübung des Bieres verursachen können.

Chlorid: Je nach Konzentration sorgt es für einen vollmundigen Geschmack am Gaumen, kann aber bei einer „Überdosis" auch als unangenehm salzig auffallen.

Eisen: In zu hoher Konzentration gibt Eisen dem Bier einen metallischen Beigeschmack und verstärkt die Oxidation.

Kalium: In moderaten Dosen gut für die Hefe. Zu viel Kalium verschlechtert aber den pH-Wert beim Maischen.

Magnesium: Neben Calcium wichtigster pH-Wert-Senker. Wirkt sich auch positiv auf die Hefe aus. Eine zu hohe Konzentration lässt das Bier salzig schmecken.

Natrium: Wie auch die Chlorid-Ionen, sorgt es für einen vollmundigen Geschmack, aber auch hier führt eine zu hohe Konzentration zu einer salzigen Note im Bier.

Nitrat: Wird als Dünger verwendet und gelangt über die Hopfung ins Bier. Nitrat kann während der Gärung zu Nitrit reduziert werden, das sich wiederum hemmend auf die Hefe auswirkt.

Sulfat: Schafft eine trockene und angenehme Bittere und unterstützt gerade bei hopfenbetonten Bieren das Bieraroma. Günstig ist es außerdem für den pH-Wert beim Maischen.

BIERSTIL	KARBONATHÄRTE*	GESAMTHÄRTE*	RESTALKALITÄT*
PILSNER	1,4	2,3	0,9
MÜNCHNER HELLES	14,3	15,6	5,6
KÖLSCH	12.5	18,8	7,6
ALE	16,8	30,6	10,0
STOUT	25,2	30,4	18,2

*(Härte °dH)

WAS WISSEN SIE SCHON

BIER RICHTIG SCHMECKEN

BIER RICHTIG SCHMECKEN

So genießen Sie ihr Bier am besten

Bevor wir uns aufmachen, die praktische Seite des Brauens zu erläutern, soll noch eine entscheidende Frage geklärt werden: Wie lässt sich ein Bier am besten genießen? Welche Rolle spielt das Glas, wie schenke ich eigentlich ein, und was sollte ich beim Kauf beachten? Im Gespräch mit unserem Sensorik-Experten Rüdiger Galm haben wir Wissenswertes zur Biertrinkkultur zusammengetragen:

GLÄSER

Es gibt viele verschiedene Biergläser, es gibt aber noch mehr Philosophien darüber, welcher Typ Glas der richtige ist für ein bestimmtes Bier - für Pils, Stout, Weißbier oder IPA. Wir haben uns die wichtigsten Vertreter angesehen - vom Willibecher bis zum Craft-Bier-Verkostungsglas am Stil.

SENSORIK

Natürlich haben die Form des Glases und das Material, aus dem es besteht, Einfluss darauf, wie wir ein Bier wahrnehmen. Ein Glas steuert nämlich immer den Fluss des Bieres: je größer das Glas, desto größere, zügigere Schlucke nimmt man. Je langsamer das Bier aber fließt, desto eher haben Zunge und Nase Gelegenheit, alle Geschmackskomponenten zu erfassen. Außerdem hat ein Bier im kleinen Glas weniger Zeit, warm oder schal zu werden.

1. Faustregel: Je mehr es einem beim Trinken auf den Geschmack des Bieres ankommt, desto weniger eignet sich ein besonders großes Glas. Denn nur, wenn man kleine Schlucke nimmt, trifft das Bier die Zunge genau - und überschwemmt nicht den gesamten Mundraum darum herum.

2. Faustregel: Je dicker der Rand, desto länger bleibt ein Bier kalt und desto länger kann sich die wärmelösliche Kohlensäure im Bier halten. Je dünner ein Glas, desto schneller nimmt es die Wärme der Finger auf - desto weniger stört das Glas an Lippe und Zunge aber auch den Geschmackseindruck des Bieres.

3. Faustregel: Je komplexer die Aromatik eines Bieres, desto eher eignet sich ein Glas, das nach oben hin schlanker wird. Diese Form wirkt wie ein Aromakanal und hilft der Nase, etwa leichte Hopfennoten wahrzunehmen.

4. Faustregel: Je schlanker das Bier, desto schlanker auch das Glas. Aromen hingegen brauchen Platz, um sich zu entfalten.

Verkostungsgläser sollten daher immer höchstens 0,3 Liter fassen, dann behält das Bier bis zum letzten Schluck ausreichend Kohlensäure, und der Schaum ist am Ende auch noch nicht ganz verschwunden. Sie sollten einen recht dünnen Rand besitzen, mit dem schmeckt man feiner, und unten bauchig sein, dafür aber nach oben hin schlanker

BIER RICHTIG SCHMECKEN

werden. So können sich die Aromen erst entfalten und werden anschließend direkt in Richtung Nase geleitet.

Degustationsglas

Die Wärme aus den Fingern landet im Stiel, nicht im Bier. Die Aromen können sich im Bauch des Glases entfalten und werden durch die Verjüngung der Ränder oben kanalisiert. Die Farbe des Bieres lässt sich von allen Seiten begutachten – ohne dass mal ein Schluck auf der Hose landet.

IPA- und Stoutglas

Die Gläser sind sehr dünn, das lässt beim Ansetzen mehr Raum für die Aromen. Fließt das Bier beim Absetzen auf die Rillen am Fuß des Glases zurück, entsteht wieder etwas neuer Schaum, so bleiben IPA und Stout länger ansehnlich.

PRAKTIKABILITÄT UND ÄSTHETIK

Nicht aus Versehen haben sich in der Breite aber besonders robuste Glastypen durchgesetzt. In einer gut laufenden Kneipe werden die Gläser nämlich regelmäßig von Hand gespült, mitunter kommen sie sogar in die Maschine.

Sehr dünnwandige Gläser findet man in der Gastronomie selten, außer vielleicht beim Stehempfang im Nobelhotel. Viel wichtiger als eine optimale Sensorik ist in der Regel, dass ein Glas nicht vom Tablett rutscht oder vom Biergarten-Tisch kippelt.

Für ein einfaches Helles oder ein Pils ohne komplexe Hopfenaromatik eignen sich diese Gläser durchaus. Welchen der folgenden Typen man verwendet, ist eher eine Frage des persönlichen Stils, nur für Verkostungsprofis nämlich schmecken Biere in den unterschiedlichen Gläsern auch verschieden.

HIER EIN PAAR FAKTEN RUND UMS GLAS:

Glaskrug/Steinkrug

Früher wurde er hauptsächlich aus Ton und mit einem Klappdeckel als Verschluss gefertigt, seit Beginn der industriellen Glasverarbeitung findet man ihn auch in bayerischen Biergärten meist als Glaskrug.

Das Glas für den großen Durst: Die Form und Haptik keines anderen Bierglases lädt zu ähnlich großen Schlucken ein. Für süffiges, wenig aromakomplexes Bier, traditionell etwa das bayerische Helle oder Märzen.

DAS OPTIMALE VERKOSTUNGSGLAS

Geht es darum, Bier in seiner Vielfalt zu erleben, Stile zu vergleichen und Aromen bestmöglich zu erfassen, kommen Sie am Weinglas (hier das Universalglas von Zalto) nicht vorbei. Genauso wie der Römer in der Weinverkostung durch neue innovative Glasformen abgelöst wurde, empfehlen wir die Verwendung des Weinglases bei Bierverkostungen als universales Verkostungsglas.

Steinkrüge (aus Ton) sind besonders robust, eignen sich aber kaum zum Bierschmecken – man kann ja noch nicht einmal die Farbe des Bieres beurteilen. Zwei Vorteile haben sie aber: Das Bier bleibt lange kalt. Und Wespen können nicht durch Metalldeckel fliegen.

Kölsch und Alt-Stange

Rheinisches Bier wird obergärig vergoren, Schaumstabilität und Kohlensäuregehalt spielen bei Alt und Kölsch eine ungleich größere Rolle als bei den verwandten englischen Ales. In den kleinen Stangen lässt man dem Bier daher wenig Zeit abzustehen.

Klassischerweise wird Bier im Rheinland in Gläsern von 0,1 l und 0,2 l Volumen serviert.

Pilsglas/Pokal

Die klassischen Pils-Gläser unterscheiden sich in ihrer Form zwar deutlich, allen geht es aber darum, den Schaum, die sogenannte Krone, besonders gekonnt in Szene zu setzen.

Die Tulpe läuft nach oben hin zu und bildet so einen, zumindest angedeuteten, Aromakanal. Hopfige und geruchsintensive Pilsner kommen in ihr deshalb besser zur Geltung als im Pokal. Der wiederum garantiert durch seine kelchförmige Geometrie ein gutes Schaumbildungsvermögen.

Gängige Größen: 0,3 l und 0,4 l. Auch hier gilt: je kleiner das Glas, desto frischer bleibt das Bier.

Weizenglas

Ja, es gibt sie auch in 0,3-Liter-Größe, aber haben Sie schon einmal aus so einem Mini-Weißbierglas getrunken? Eben: Bayerisches Weißbier trinkt man in großen Zügen, die typischen Hefe-Aromen (Banane, Frucht) sind stark genug, sich trotzdem durchzusetzen.

Die doppelt geschwungene Wand der Gläser lässt die Kohlensäure sich besonders gut entfalten, außerdem kann sich die Schaumkrone so länger halten. Für hopfenaromatische Craft-Weizenbiere eignet sich ein Degustationsglas besser.

Willibecher

Benannt nach Willy Steinmeier, der ehemalige Vertriebsleiter bei der Ruhrglas AG erfand dieses bis heute am häufigsten hergestellte Bierglas im Jahr 1954. Für süffiges, wenig aromakomplexes Bier, etwa das Export.

Erhältlich in den Größen 0,2 l, 0,25 l, 0,3 l, 0,4 l und 0,5 l.

Weitere Gläser

Die unterschiedlichen Typen an Biergläsern sind fast so zahlreich wie die vielen Biere, die darin ausgeschenkt werden. Ob ein traditionelles Pintglas, wie es in irischen und britischen Pubs für die oft eher schaumarmen Ales verwendet wird, oder das typische ausladende Berliner-Weiße-Glas, das mit beiden Händen gehalten werden will: Zum stilechten Genuss gibt es auch immer ein passendes Glas.

GLÄSER SPÜLEN

Das Spülwasser sollte ausschließlich für die Gläser verwendet werden, Fett vom Teller ist immer schlecht für den Bierschaum – das gilt übrigens auch für Lippenstift.

Spezielle Glasspülmittel statt herkömmlicher Geschirrspülmittel verwenden.

Die Gläser unbedingt mit kaltem, klaren Wasser nachspülen, bis sich keine Reste von Spülmittel mehr in ihnen befinden.

Der Wasserfilm sollte sich um den kompletten Innenbereich des Glases legen, nur dann kann ein Bier vernünftig gezapft und eingegossen werden.

Beim Abtropfen sollte immer Luft von unten ins Glas gelangen, deshalb landen gespülte Gläser in einer anständigen Kneipe auf perforierten Edelstahlböden. Sonst entwickelt sich ein muffiger Grundgeschmack.

Genau hingucken: Ein schlecht gereinigtes Glas erkennt man daran, dass sich nach dem Einschenken Kohlensäurebläschen an der Glaswand absetzen.

BIER RICHTIG SCHMECKEN

FLASCHEN, FÄSSER, DOSEN

Durchsichtige Flaschen sind tabu, denn UV-Licht schadet jedem Bier und erzeugt einen störenden Fehlgeschmack (unter Profis auch bekannt als „Lichtgeschmack"). Wie das schmeckt, kann man testen, indem man ein Bier im Glas für eine halbe Stunde auf der Terrasse stehen lässt. In Deutschland findet man meist Mischgetränke in durchsichtigen Glasflaschen, denn bei deren - oft künstlicher - Aromenwucht und hohen Zuckeranteilen kommt es auf eine kleine geschmackliche Abweichung nicht an. Im Glas werden dann trotzdem häufig UV-Blocker verarbeitet, die erkennt man an einem leichten Grünstich der leeren Flasche.

Grüne Flaschen sind aus demselben Grund ebenfalls nicht ideal, obwohl einige bekannte Pilsner darin abgefüllt werden. Zumindest gehören auch in diese Flaschen dann UV-Blocker.

Die Farbe der Wahl ist daher immer braun - für Craft-Biere, bei denen es ja meist besonders auf den Geschmack ankommt, sowieso. Craft-Bier in durchsichtigen oder grünen Flaschen findet man aber ohnehin so gut wie nie.

Aluminiumdosen sind die sichersten Bier-Container, denn sie halten das UV-Licht komplett draußen, in ihnen lagert Bier deutlich haltbarer und aromastabiler als in Flaschen. Aus ökologischer Sicht verzichtet man trotzdem besser auf sie, für ihre Herstellung braucht es nämlich große Mengen des Aluminium-Erzes Bauxit, dessen Abbau die Umwelt nachhaltig schädigt. Außerdem verschlingt die Aluminiumproduktion viel Strom, eine einzige Aluminiumhütte in Essen etwa verbraucht so viel Energie wie alle anderen Industriewerke und Privathaushalte der Stadt zusammen. Craft-Brauer verwenden aber ohnehin so gut wie nie Dosen, denn die Abfüllung ist teuer und aufwendig.

Auch die Lagerung in Fässern ist unproblematisch, man sollte nur genügend Freunde einladen, wenn man eines öffnet. Denn danach wird das Bier nicht besser.

ZAPFEN

Craft-Biere gibt es in Deutschland immer noch fast ausschließlich aus der Flasche. Das ändert sich aber langsam, zumindest in den deutschen Großstädten gibt es schon eine ganze Reihe von Craft-Bier-Pubs, weitere werden mit Sicherheit folgen. Schließt man zuhause ein Keg vom Klein- oder Heimbrauer an den Zapfhahn, sollte man folgendes beachten:

Oxidation ist Gift fürs Bier, und beim Anstich beginnt der Countdown: Da es in einem einmal geöffneten Fass immer mit geringen Mengen an Sauerstoff in Berührung kommt, sollte dieses in maximal drei bis vier Tagen geleert werden.

Das Äußere eines Zapfhahns kommt niemals mit Bier in Berührung. Der Hahn taucht nicht ins Glas ein und wird auch nicht mit einem Lappen gereinigt, egal wie sauber der ist.

ZAPFEN STEP BY STEP:

1. Das saubere Glas direkt vor dem Zapfen mit kaltem Wasser ausspülen.

2. Das Bier im 45-Grad-Winkel ins Glas laufen lassen, wenn es entlang der Glaswand zu Boden fließt, entweicht am wenigsten Kohlensäure.

3. Ist das Glas zu zwei Drittel gefüllt, wird es für etwa 30 Sekunden abgestellt, so bleibt der Schaum anschließend stabiler.

4. Zum Schluss wird das Bier direkt von oben „nachgezapft", dabei entsteht die Schaumkrone.

Tipp: Sollten Sie einmal in die Verlegenheit kommen, morgens gleich als Erster ein Bier von der Theke zu ordern, achten Sie darauf, dass der erste halbe Liter im Ausguss landet - und nicht in Ihrem Glas. Dieser sogenannte „Nachtwächter" saß in den Stunden vorher nämlich in den Schläuchen zwischen Fass und Zapfanlage und hat dabei sicher nicht an geschmacklicher Qualität gewonnen.

FÜNF FRAGEN, FÜNF ANTWORTEN

1. Wodurch entsteht ein Hitzeschaden?

Wird Bier zu warm gelagert, verändern sich die Aromen oft ungewollt – und unappetitlich. Verantwortlich dafür sind vor allem sogenannte Carbonylverbindungen. Am Ende schmeckt das in der Regel nach Papier oder nasser Pappe. Bier deshalb immer dunkel und bei 4 bis 7 °C lagern!

2. Bei welcher Temperatur trinkt man Bier?

Grober Richtwert: 8 bis 12 °C. Richtwert des Deutschen Brauerbunds für deutsche Bierstile: 5 bis 8 °C. Unser Richtwert: Probieren Sie es aus, gerade für neue Bierstile, die Sie gerade erst entdecken. Klar ist natürlich: je wärmer das Bier, desto mehr Aromen schmeckt man. Übrigens: Große Temperaturschwankungen sind immer schlecht. Kühlen Sie ein Bier deshalb nie im Eisfach herunter, auch wenn es schnell gehen muss. Dann schon eher in der Badewanne. Die sollten Sie aber vorher mit kaltem Wasser und Eis füllen.

3. Wie lange hält Bier?

Kurze Antwort: ein halbes Jahr fast immer (hat man ein Bier auch nach sechs Monaten nicht angerührt, hat man wahrscheinlich eh einen guten Grund). Lange Antwort: Das kommt drauf an. Je mehr Hopfen und Alkohol im Bier stecken, desto länger jedenfalls. Sind durch eine besonders intensive Gärung fast alle Inhaltsstoffe der Grundzutaten umgewandelt – enthält das Bier im Umkehrschluss also nicht mehr viele organische Stoffe, die verderben können – bleibt es auch schon einmal Jahrzehnte lang trinkbar. Eine echte Berliner Weiße (mit obergärigen Hefen, Brettanomyces-Hefen und Milchsäurebakterien vergoren) kann man mitunter auch nach 50 Jahren noch trinken – manch ein Berliner Brauer behauptet sogar, dass sie dadurch eine noch komplexere Aromatik entwickelt.

4. Wie entsteht Bierschaum?

Während der Gärung entsteht Kohlensäure. Die bleibt in Flasche oder Fass gefangen, schenkt oder zapft man Bier aber ins Glas, steigt sie auf. Dabei treibt sie winzige Rückstände der Brauzutaten nach oben, alles zusammen bildet den Schaum. Deshalb werden manche Stouts mit Haferflocken gebraut, deren hoher Beta-Glucan- und Proteingehalt machen den Stout-Schaum so cremig und dicht.

5. Braucht ein gutes Pils wirklich sieben Minuten?

Wenn Sie Ihr Bier gerne schal trinken – definitiv. Ansonsten gilt ab sofort die Drei-Minuten-Regel: Jedes Bier sollte spätestens drei Minuten nach dem Anzapfen getrunken werden, sonst entweicht zu viel Kohlensäure, das Bier wird langsam warm – und ist nicht mehr frisch.

RÜDIGER GALM / (Jahrgang 1970)

stammt aus einer Winzerfamilie, entschied sich selbst aber fürs Bier. Er studierte Getränketechnologie in Geisenheim/Hessen, in der Versuchsbrauerei der Fachhochschule braute er seinen ersten Sud. Später arbeitete er vor allem an flaschenfertigen Radlermixen und Biermischgetränken – für nahezu alle großen deutschen Brauereien. Seit 2008 entwickelt er als Leiter eines Teams aus Braumeistern, Biersommeliers und Getränketechnologen neue Produkte für die schweizerische Brauerei Feldschlösschen.

DEGUSTATIONSGLAS

BELGISCHES GLAS

PILSGLAS

PILSTULPE

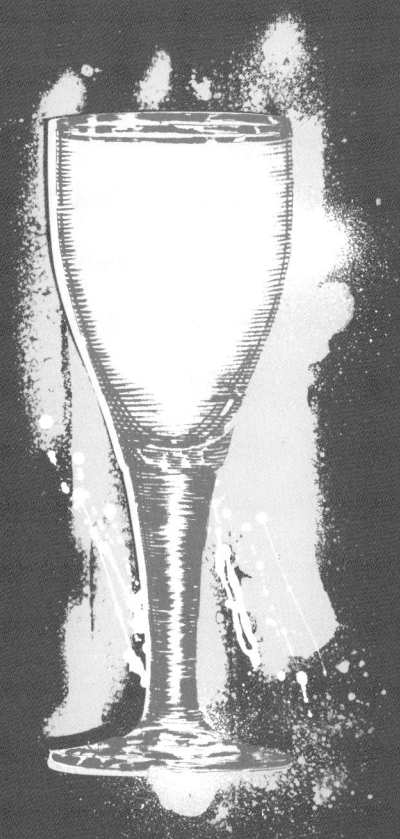

BOCKPOKAL

BERLINER WEISSE

IPA-GLAS

Das Glas zu jedem Bierstil

WEIZENBIERGLAS

KÖLSCHSTANGE

BIERSEIDEL

WILLIBECHER

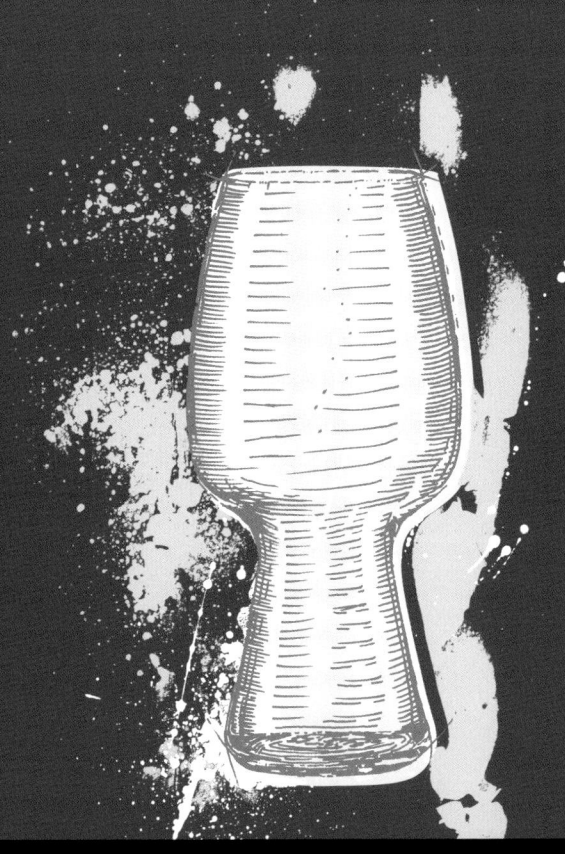

STOUTGLAS

KUGELMASSKRUG

PINTGLAS

ALTBIERGLAS

CRAFT-
KNOW-

TEIL 3 / PRAXIS

BIER-
HOW

BRAU ES DIR SELBST

BRAU-ANLEITUNG

CHECKLISTE BIERVERKOSTUNG

DIE TAGE VORHER

Überlegen Sie, worauf Sie den Schwerpunkt setzen wollen:

A/ Interessieren Sie sich für die Unterschiede zwischen den einzelnen Bierstilen? Dann verkosten Sie am besten jeweils einen oder zwei Vertreter eines Bierstils, zum Beispiel ein Pils, ein Pale Ale, ein Imperial Stout, ein helles Weizenbier, ein Lambic und ein Schwarzbier.

B/ Wollen Sie sich lieber auf die feinen Unterschiede innerhalb eines Bierstils konzentrieren, dann verkosten Sie am besten mehrere Biere desselben Stils, zum Beispiel sieben IPAs. In beiden Fällen sollten Sie jedenfalls mit der Anzahl nicht übertreiben. Das Verkosten von mehr als sieben Bieren könnte sonst schnell außer Kontrolle geraten.

Einigen Sie sich noch darauf, ob Sie beim Verkosten mit offenen Karten spielen wollen, oder die Biere lieber blind probieren. Für die Blindverkostung ist natürlich ein wenig eingebildetes oder tatsächliches Fachwissen von Vorteil. Um Bierstile kennenzulernen, sollte man sich also besser mit einer offenen Verkostung an das Thema herantasten und natürlich zu Studienzwecken unser Buch daneben legen.

DAS BIER

Wer nicht die Bierfässer nach Hause rollen möchte, kauft Bier in Flaschen. Und wer das bestmögliche Geruchs- und Geschmackserlebnis haben möchte, kauft Bier in braunen Flaschen, das im Laden möglichst dunkel und kühl gelagert wurde. Da Bestandteile des Hopfens sich unter UV-Strahlung in Schwefelverbindungen umwandeln, können Biere einen sogenannten Lichtgeschmack entwickeln, auf Englisch auch als „skunked beer" (skunk = Stinktier) bezeichnet. Braunes Glas hält einen großen Teil der Strahlung ab und das Stinktier im Zaum.

!/ Schwankende Temperaturen wirken sich ebenfalls negativ auf das Bieraroma aus. Das Bier also möglichst zügig nach Hause transportieren und an einem kühlen, dunklen Ort bei 4 bis 7 °C lagern. Am Abend vor der Verkostung im Kühlschrank kalt stellen.

!/ Denken Sie auch daran, ein „Pegelbier" zu kaufen, das alle gemeinsam begutachten, trinken und offen diskutieren. So kann man am besten die eigene Wahrnehmung und Vorstellung mit denen der Bierbuddys abgleichen. Als „Pegelbier" eignet sich ein einfaches Bier aus der Region, das sich gut trinken und, noch besser, klar einordnen lässt

VERKOSTUNGSBOGEN

FAKTEN

VERKOSTUNGSBOGEN VON

VERKOSTET WURDEN   BIERE / AM

BIERNAME (ODER NUMMER)

BIERSTIL   ALKOHOLHGEHALT   % VOL.   IBU:

BEURTEILUNG

Optische und sensorische Beurteilung auf einer Skala von 0 bis 5:
0= nicht vorhanden; 5 = stark ausgeprägt (siehe Beispiel)

SCHAUM:

FARBE:

KLARHEIT:

ANMERKUNGEN
(z. B. Fehler, Besonderheiten etc.)

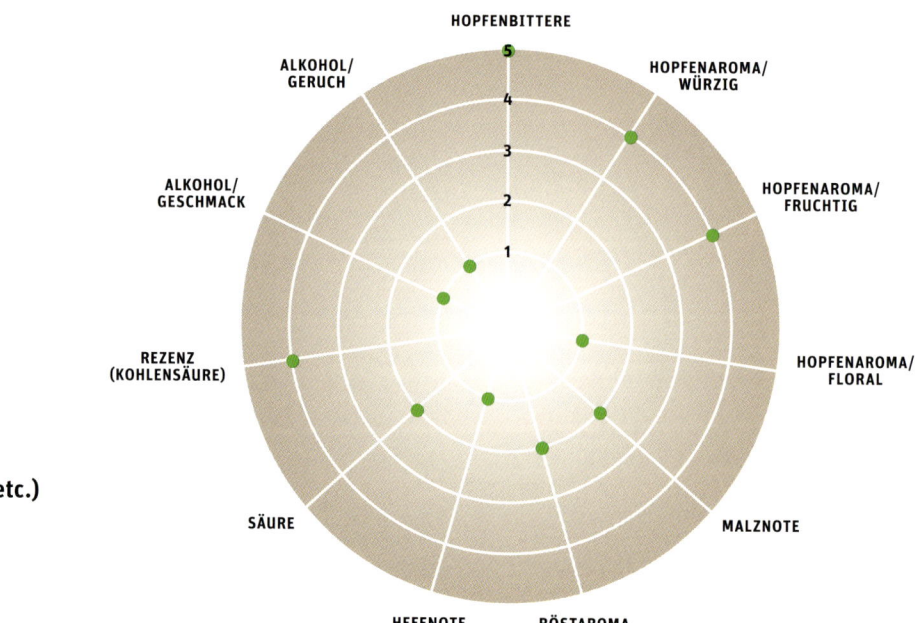

Unser Beispielbier hat eine stark ausgeprägte Hopfenbittere. Das Hopfenaroma ist würzig und fruchtig,
mit schwachen floralen Noten und leichten Malz- sowie Röstnoten. Das Hefearoma ist nur sehr schwach ausgeprägt.
Die leichte Säure wird von der ausgeprägten Rezenz betont, Alkoholgeschmack und -geruch sind kaum vorhanden.

VERKOSTUNGSABEND

1/ Stellen Sie ausreichend Verkostungsgläser bereit, dies können Weißweingläser sein, oder Sie bitten die geladenen Biertrinker um Spülbeistand. Über das ideale Verkostungsglas können Sie mehr in unserem Sensorik-Kapitel lesen.

!/ Verschmutzte Gläser mit Glasspülmittel spülen und mit kaltem, klaren Wasser nachspülen. Abtrocknen ist nicht nötig.

2/ Diagramm bereitlegen und die Verkostungsreihenfolge festlegen. Fangen Sie mit den Bieren mit niedrigen Alkoholgehalten und niedrigen Bittereinheiten an.

3/ Und (fast) das Wichtigste: die Biere bereitstellen.

4/ Kontrollieren Sie vor dem Eingießen, ob sich der Wasserfilm um den kompletten Innenbereich des Glases gelegt hat, damit das Bier vernünftig eingegossen werden kann, ansonsten nochmals nachspülen.

5/ Das Bier gleichmäßig einschenken, sodass man mindestens zwei volle Schlucke nehmen kann. Markieren Sie bei der Blindverkostung die Gläser, sodass später die Biere zweifelsfrei zugeordnet werden können.

Neben dem Geruch und Geschmack ist auch die Beurteilung des Bierschaums, also Volumen, Stabilität und Größe der Luftbläschen, ein Beurteilungskriterium. Da aber für gewöhnlich einige Minuten vergehen, bis auch das letzte Glas eingeschenkt wurde – der Erste in der Testreihe also Biere vor sich stehen hat, in denen der Schaum schon etwas zusammengesackt ist, während der Letzte sich noch an seiner majestätischen Schaumkrone erfreut – braucht es noch ein „Schaumbier". Dazu schenken Sie als letzte Amtshandlung das jeweils zu verkostende Bier in ein separates „Anschauungsglas" ein. Und zwar nicht irgendwie, sondern möglichst mit der gleichen „Einschenktechnik" und auch im gleichen „Einschenkwinkel".

6/ Die Biere „rückverkosten". Die Bitterstoffe reichern sich beim Trinken im Gaumen an. Wenn Sie jedes Bier nur einmal trinken würden, würde Ihnen also das erste wahrscheinlich sehr viel milder vorkommen als das letzte Bier. Am besten probieren Sie die Biere einmal durch und notieren die ersten spontanen Eindrücke auf Ihrem Diagramm. Dann verkosten Sie sie erneut in einer anderen Reihenfolge. Während die Biere langsam Zimmertemperatur annehmen, intensiviert sich auch ihr Aroma. Ergänzen Sie Ihre Beobachtungen auf Ihrem Diagramm.

7/ Und jetzt kommt es (fast) zum schönsten Teil: Diskutieren Sie Ihre Ergebnisse und vergessen Sie nicht: Derjenige, der am lautesten schreit, hat nicht immer recht!

Die Vorlage für ihren Verkostungsbogen finden Sie unter: www.tretorri.de/downloads/craft-bier

Was der Craft-Brauer so braucht

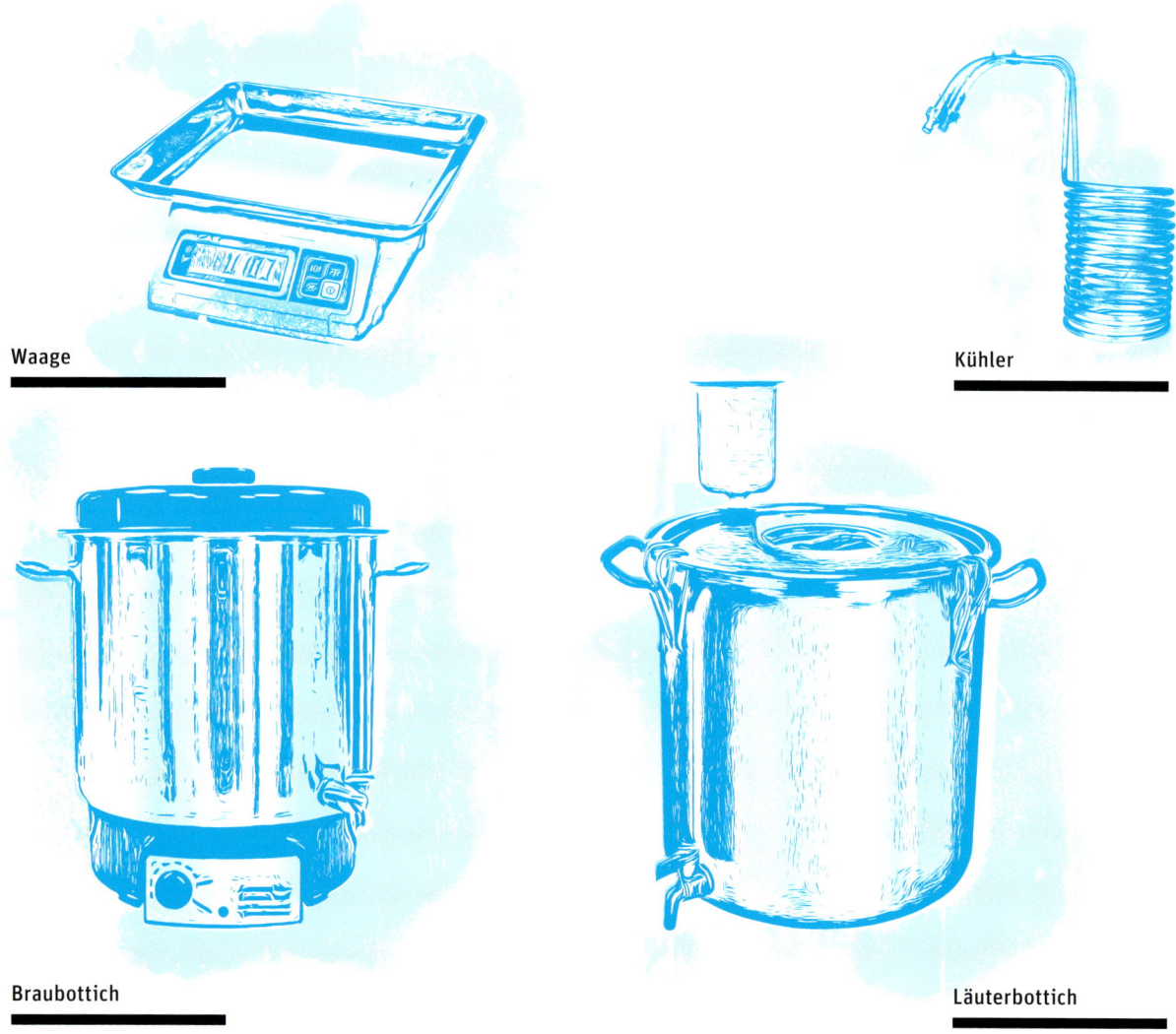

Waage

Kühler

Braubottich

Läuterbottich

Flaschen

Thermometer

Schöpfkelle

Spindel + Zylinder

Malzmühle

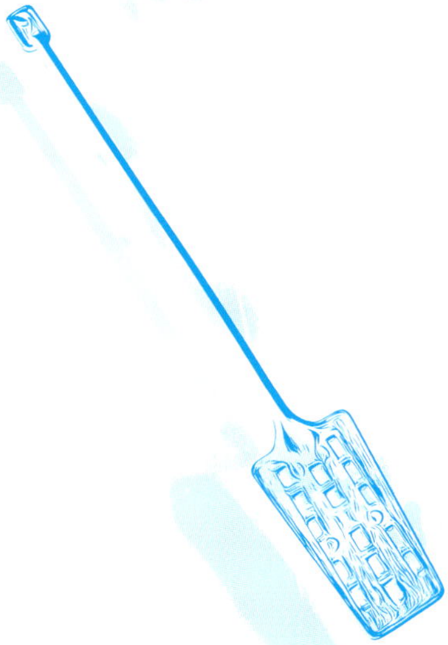

Braupaddel

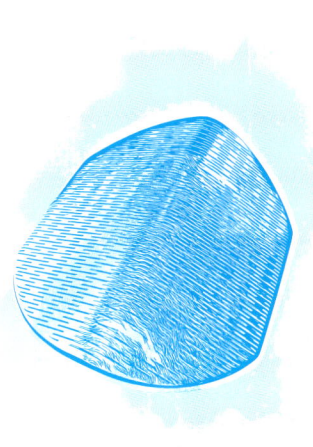

Läutersieb

Fass

Stefan Weihs schaut nach,
wie viel flüssige Würze noch
im Läuterbottich steckt, und
wie viel schon wieder im
Braubottich gelandet ist

BRAUANLEITUNG

Brauen ist wie Kochen

Wer behauptet, er habe kein Talent dafür, hat es wahrscheinlich noch nie probiert. Es kommt auf nichts so sehr an, wie auf die Qualität der Zutaten (und beim Brauen tatsächlich noch einen Tick mehr aufs genaue Abwiegen dieser Zutaten). Ach so – und je größer der Topf, desto mehr Spaß macht es, darin herumzurühren.

Und weil beispielsweise ein 30-Liter-Topf für den Anfang schon mal eine ganze Menge Spaß verspricht, sind die folgende Brauanleitung und ihre konkreten Brau-Schritte auf eine Einsteiger-Anlage geeicht – also auf einen 30-Liter-Einkochtopf, einen kombinierten 30-Liter-Sieb-bottich/-Gärbottich, und auf allerlei Kleinkram drumherum. Doch auch wer sich für eine individuelle Technik entscheidet (vielleicht einen alten Wurstkessel zum Brau-bottich umrüstet und die Gerste später per Bettlaken aus dem Brauwasser fischt), kann auf den nächsten Seiten mehr als nur dem Prinzip nach lernen, wie es funktioniert, das Bierbrauen.

Ein Hinweis noch: Wer sich gerne ab und an einen Fisch angelt, muss dabei noch lange nicht „Petri Heil" rufen, und wer sein eigenes Bier braut, schafft auch das ganz gut ohne Brauer-Latein. Worte wie „Grünschlauchen", „Anschwänzen" oder „Vorderwürze" werden Sie in dieser Anleitung jedenfalls nicht finden. Die wichtigsten dieser Begriffe werden zwar im Brauer-Latein erklärt, ansonsten heißt „heißes Wasser nachgießen" in diesem Buch aber einfach „heißes Wasser nachgießen" und „Hopfen in die Würze werfen" eben „Hopfen in die Würze werfen". Denn was dem Suppenkoch an Vokabular genügt, damit sollte der (Hobby-)Bierbrauer auch auskommen. Einzig Begriffe, die vermutlich jeder schon einmal gehört hat und ohne die man Bier schlicht nicht erklären kann (wie „Würze", „Treber" oder „Maische"), erläutern wir kurz zu Beginn des jeweiligen Unterkapitels. Denn selbst ein Suppenkoch muss schließlich manchmal „Brühe" sagen.

Okay, bevor wir uns wiederholen: Nur Mut und viel Freude mit Ihrem ersten selbstgebrauten Bier!

DIE KBW-BRAUER / Florian Brenner (kariertes Hemd: 28, Chemie-Doktorand), Stefan Weihs (rot: 27, Jurist) und Benjamin Kopriva (blau: 28, angehender Steuerberater). Die drei sind Hobbybrauer, ziemlich weit fortgeschrittene allerdings. Aus einem sehr dunklen, sehr röstaromatischen Sud haben sie bereits ihren ersten Whisky brennen lassen. Bisher brauten sie im Innenhof im achten Bezirk Wiens. Jetzt haben sie ihre selbstgebaute 100-Liter-Anlage aber ins niederösterreichische Krems an der Donau umziehen lassen.

Schroten: Die Mahl-
werke der meisten
Malzmühlen kann
man statt mit einer
Handkurbel auch mit
einem Akkuschrauber
in Gang setzen

Die Jodprobe als
Nachweis für den
Stärkeabbau

Fast die ganze Würze
ist abgelaufen, der
Treber bleibt zurück
im Lauterbottich

Regelmäßiges Rühren führt zu einer gleichmäßigen Temperaturverteilung und damit zur optimalen Enzymtätigkeit. Außerdem verhindert es das Anbrennen vom Malz

Läutern

Messung des Extraktgehalts mit einer Bierspindel

Hopfenzugabe

Anschluss des Plattenkühlers zwischen Sudkessel und Gärbottich zum Herunterkühlen der Würze

Der sogenannte Whirlpool – die Würze wird in einen Strudel versetzt, sodass sich am Ende der Hopfen am Boden des Sudkessels absetzt

Bei der Reinigung der Flaschen auf fettlösliche Reinigungsmittel verzichten. Sie machen den Schaum zunichte

Ohne Worte

BRAUANLEITUNG

DAUER BRAUEN: 6 BIS 9 STUNDEN
DAUER GÄRUNG UND REIFUNG: 3 BIS 12 WOCHEN

1. Vorbereiten
2. Maischen
3. Läutern
4. Hopfenkochen
5. Hauptgärung
6. Abfüllen

THEORIE

PRAXIS

VORBEREITEN

DAS EINZIG WAHRE REINHEITSGEBOT

BAKTERIEN UND WILDE HEFEN SIND DIE NATÜRLICHEN FEINDE DES BIERES (MIT AUSNAHMEN WIE BEIM LAMBIC). MIT DEN FOLGENDEN MITTELCHEN HALTEN SIE IHREN SUD REIN – UND VOR ALLEM IHRE NERVEN STABIL:

HEISSES WASSER

Die meisten Bakterien, Hefen und Sporen sterben bei einer Temperatur von mehr als 60 °C. Deshalb: Vor und nach dem Brauen Töpfe, Abflusshähne, Löffel, Kellen immer wieder mit kochend heißem Wasser reinigen. Vorsicht mit den Bierflaschen: Egal, ob Sie diese auskochen oder „ausbacken" (bei 150 °C), geben Sie sie vor dem Aufheizen ins kalte Wasser oder in den kalten Ofen. Sonst zerhaut es Ihnen das Glas.

SODA

Finger weg vom Spülmittel! Reste von fetthaltigen Reinigern in den Töpfen zerstören Ihnen erst die Oberflächenspannung des Wassers und später den Bierschaum. Besser geeignet: Sodapulver. 2 Esslöffel mit warmem Wasser mischen und Töpfe damit auswaschen (nicht einatmen, Handschuhe tragen, gut nachspülen). 500 Gramm gibt es bereits für kleines Geld im Drogerie- oder Supermarkt.

ZITRONENSÄURE

Zum Entkalken der Töpfe verwenden Sie am besten Zitronensäure. Mischen Sie die Säure mit warmem Wasser. Oft reicht es, wenn Sie den Stahl mit einem Schwamm abwischen. Sitzt die Verschmutzung fester, kochen Sie den Topf mit der Säure aus (und anschließend in jedem Fall immer gut nachspülen!).

ALKOHOL

So gut Sie Ihre Geräte auch reinigen, vor dem Brauen müssen Sie die gesamte Anlage desinfizieren. Das Risiko, sich den Sud zu verderben, ist sonst zu groß – und der Aufwand überschaubar: Verdünnen Sie Isopropanol oder aber Ethanol (beides erhältlich in Apotheken) mit Leitungswasser auf etwa 70 bis 80 Prozent, füllen Sie es in einen Zerstäuber, und sprühen Sie Ihr Equipment damit ein. Spülen Sie danach alles mit abgekochtem Wasser ab.

MAISCHEN

BRAUER-LATEIN

MALZ
Angekeimtes und getrocknetes (gedarrtes) Getreidekorn (in der Regel: Gerstenkorn)

MAISCHE
Mischung aus Wasser und geschrotetem Malz

WÜRZE
Flüssiger Teil der Maische (Wasser und gelöste, nichtflüchtige Stoffe aus Malz und Hopfen)

RAST
Zeit, während derer die Maische auf einer bestimmten Temperatur konstant gehalten wird. In Abhängigkeit der jeweiligen Enzyme gibt es unterschiedliche Raststufen mit unterschiedlichen Temperaturen

MALTOSE
Vergärbarer Malzzucker

DEXTRIN
Unvergärbarer Zucker

PROTEASE
Enzym, das Protein abbaut; von besonderer Bedeutung während der Eiweißrast

ALPHA-AMYLASE
Im Malz enthaltenes Enzym, das Stärke vorwiegend in Dextrine spaltet

BETA-AMYLASE
Enzym, das Stärke in Maltose umwandelt

EINMAISCHEN
Malzschrot ins warme Brauwasser rühren, um die nicht-flüchtigen Stoffe aus dem Malz zu lösen

ROHGETREIDE/ROHFRUCHT
Unvermälztes Getreide (wie zum Beispiel Reis und Mais), das mit dem meist wesentlich teureren Malz vermischt wird; abbauende Enzyme stammen dabei aus dem Malz

JODPROBE
Test zum Stärkenachweis

OHNE ZUCKER GÄRT NICHTS!

So einfach ist das. Erst Zucker wird nämlich durch die Hefe in Alkohol und Kohlenstoffdioxid umgewandelt. Wollten wir also nicht Bier brauen, sondern Kirschwein keltern, bräuchten wir unsere Weinhefe nun einfach nur in den süßen Kirschsaft zu werfen und ein paar Wochen lang abzuwarten. Weil aber in Gerstenkörnern (oder in Weizenkörnern oder in Roggenkörnern oder in irgendwelchen anderen Getreidekörnern) Zucker in Form von Stärke steckt, ist das Brauen zwangsläufig eine ganze Ecke aufwendiger (oder sagen wir: unterhaltsamer).

In diesem ersten Brauschritt müssen wir den Enzymen im geschroteten Malz deshalb perfekte Bedingungen verschaffen, damit sie die Stärke im Getreide in Zucker umwandeln können. Die Maische wird zu diesem Zweck auf unterschiedliche Temperaturen erhitzt, auf jeder dieser Temperaturen „rastet" sie jeweils für eine bestimmte Zeit. Während der unterschiedlichen Rasten werden verschiedene Enzyme aktiv.

EIWEISSRAST
In Getreide stecken Proteine und einige davon werden beim Bierbrauen auch dringend gebraucht (sie unterstützen die Gärung und sind verantwortlich für einen stabilen, festen Bierschaum). Einige Proteine stören allerdings auch und färben das Bier zum Beispiel trübe. Bei Temperaturen zwischen 50 und 58 °C bauen bestimmte Enzyme (Proteasen) diese unerwünschten Proteine ab. Dieser Schritt ist bei den heutigen Gerstenmalzen (in dem bereits fast nur die „guten" Proteine stecken) nicht mehr ganz so entscheidend. Mitunter, etwa beim Brauen mit Weizenmalz, aber eben doch. Und schaden kann es sowieso nicht.

MALTOSERAST
Einer der, zusammen mit der Verzuckerungsrast, wichtigsten Momente beim Maischen: Bei 60 bis 68 °C wandeln Beta-Amylasen Teile der Stärke in Maltose, also in vergärbaren Malzzucker um. Man kann den Enzymen regelrecht dabei zugucken – die Würze wird während dieser Rast nämlich immer klarer.

VERZUCKERUNGSRAST
Chemisch (fast) derselbe Vorgang wie die Maltoserast, brautechnisch aber (fast) das glatte Gegenteil: Hat die Würze eine Temperatur von 68 bis 76 °C erreicht, übernehmen die Alpha-Amylasen. Sie erzeugen vorwiegend das sogenannte Dextrin, das von den Hefezellen nicht vergoren werden kann und im Bier verbleibt. Der Anteil an Dextrinen beeinflusst die Vollmundigkeit sowie die Höhe des Stammwürzegehalts.

GRUNDSÄTZLICH GILT
Je mehr Maltose beim Maischen erzeugt wird, desto mehr Alkohol kann später entstehen, desto schlanker und geschmackloser gerät aber auch das Bier. Viel Dextrin bedeutet dagegen: Das Bier schmeckt am Ende süffiger, vollmundiger – und natürlich süßer.

KOMBINATIONSRAST
Viele amerikanische Craft-Beer-Rezepte verzichten komplett auf den gezielten Proteinabbau und setzen nur auf eine einzige Rast, während derer dann beide Verzuckerungen parallel (wenn auch weniger kontrolliert) ablaufen. Das funktioniert im Grenztemperaturbereich von etwa 62 bis 74 °C, wenn beide Amylase-Typen (je nach angestrebtem Biertyp mehr oder weniger) aktiv sind.

MAISCHEN

DAUER: 1,5 BIS 2 STUNDEN

TIPP

Beim Maischen (genau wie später beim Hopfenkochen) verdampft eine ganze Menge Wasser. Bauen Sie Ihre Brau-Anlage deshalb an einem Ort auf, an dem der Dampf nicht gleich auf direktem Weg in die Holzdecke oder in die Raufasertapete steigt (am Fenster, im Hobbykeller, unter einem kräftigen Abzug, im Freien…)!

HARDWARE

Großer Kochlöffel
Thermometer
Kaliumjodidlösung
Teelöffel
Weißer Teller

ZUTATEN

Geschrotetes Malz
Brauwasser

EINMAISCHEN

1/ Stellen Sie den Einkochtopf auf einen Tisch, der groß genug ist, dass auch der Siebbottich dort später noch Platz finden kann.

2/ Füllen Sie das Brauwasser in den Einkochtopf, und heizen Sie es auf etwa 5 °C mehr als die im Rezept angegebene Einmaischtemperatur auf. Bei den meisten Einkochtöpfen lässt sich der gewünschte Wert ganz einfach per Drehschalter einstellen, ein integriertes Thermometer misst dann die Wassertemperatur, und ein kleines Lämpchen schaltet sich ein (oder aus), sobald der Wert erreicht ist. Weil das zwar bequem ist, die Messungen mancher Einkochtopf-Modelle aber vollkommen danebengehen, müssen Sie die Temperatur im Topf mit einem separaten Brauthermometer kontrollieren. Und zwar ab jetzt immer und jedes einzelne Mal, wenn es in dieser Anleitung um Temperaturangaben geht.

3/ Schütten Sie das gesamte geschrotete Malz ins warme Brauwasser. Je nach Rezept können das unterschiedliche Sorten sein, etwa Pilsner Malz, Münchner Malz, Caramalz oder Weizenmalz.

4/ Rühren Sie das Malz mit dem Kochlöffel so lange ins Wasser ein, bis sich auch die letzten Malzklumpen aufgelöst haben. Durch das im Verhältnis zum Wasser kühlere Malz senkt sich die Temperatur im Topf dabei automatisch um etwa 5 °C, also auf die eigentliche Einmaischtemperatur. ▼

ROHFRUCHT
Mitunter kommt in diesem Schritt zusätzlich zum Malz auch sogenannte Rohfrucht (ungemälztes Getreide) zum Einsatz, also ins Brauwasser. Das Verhältnis ist im Rezept dann jeweils so angelegt, dass die Malzenzyme mengenmäßig ausreichen, um auch die Stärke des ungemälzten Getreides umzuwandeln. Rohfrucht wird immer dann eingesetzt, wenn sich ein bestimmter Effekt mit ihr besser erzielen lässt als mit Malz. So verleihen Haferflocken etwa dunklen und mächtigen irischen Stouts wie dem Guinness ihren typischen, sehr stabilen und cremigen Schaum.

MAISCHEN

1/ Halten Sie die Einmaischtemperatur für bestimmte Zeit (in der Regel: 10 bis 20 Minuten) konstant.

2/ Heizen Sie die Maische auf die Temperatur der ersten Rast auf. Rühren Sie die Maische dabei regelmäßig und in kurzen Abständen um, damit das Getreideschrot nicht am Boden anbrennen kann.

3/ Zeigt Ihr Brauthermometer an, dass die anvisierte Temperatur erreicht ist, beginnt die erste Rast. Halten Sie die Temperatur auf dieser Stufe wieder für bestimmte Zeit konstant. Wiederholen Sie den Vorgang dann, je nach Rezept, ein paar Mal. Sieht das Rezept eine Kombinationsrast vor, erhitzen Sie dementsprechend nur auf eine Rast-Stufe. Ach so, und bitte das Rühren nicht vergessen!

4/ Überprüfen Sie mit einer Jodprobe (siehe Kasten), ob die gesamte Stärke umgewandelt worden ist.

5/ War die Jodprobe erfolgreich, erhitzen Sie die Maische ein letztes Mal, und zwar auf 78 °C, die Temperatur der Endverzuckerung (bei der auch alle Enzyme inaktiv werden). Halten Sie diese für etwa 15 Minuten.

JODPROBE

1/ Träufeln Sie ein wenig flüssige Maische per Teelöffel auf einen weißen Teller, geben Sie ein oder zwei Tropfen Kaliumjodidlösung dazu und vermischen Sie beides mit dem Löffel.

2/ Behält die Maische dabei ihre ursprüngliche, wässrig-goldene Farbe, war das Maischen erfolgreich. Verfärbt die Maische sich blau oder violett, hat etwas nicht funktioniert, es steckt also noch Stärke in der Maische. Dann halten Sie die Temperatur auf der letzten Raststufe konstant und wiederholen die Jodprobe etwa alle zehn Minuten.

3/ Bleibt das Ergebnis der Jodprobe auf Dauer negativ (was nicht sehr wahrscheinlich ist, mitunter aber vorkommen kann – etwa, wenn das Malz sehr lange unverpackt lagerte und dadurch seine enzymatischen Eigenschaften verloren hat), haben Sie leider keine Wahl: Alles wegkippen (besser: an die Schweine verfüttern) – und mit frischem Malz noch einmal von vorne beginnen.

LÄUTERN

BRAUER-LATEIN

LÄUTERN
Trennen der festen von den flüssigen
Teilen der Maische

TREBER
ungelöste Teile der Maische (ausgewaschenes Malz,
denaturierte Proteine)

EXTRAKTGEHALT
Anteil der gelösten Stoffe aus dem
Malz an der Würze

BIERSPINDEL
Messgerät zur Bestimmung des Extraktgehalts

GRAD PLATO (°P)
Einheit des Extraktgehalts

STAMMWÜRZE
finaler Extraktgehalt nach dem Hopfenkochen

NACHGUSS
78 °C heißes Wasser, das beim Läutern
zusätzlich zur Würze durch den ausgespülten
Treber sickert

NACH DEM MAISCHEN

Nach dem Maischen werden die festen Getreidebestandteile (der Treber) vom flüssigen Rest (der Würze) getrennt. Wir wollen schließlich Bier brauen und kein Brot backen – und eine vergorene Getreidesuppe löffeln, das wollen wir schon gar nicht.

Geschmacklich und enzymatisch hat das Malz seinen Job nun sowieso getan, es spielt fürs Brauen keine Rolle mehr, denn idealerweise sind nun fast alle Aromastoffe und der gesamte Zucker gelöst (also flüssig). Abhängig davon, wie hoch der Anteil dieser gelösten Stoffe (vor allem Zucker, aber auch Aminosäuren, Enzyme, Vitamine und Mineralstoffe) an der Gesamtwürze ausfällt, wird sich auch der Charakter des fertigen Bieres verändern, die Faustregel (wenig überraschend): je höher der Zuckeranteil, desto alkoholstärker am Ende auch das Bier.

Bestimmt wird dieser sogenannte Extraktgehalt mit einer Bierspindel. Dieses schlanke, gläserne Messinstrument ist am Kopf beschwert und sinkt mehr oder weniger tief in die Würze ein, abhängig von deren Dichte und Viskosität.

Praktischerweise lässt sich der Extraktgehalt dabei einfach an einer Skala ablesen, die außen auf der Spindel aufgedruckt ist. Die Einheit des Extraktgehalts heißt Grad Plato (°P) und beschreibt die Massendichte von Würze und Bier (12,5 °P entsprechen etwa einer Dichte von 1050 kg/m³).

Während des Brauens sollte man den Extraktgehalt immer wieder messen, damit man bei Abweichungen reagieren kann und am Ende die richtige Stammwürze (der finale Extraktgehalt) herauskommt. Echte Profis führen außerdem gewissenhaft Protokoll über alle Messwerte und profitieren bei späteren Braugängen vom eigenen Datenschatz.

LÄUTERN

DAUER: 1,5 BIS 2 STUNDEN

HARDWARE

Einkochtopf (mit Maische)
Siebbottich (mit Lochsieb)
Schlauch aus lebensmittelechtem Plastik
Kochtopf (für Aufheizen des Nachgusses)
2 große Gefäße mit Henkel
(zum Beispiel 1-Liter-Messbecher)
Schöpfkelle
Bierspindel
Messzylinder
Thermometer

UMHEBEN DER MAISCHE

1/ Stellen Sie den Siebbottich (mit eingesetztem Lochsieb) direkt neben den Einkochtopf (mit der Maische darin) auf den Tisch. Achten Sie darauf, dass der Siebbottich so ausgerichtet ist, dass Sie die flüssige Würze später über Ablaufhahn und Schlauch bequem wieder zurück in den ausgespülten Einkochtopf laufen lassen können (den sie dann natürlich vom Tisch auf den Boden stellen).

2/ Schütten Sie so viel 78 °C heißes Wasser in den Siebbottich, dass das Sieb gerade eben bedeckt ist.

3/ Schöpfen Sie die gesamte Maische (also Treber und Würze gleichermaßen) mit einem großen Kochlöffel aus dem Einkochtopf in den Siebbottich. Tun Sie das relativ behutsam, dann kommt der Treber rascher zur Ruhe – und die ganz große Sauerei bleibt vielleicht auch aus.

4/ Haben Sie die gesamte Maische umgeschöpft, setzen Sie den Deckel auf den Siebbottich. Jetzt darf der Treber etwa 15 Minuten lang auf den Siebboden sinken und dort zur Ruhe kommen.

5/ Sie selbst kommen aber bitte nicht zur Ruhe, sondern nutzen die Zeit, um den Einkochtopf gründlich mit heißem Wasser auszuspülen und noch einmal Wasser für den Nachguss zu erhitzen.

LÄUTERN

1/ Öffnen Sie den Ablaufhahn des Siebbottichs, und lassen Sie die Würze ins erste der beiden Henkel-Gefäße laufen. Ist es voll, gießen Sie die trübe Würze vorsichtig zurück in den Bottich, sodass dabei so wenig Treber wie möglich aufgewirbelt wird (lassen Sie die Würze zum Beispiel langsam über den gewölbten Rücken der umgedrehten Schöpfkelle fließen). Halten Sie währenddessen das andere Gefäß unter den Hahn.

2/ Fließt die Würze irgendwann deutlich klarer und ohne allzu viele Trübstoffe aus dem Siebbottich, ziehen Sie den Schlauch über den Ablaufhahn des Siebbottichs (sodass das andere Ende auf dem Boden des Einkochtopfs aufliegt) und lassen die flüssige Würze vollständig in den Einkochtopf laufen.

3/ Ist beinahe die gesamte Würze oberhalb des Siebbodens abgeflossen (Sie sehen jetzt fast nur noch festen Treber), schütten Sie behutsam den ebenfalls 78 °C heißen Nachguss auf den Treber. Wirbeln Sie auch dabei so wenig Treber auf wie möglich (der Trick mit dem Rücken der Schöpfkelle funktioniert natürlich immer noch).

4/ Sobald etwa die Hälfte des Nachgusses durch den Treber gesickert und in den Einkochtopf gelaufen ist, messen Sie mithilfe von Bierspindel und Messzylinder zum ersten Mal den Extraktgehalt der Würze (siehe Kasten). Der gemessene Extraktgehalt sollte nach Abschluss des Läuterns etwa 1,5 °P unter der im Rezept anvisierten Stammwürze liegen (beim nächsten Brauschritt, dem Hopfenkochen, wird die Würze durch Verdampfung ja zwangsläufig noch etwas konzentriert). Ist dieser Wert bereits vor dem Durchlaufen des gesamten Nachgusses erreicht, schließen Sie den Hahn des Siebbottichs vorzeitig (das zusätzliche heiße Wasser würde die Würze sonst weiter verdünnen).

5/ Messen Sie den Extraktgehalt noch einmal, wenn der gesamte Nachguss in den Einkochtopf gelaufen ist. Fällt der Wert dann immer noch zu hoch aus, müssen Sie die Würze mit etwas zusätzlichem 78 °C heißem Wasser entsprechend verdünnen. Das funktioniert mit folgender Formel:

Verdünnungswasser (l) = Gesamtwürze (l) · (gemessener Extraktgehalt [in °P] ÷ anvisierter Extraktgehalt [in °P] − 1)

BEISPIEL
Im Einkochtopf befinden sich 27 l Würze, Sie haben einen Extraktgehalt von 12,5 °P gemessen. Nun wollen Sie aber erst nach dem Hopfenkochen bei eben diesen 12,5 °P (Stammwürze) landen, und wissen, dass sich

die Konzentration der gelösten Stoffe bis dahin noch um etwa 1,5 °P erhöhen wird. Dementsprechend wollen Sie jetzt um genau jene 1,5 °P verdünnen, also bei etwa 11 °P landen.

Dann rechnen Sie: x = 27 l · (12,5 °P ÷ 11 °P − 1).

Wenn Sie sich dann noch an die „Punkt vor Strich"-Regel erinnern, landen Sie bei etwa 3,7 l zusätzlichem Nachguss.

EXTRAKTGEHALT MESSEN

1/ Füllen Sie einen Messzylinder zu einem guten Drittel mit Würze.

2/ Lassen Sie die Bierspindel behutsam in den Messzylinder gleiten, drehen Sie sie an, dass Sie erst leicht rotiert, und warten Sie dann, bis sie sich nicht mehr bewegt und ruhig in der Würze steht.

3/ Lesen Sie den Wert von der Skala auf der Außenwand der Bierspindel ab (genau dort, wo die Spindel den Würzepegel schneidet).

4/ Messen Sie die Temperatur der Würze im Messzylinder. Entspricht Sie dem Eichwert der Spindel (steht auf der Spindel, in der Regel 20 °C) sind der gemessene Wert und der Extraktgehalt der Würze identisch. Messen Sie eine andere Temperatur (was Sie logischerweise fast immer tun werden, beim Brauen geht es ja durchweg deutlich heißer zu), rechnen Sie den Wert um, und zwar mithilfe unserer Tabelle oder eines Online-Rechners (etwa www.fabier.de/biercalcs.html).

LÄUTERN

0 °C	5 °C	7 °C	10 °C	12 °C	14 °C	16 °C	18 °C	20 °C	22 °C	24 °C	26 °C	28 °C	30 °C
0,4	0,5	0,5	0,4	0,3	0,3	0,2	0,1	0,0	-0,1	-0,2	-0,4	-0,5	-0,7
1,5	1,5	1,5	1,4	1,3	1,3	1,2	1,1	1,0	0,9	0,8	0,6	0,5	0,3
2,0	2,0	2,0	1,9	1,8	1,8	1,7	1,6	1,5	1,4	1,3	1,1	1,0	0,8
2,5	2,5	2,5	2,4	2,3	2,3	2,2	2,1	2,0	1,9	1,8	1,6	1,5	1,3
2,7	2,7	2,7	2,6	2,6	2,5	2,4	2,3	2,2	2,1	2,0	1,8	1,7	1,5
2,9	2,9	2,9	2,8	2,8	2,7	2,6	2,5	2,4	2,3	2,2	2,0	1,9	1,7
3,1	3,1	3,1	3,0	3,0	2,9	2,8	2,7	2,6	2,5	2,4	2,2	2,1	1,9
3,3	3,3	3,3	3,2	3,2	3,1	3,0	2,9	2,8	2,7	2,6	2,4	2,3	2,1
3,5	3,5	3,5	3,4	3,4	3,3	3,2	3,1	3,0	2,9	2,8	2,6	2,5	2,3
3,8	3,7	3,7	3,7	3,6	3,5	3,4	3,3	3,2	3,1	3,0	2,8	2,7	2,5
4,0	3,9	3,9	3,9	3,8	3,7	3,6	3,5	3,4	3,3	3,2	3,0	2,9	2,7
4,2	4,1	4,1	4,1	4,0	3,9	3,8	3,7	3,6	3,5	3,4	3,2	3,1	2,9
4,4	4,3	4,3	4,3	4,2	4,1	4,0	3,9	3,8	3,7	3,6	3,4	3,3	3,1
4,6	4,5	4,5	4,5	4,4	4,3	4,2	4,1	4,0	3,9	3,8	3,6	3,5	3,3
4,8	4,7	4,7	4,7	4,6	4,5	4,4	4,3	4,2	4,1	4,0	3,8	3,7	3,5
5,0	4,9	4,9	4,9	4,8	4,7	4,6	4,5	4,4	4,3	4,2	4,0	3,9	3,7
5,2	5,1	5,1	5,1	5,0	4,9	4,8	4,7	4,6	4,5	4,4	4,2	4,1	3,9
5,4	5,3	5,3	5,3	5,2	5,1	5,0	4,9	4,8	4,7	4,6	4,4	4,3	4,1
5,6	5,5	5,5	5,5	5,4	5,3	5,2	5,1	5,0	4,9	4,8	4,6	4,5	4,3
6,1	6,1	6,1	6,0	5,9	5,8	5,7	5,6	5,5	5,4	5,3	5,1	5,0	4,8
6,7	6,6	6,6	6,5	6,4	6,3	6,2	6,1	6,0	5,9	5,8	5,6	5,5	5,3
7,2	7,1	7,1	7,0	6,9	6,8	6,7	6,6	6,5	6,4	6,3	6,1	6,0	5,8
7,7	7,6	7,6	7,5	7,4	7,3	7,2	7,1	7,0	6,9	6,8	6,6	6,5	6,3
8,2	8,1	8,1	8,0	7,9	7,8	7,7	7,6	7,5	7,4	7,3	7,1	7,0	6,8
8,7	8,6	8,6	8,5	8,4	8,3	8,2	8,1	8,0	7,9	7,8	7,6	7,5	7,3
9,2	9,1	9,1	9,0	8,9	8,8	8,7	8,6	8,5	8,4	8,3	8,1	8,0	7,8
9,8	9,6	9,6	9,5	9,4	9,3	9,2	9,1	9,0	8,9	8,8	8,6	8,5	8,3
10,3	10,1	10,1	10,0	9,9	9,8	9,7	9,6	9,5	9,4	9,3	9,1	9,0	8,8
10,8	10,7	10,6	10,5	10,4	10,3	10,2	10,1	10,0	9,9	9,8	9,6	9,5	9,3
11,3	11,2	11,1	11,0	10,9	10,8	10,7	10,6	10,5	10,4	10,3	10,1	10,0	9,8
11,8	11,7	11,6	11,5	11,4	11,3	11,2	11,1	11,0	10,9	10,8	10,6	10,5	10,3
12,3	12,2	12,2	12,1	12,0	11,8	11,7	11,6	11,5	11,4	11,3	11,1	11,0	10,8
12,9	12,7	12,7	12,6	12,5	12,3	12,2	12,1	12,0	11,9	11,8	11,6	11,5	11,3
13,4	13,2	13,2	13,1	13,0	12,9	12,7	12,6	12,5	12,4	12,3	12,1	12,0	11,8
13,9	13,7	13,7	13,6	13,5	13,4	13,2	13,1	13,0	12,9	12,8	12,6	12,5	12,3
14,4	14,2	14,2	14,1	14,0	13,9	13,7	13,6	13,5	13,4	13,3	13,1	13,0	12,8
14,9	14,7	14,7	14,6	14,5	14,4	14,2	14,1	14,0	13,9	13,8	13,6	13,5	13,3
15,4	15,2	15,2	15,1	15,0	14,9	14,7	14,6	14,5	14,4	14,3	14,1	14,0	13,8
15,9	15,7	15,7	15,6	15,5	15,4	15,2	15,1	15,0	14,9	14,8	14,6	14,5	14,3
16,4	16,3	16,2	16,1	16,0	15,9	15,7	15,6	15,5	15,4	15,3	15,1	15,0	14,8
16,9	16,8	16,7	16,6	16,5	16,4	16,3	16,1	16,0	15,9	15,8	15,6	15,5	15,3
17,5	17,3	17,2	17,1	17,0	16,9	16,8	16,6	16,5	16,4	16,3	16,1	16,0	15,8
18,0	17,8	17,7	17,6	17,5	17,4	17,3	17,1	17,0	16,9	16,8	16,6	16,5	16,3
18,5	18,3	18,2	18,1	18,0	17,9	17,8	17,6	17,5	17,4	17,3	17,1	17,0	16,8
19,0	18,8	18,7	18,6	18,5	18,4	18,3	18,1	18,0	17,9	17,8	17,6	17,5	17,3
19,5	19,3	19,2	19,1	19,0	18,9	18,8	18,6	18,5	18,4	18,3	18,1	18,0	17,8
20,0	19,8	19,7	19,6	19,5	19,4	19,3	19,1	19,0	18,9	18,8	18,6	18,5	18,3
20,5	20,3	20,2	20,1	20,0	19,9	19,8	19,6	19,5	19,4	19,3	19,1	19,0	18,8
21,0	20,8	20,7	20,6	20,5	20,4	20,3	20,1	20,0	19,9	19,7	19,6	19,4	19,3
22,1	21,8	21,7	21,6	21,5	21,4	21,3	21,1	21,0	20,9	20,8	20,6	20,5	20,3
23,1	22,9	22,8	22,7	22,5	22,4	22,3	22,2	22,0	21,9	21,8	21,6	21,4	21,3
24,1	23,9	23,8	23,7	23,5	23,4	23,3	23,1	23,0	22,9	22,8	22,6	22,4	22,3
25,1	24,9	24,8	24,7	24,5	24,4	24,3	24,1	24,0	23,9	23,7	23,6	23,4	23,2
26,1	25,9	25,8	25,6	25,5	25,4	25,3	25,1	25,0	24,9	24,7	24,6	24,4	24,2

35 °C	40 °C	45 °C	50 °C	55 °C	60 °C	70 °C
-1,1	-1,5	-2,1	-2,6	-3,3	-3,9	-4,6
-0,1	-0,7	-1,3	-1,8	-2,4	-2,9	-3,6
0,3	-0,2	-0,8	-1,3	-1,9	-2,4	-3,1
0,8	0,2	-0,4	-0,9	-1,4	-1,9	-2,6
1,0	0,4	-0,2	-0,7	-1,2	-1,7	-2,4
1,2	0,6	0,1	-0,4	-1,0	-1,5	-2,2
1,4	0,9	0,4	-0,2	-0,8	-1,3	-2,0
1,6	1,1	0,6	0,0	-0,6	-1,2	-1,9
1,8	1,3	0,8	0,2	-0,4	-1,0	-1,7
2,0	1,5	1,0	0,4	-0,2	-0,8	-1,5
2,2	1,7	1,2	0,6	0,0	-0,6	-1,3
2,4	2,0	1,4	0,8	0,2	-0,4	-1,1
2,6	2,2	1,6	1,0	0,4	-0,2	-0,9
2,8	2,4	1,8	1,2	0,6	0,0	-0,7
3,1	2,6	2,0	1,4	0,8	0,2	-0,5
3,3	2,8	2,2	1,6	1,0	0,4	-0,3
3,5	3,0	2,4	1,8	1,2	0,6	-0,1
3,7	3,3	2,7	2,0	1,4	0,8	0,2
3,9	3,5	2,9	2,3	1,7	1,0	0,4
4,4	4,0	3,4	2,8	2,2	1,5	0,9
4,9	4,5	3,9	3,3	2,7	2,0	1,4
5,4	5,0	4,4	3,8	3,2	2,5	1,9
5,9	5,5	4,9	4,3	3,7	3,0	2,4
6,4	6,0	5,4	4,8	4,2	3,5	2,9
6,9	6,5	5,9	5,3	4,7	4,0	3,4
7,4	7,0	6,4	5,8	5,2	4,5	3,9
7,9	7,5	6,9	6,3	5,7	5,0	4,4
8,4	8,0	7,4	6,8	6,2	5,5	4,9
8,9	8,5	7,9	7,2	6,6	6,0	5,4
9,4	8,9	8,3	7,7	7,1	6,5	5,9
9,9	9,4	8,8	8,2	7,6	7,0	6,4
10,4	9,9	9,3	8,7	8,1	7,5	6,9
10,9	10,4	9,8	9,2	8,6	8,0	7,4
11,4	10,9	10,3	9,7	9,1	8,5	7,9
11,9	11,4	10,8	10,2	9,6	9,0	8,4
12,4	11,9	11,3	10,7	10,1	9,5	8,9
12,8	12,4	11,8	11,2	10,6	10,0	9,4
13,3	12,9	12,3	11,7	11,1	10,5	9,9
13,8	13,4	12,8	12,2	11,6	11,0	10,4
14,3	13,9	13,3	12,7	12,1	11,5	10,9
14,8	14,4	13,8	13,2	12,6	12,0	11,4
15,3	14,9	14,3	13,7	13,1	12,5	11,9
15,9	15,4	14,8	14,2	13,6	13,0	12,4
16,4	15,9	15,3	14,7	14,1	13,5	12,9
16,9	16,4	15,8	15,2	14,6	14,0	13,4
17,4	16,9	16,3	15,7	15,1	14,5	13,9
17,8	17,4	16,8	16,2	15,6	15,0	14,4
18,3	17,9	17,3	16,7	16,1	15,5	14,9
18,8	18,4	17,8	17,2	16,6	16,0	15,4
19,8	19,4	18,8	18,2	17,6	17,0	16,4
20,8	20,4	19,8	19,2	18,6	18,0	17,4
21,8	21,4	20,8	20,2	19,6	19,0	18,4
22,8	22,4	21,8	21,2	20,6	20,0	19,4
23,8	23,3	22,8	22,2	21,6	21,0	20,4

DIE BIERSPINDEL

Mit der Bierspindel wird die Dichte der Würze gemessen, also wieviel Gramm Extrakt in einem Kilo Würze enthalten sind. Je größer die Dichte, desto mehr Extrakt ist enthalten, desto größer ist der Auftrieb und desto weniger taucht die Spindel in die Flüssigkeit ein.

Da die Temperatur ebenfalls einen Einfluss auf die Dichte hat, muss beim Abweichen von der Eichtemperatur der Bierspindel (in der Regel 20 °C) das Messergebnis korrigiert werden. Misst man beispielweise auf der Bierspindel bei einer Temperatur von 40 °C eine Stammwürze von 6,0 °P, liegt die eigentliche Stammwürze bei einer Eichtemperatur von 20 °C bei 7,5 °P.

HOPFENKOCHEN

BRAUER-LATEIN

HOPFEN (HUMULUS LUPULUS)
Mit dem Hanf verwandte Schlingpflanze, deren Blüte zum Würzen von Bier verwendet wird

LUPULIN
Klebrige Masse aus der Blüte, in der Harze und ätherische Öle stecken

IPA (INDIA PALE ALE)
ursprünglich britisches, besonders kräftig gehopftes und alkoholstarkes Bier

ALPHASÄURE
chemische Verbindung, die unter Hitzeeinfluss Bitterstoffe absondert; kommt in den harzigen Bestandteilen des Lupulins vor

BITTERHOPFEN
Hopfensorte mit hohem Alphasäuregehalt (> 10 % Alphasäure)

AROMAHOPFEN
Hopfensorte mit geringem Alphasäuregehalt (< 10 % Alphasäure) und hohem Anteil an ätherischen Aromaölen

HOPFENGABE
Die im Rezept vorgegebene Portion Hopfen, die zu einem bestimmtem Zeitpunkt der kochenden Würze zugegeben wird

LAMBIC
Belgische Biersorte, die mitunter mit Früchten gebraut wird

ES WIRD ZEIT FÜR DEN HOPFEN

Mit der Verzuckerung der Stärke ist die chemische Pflicht des Brauens getan, deshalb wird es nun Zeit für die geschmackliche Kür der Würze – was in mehr als 99 Prozent aller Bier-Fälle bedeutet: Es wird Zeit für den Hopfen.

Wie schon in Hopfen-Kapitel geschildert, sind es zwei Bestandteile des „Humulus Lupulus", die ihn über die vergangenen Jahrhunderte zum geschmacklichen Synonym beinahe aller Biere der Erde hat werden lassen, und beide stecken im „Lupulin" (klebrige Masse aus den Fruchtkegeln der weiblichen Pflanze, chemisch eng verwandt mit dem Cannabis-Wirkstoff THC, wirkt ähnlich beruhigend wie Baldrian).

Das Lupulin wird von einer Drüse im Inneren der Pflanze gebildet und ist mit seinen harzigen Anteilen verantwortlich für die (manchmal kaum wahrnehmbare, manchmal dezent erfrischende, manchmal fast schon übertriebene) Bitterkeit unterschiedlicher Biersorten. Gleichzeitig stecken im Lupulin aber auch die ätherischen Öle des Hopfens, die mit ihren intensiven Aromen – je nach Sorte und je nach Geschick des Brauers – einem IPA schon einmal die Sensorik eines kräftigen Obstsalats aus vollreifen Beeren und Zitrusfrüchten verpassen können.

Während die Aromen und ihre Intensität vom individuellen Geschmacksempfinden des Biertrinkers abhängen (für eine grobe Aroma-Zuordnung siehe Hopfenkompass), lässt sich ihre Bitterkeit dagegen eindeutig bestimmen und sogar als chemische Größe angeben.

In den Harzen des Lupulins stecken nämlich chemische Verbindungen namens Alphasäuren. Durch die Hitze-Zufuhr während des Hopfenkochens verändern sie sich. Genauer: Die Verknüpfung und die räumliche Ordnung der einzelnen Atome innerhalb der Alphasäuren verändern sich und setzen dabei Bitterstoffe frei. Grundsätzlich gilt also:

1. Je mehr Alphasäure im Hopfen steckt, desto mehr Bitterstoffe kann dieser Hopfen beim Brauen freisetzen.

2. Je länger Hopfen gekocht wird, desto mehr Bitterstoffe gibt er ab.

3. Je geringer der Extraktgehalt der Würze, desto mehr Bitterstoffe lösen sich beim Kochen aus dem Hopfen.

Im Gegensatz zu den ätherischen Ölen des Hopfens, deren Aromen sich mitunter schon nach wenigen Minuten in der kochenden Würze vollständig verflüchtigt haben, kommt die Bitterkeit des Hopfens mit der Zeit also immer stärker zum Tragen. Es ist daher der Bitterhopfen (alle Sorten mit mehr als 10 Prozent Alphasäure), der die Dauer des Hopfenkochens bestimmt. Der Aromahopfen (unter 10 Prozent Alphasäure) kommt meist erst wenige Minuten vor, mitunter sogar erst nach Ende des Hopfenkochens in die Würze. Erst durch die Craft-Brauer in den USA wurde eine dritte Kategorie geprägt, sogenannte „Flavour Hops" (etwa: Geschmackhopfen). Das sind gezüchtete Sorten, in denen ursprünglich hopfenfremde Aromen (Litschi, Stachelbeere, Mandarine) stecken.

HOPFENKOCHEN

DAUER: 1,5 BIS 2 STUNDEN

HARDWARE

Einkochtopf (mit Würze darin)
Gärbottich (bisher hieß der Siebbottich!)
Rührlöffel
Plastikschlauch
Bierspindel und Messzylinder
Thermometer

ZUTATEN

Hopfen

HOPFENKOCHEN

1/ Setzen Sie den Deckel auf den Einkochtopf, und heizen Sie die Würze auf 100 °C auf (Achtung: Alleine das kann, je nach Modell und Power des Einkochtopfs, schon länger als eine Stunde dauern, ist aber in der oben angegebenen Koch-Netto-Dauer nicht eingerechnet).

2/ Wiegen Sie währenddessen die unterschiedlichen Hopfengaben ab. Stellen Sie die Schüsseln mit dem Hopfen dann am besten entsprechend der Reihenfolge ihres Einsatzes hintereinander auf – oder beschriften Sie die Schalen gleich mit „Hopfengabe 1", „Hopfengabe 2", etc. (ja ja, noch schmunzeln Sie…)

3/ Sobald die Würze kocht, geben Sie den ersten Hopfen dazu (noch einmal Achtung: Ist der Topf bis ganz oben gefüllt, schießt die Würze kurz nach der ersten Hopfengabe gelegentlich über den Rand. Um das zu verhindern: kräftig rühren! Wenn es nicht zu verhindern war: kräftig wischen!)

4/ Stellen Sie je nach Rezept einen Timer, und schütten Sie jeweils zur richtigen Zeit die nächste(n) Hopfengabe(n) in die Würze.

5/ Haben alle Hopfensorten ihre Bitterstoffe und aromatischen ätherischen Öle lange genug in die Würze abgegeben, schalten Sie den Einkochtopf aus, verschließen ihn wieder mit dem Deckel und lassen die Würze zur Ruhe kommen. Falls im Rezept so vorgesehen, geben Sie vorher ein letztes Mal die richtige Menge Hopfen dazu.

6/ Nur zur Sicherheit der Hinweis an alle Brauer, die abseits des Reinheitsgebots unterwegs sind und etwa ein Fruchtlambic oder ein experimentelles Ale ansteuern: Dann kann es nämlich sein, dass in diesem Brauschritt zusätzlich zum Hopfen noch weitere Zutaten gekocht werden müssen (Früchte, Gewürze, Austern …). Steht das so im Rezept, dann nur Mut und rein damit!

WHIRLPOOL

1/ Stellen Sie den Gärbottich auf den Boden unterhalb des Einkochtopfes.

2/ Versetzen Sie die Würze im Einkochtopf (der steht immer noch auf dem Tisch) mithilfe des Rührlöffels und einiger kräftiger, kreisförmiger Schläge entlang der inneren Topfwand in einen starken Strudel.

3/ Setzen Sie den Deckel auf den Einkochtopf und warten Sie etwa 15 Minuten, bis sich Hopfen und andere Feststoffe in der Mitte des Topfbodens als Hopfenkegel gesammelt haben.

4/ Ziehen Sie den Schlauch so über den Ablaufhahn des Einkochtopfes, dass das andere Schlauchende auf dem Boden des Gärbottichs aufliegt. Öffnen Sie den Hahn vorsichtig (der Sog darf nicht zu stark sein und der stabilen Statik des Hopfenkegels nicht gefährlich werden).

5/ Ganz zum Schluss löst sich der Hopfen aber irgendwann zwangsläufig auf und macht sich auf den Weg in Richtung Gärbottich. Schließen Sie den Hahn, bevor er so weit gekommen ist.

HAUPTGÄRUNG

BRAUER-LATEIN

OBERGÄRIGE HEFE
arbeitet bei relativ hohen Temperaturen (um 20 °C), steigt während der Vergärung nach oben und sinkt erst zum Ende hin zu Boden; ergibt eher milde, süffige Biere (Weizen)

UNTERGÄRIGE HEFE
arbeitet bei eher niedrigen Temperaturen (um 10 °C), sinkt während der Vergärung nach unten; ergibt herbe, kantige Aromen (Pilsner)

GÄRSPUND
verschließt die Öffnung des Gärbottichs, ist so konstruiert, dass Kohlenstoffdioxid entweichen, Sauerstoff aber nicht von außen eindringen kann

HOPFENSTOPFEN (AUCH: KALTHOPFUNG):
Hopfengabe, die erst während der Gärung erfolgt (in der Regel kommt der Hopfen in einem kleinen Sack aus lebensmittelechtem Material in die gärende Würze/ins Bier)

ZUCKER RAUS, ALKOHOL UND KOHLENSÄURE REIN

Vielleicht ist es Ihnen ja schon aufgefallen: Dafür, dass es in dieser Anleitung darum geht, Bier zu brauen, ist das Wort selbst bisher ziemlich selten gefallen. Und das hat auch seinen Grund: Bis jetzt hatten wir es bei dem, was in Einkochtopf und Gärbottich vor sich hindampfte, -rastete und -kochte, ja höchstens mit einer Art süßem Malztee zu tun (dem wir später durch das Hopfenkochen noch zusätzliche Aromen und mehr oder weniger Bitterstoffe verliehen haben). Von einem herben, spritzigen, alkoholhaltigen Getränk keine Spur.

Der Zucker muss deshalb weg, Alkohol und Kohlensäure müssen her. Und obwohl der Weg zum fertigen Bier ab jetzt viel länger dauert als der gesamte Brauprozess bislang, birgt er für den Brauer zum Glück weit weniger Aufwand. Denn der braucht die süße, golden bis röstschwarz gefärbte Würze nun nur noch herunterzukühlen, dabei auf größtmögliche Sauberkeit zu achten und seiner mikrobiotischen Assistentin, der Hefe, perfekte Startbedingungen für ihren Job zu verschaffen. Und dann kann er endlich tun, was der eingangs erwähnte Kirschweinkelterer schon tun konnte: sich zurücklehnen, voller Vorfreude auf den auf- und niederhüpfenden Verschluss des Gärfasses blicken – und auf den verdienten Lohn des Brauens warten.

Vorher muss er allerdings noch eine Entscheidung treffen, nämlich die richtige Hefe fürs Bier aussuchen (die wiederum zwangsläufig die Wahl des richtigen Gärorts beeinflusst). Während obergärige Hefen (steigen im Laufe der Gärung nach „oben", werden klassischerweise eingesetzt bei der Herstellung von Ales, aber auch etwa bei Kölsch und Gose) Zucker am besten bei Temperaturen um die 20 °C verstoffwechseln, mögen untergärige Hefen (sinken nach „unten", etwa in Pils, Hellem und allen angelsächsischen „Lager"-Bieren) es deutlich kühler und verweigern teilweise schon bei Temperaturen von mehr als 12 bis 15 °C den Dienst.

HAUPTGÄRUNG

DAUER: 3 BIS 10 TAGE

HARDWARE

**Gärbottich (mit Würze darin)
großes Gefäß mit Henkel
(oder auch: Handrührer oder Stabmixer)
Gärspund
Eventuell Kühlspirale oder Plattenkühler**

ZUTATEN

Hefe

TIPP

Wollen Sie ein untergäriges Bier brauen, muss Ihr Bier an einem relativ kühlen Ort vergären (9 bis 15 °C). Das bedeutet: Verfügen Sie nicht über einen eigenen Kühlraum oder über den notwendigen Ehrgeiz, sich einen alten Kühlschrank entsprechend umzubauen, sollten Sie Pils, Helles, Märzen oder Lager-Biere in den kalten Jahreszeiten brauen. Dann tut es nämlich auch das Gartenhäuschen oder die Garage.

HAUPTGÄRUNG

1/ Lesen Sie die für Ihre Hefe ideale „Anstell-Temperatur" (die Temperatur, bei der die Hefe die besten Start-Bedingungen vorfindet, bei der sie sich also am besten wiederbeleben lässt) auf der Hefe-Packung nach.

2/ Kühlen Sie die Würze von ihren beinahe 100 °C (nach dem Hopfenkochen) auf etwa 20 °C (Anstelltemperatur) herunter (siehe Kasten: Würze abkühlen). Aber Achtung: Weil ab jetzt weder die süße Würze noch das gärende Bier zu irgendeinem Zeitpunkt noch einmal erhitzt werden – dementsprechend auch keine Keime,

Fremdhefen, Milchsäurebakterien etc. durch hohe Temperaturen abgetötet werden können – müssen Sie nun besonders sorgfältig, sauber und idealerweise schnell arbeiten.

3/ Füllen Sie etwa 100 ml Wasser (Temperatur und genaue Menge lesen Sie auf der Hefe-Packung nach) in ein Gefäß, im Idealfall in einen Erlenmeyerkolben (stimmt, so einer wie im Chemie-Unterricht!), ein Messbecher tut's aber auch. Rühren Sie die Trockenhefe mit einer Gabel ins Wasser (es soll viel Luft ins Wasser-Hefe-Gemisch kommen). Warten Sie dann etwa 15 Minuten (Packungsangaben!), bis die Hefe aktiv geworden ist und kleine Bläschen wirft.

4/ Gießen Sie die Hefe in die Würze. Damit die gleich mächtig loslegen (und die Aktivität eventueller anderer Mikroorganismen in der Würze unterdrücken) kann, müssen Sie das Hefe-Würze-Gemisch nun kräftig belüften – die Hefe also mit ausreichend Sauerstoff zum „Atmen" versorgen. Schöpfen Sie zu diesem Zweck entweder mit dem Henkelgefäß 15 bis 20 Mal Würze aus dem Bottich und kippen Sie sie möglichst effekthaschend (es sollen möglichst viel Schaum und Luftbläschen entstehen) wieder zurück. Alternativ können Sie auch mit einem Handrührer oder Stabmixer Sauerstoff an die Würze bringen. Dafür muss aber natürlich ein Teil des Rührwerks/Mixermessers aus der Würze (und in die Luft) ragen.

5/ Setzen Sie abschließend den Gärspund auf den Gärbottich und stellen Sie die Würze an einen Ort mit geeigneter Gärtemperatur. Klären Sie vorher eventuell ab, ob der Bottich dort auch für die gesamte Gärzeit stehen bleiben kann (etwa im gemeinschaftlichen Wäschekeller).

6/ Beobachten Sie die Würze. Hat eine erkennbare Gärung nicht spätestens nach 48 Stunden eingesetzt (das Bier blubbert, der Gärspund klappert), ist etwas schief gegangen (unwahrscheinlich). Dann müssen Sie mit einer großen Menge aktiver Hefe nachlegen, sonst ist das Bier verloren.

KÜHLEN UND KÜHLEN LASSEN

Wenn Sie die Würze auf Hefe-Temperatur bringen, arbeiten Sie grundsätzlich gegen die Zeit. Gegen die Zeit nämlich, die Bakterien und wilde Hefen brauchen, den Zucker in der Würze anzugreifen. Am besten kühlen Sie die Würze deshalb aktiv herunter:

Gut funktioniert das etwa mit einer Kühlspirale aus Edelstahl oder Kupfer (siehe Hardware): Reinigen und desinfizieren Sie die Spirale, schließen Sie sie über einen Schlauch an einen Wasserhahn an, senken Sie die Spirale in die Würze und öffnen Sie den Hahn. Überprüfen Sie die Temperatur der Würze mit dem Brauthermometer und entfernen Sie die Spirale, sobald die Anstelltemperatur der Hefe erreicht ist.

ODER SIE SETZEN EINEN SCHRITT VORHER AN

Kühlen Sie die Würze schon herunter, wenn Sie sie nach dem Hopfenkochen über den Plastikschlauch aus dem Einkochtopf in den Gärbottich fließen lassen. Schließen Sie den Schlauch dafür an einen Plattenkühler an. Durch den lenken Sie parallel kaltes Wasser aus dem Hahn. Das Prinzip: Je langsamer Sie die Würze durch Plastikschlauch und Plattenkühler fließen lassen, desto kälter landet sie am Ende im Gärbottich (Thermometer!).

DIE PASSIVE ALTERNATIVE

Verschließen Sie den Gärbottich luftdicht, und lassen Sie ihn so lange an einem möglichst kühlen Ort stehen, bis die Anstelltemperatur der Hefe erreicht ist. Das dauert zwar die ganze Nacht lang und eventuell noch bis in den folgenden Vormittag hinein. In aller Regel funktioniert aber auch das Passiv-Kühlen problemlos. Nur: Sollten eben bereits Mikroorganismen in die Würze gelangt sein und eine unkontrollierte Gärung initiiert haben, dann können Sie jetzt nicht mehr viel dagegen tun.

HOPFENSTOPFEN

Um zusätzliche Hopfenaromen ins Bier zu bekommen, wird bei manchen Rezepten (klassischerweise beim IPA, mittlerweile aber auch bei vielen anderen Bierstilen) auch während der Gärung noch einmal Aromahopfen (oder Flavour Hops) in die Würze gegeben. Die Hopfenpellets werden in einem verschließbaren Sack aus lebensmittelechtem Material oder einem Nylonstrumpf – einer Art Riesen-Teenetz also – in die gärende Würze gegeben. Dabei lösen sich wie beim Hopfenkochen ätherische Öle, weil ja aber nichts kocht, können die nicht gleich wieder verdampfen. Oft werden erst durch das Hopfenstopfen die besonders intensiven und fruchtigen Aromen erreicht.

ABFÜLLEN, NACHGÄRUNG, LAGERUNG

BRAUER-LATEIN

JUNGBIER
Die teilvergorene Würze, Bier sagt man erst ganz
zum Schluss, wenn die Nachgärung beendet ist

SPEISE
Vor der Hefezugabe entnommener und kühl
gelagerter Teil der Würze, die dem vergorenen
Bier vor der Nachgärung zugegeben wird

RESTEXTRAKTGEHALT
Extraktgehalt nach der Vergärung, also:
Anteil der nicht gärfähigen gelösten Stoffe

GLÜCKWUNSCH, SIE HABEN EIN BIER GEBRAUT

Obwohl man zu diesem Zeitpunkt noch „Jungbier" dazu sagt! Sobald es im Gärbottich nämlich nur noch sporadisch „blubb" macht, und auch der Gärspund deutlich seltener auf und nieder hüpft, ist bereits beinahe der gesamte Zucker im Bier vergoren, also in Alkohol und Kohlensäure umgewandelt worden. Das Problem: Der Großteil dieser Kohlensäure ist schon wieder verschwunden. Das Prinzip, den Bottich mit einem Gärspund zu verschließen, liegt ja gerade darin, alle Gase, die als Nebenprodukte der alkoholischen Gärung entstehen, kontrolliert entkommen zu lassen – ohne dass dabei irgendwann Wäschekeller, Gartenhäuschen oder Garage in die Luft fliegen.

Damit nun aber wieder ausreichend Kohlensäure zurück ins Bier gelangen kann (und dort auch dauerhaft bleibt), braucht es die Nachgärung. Von der Logik her ist das nicht kompliziert.

Das kohlensäurearme Bier wird in Druckbehälter gefüllt (konkret: in Glasflaschen oder in Metallfässer), diese Behälter werden verschlossen. Dann muss sich im Inneren des Behälters wieder Kohlensäure bilden, und zwar ausreichend, dass ein Weizenbier ordentlich bitzelt und ein Pils kräftig perlt – in keinem Fall aber so viel, dass die befüllten Flaschen oder Fässer explodieren, denn das ist (ganz ernsthaft!!) wirklich gefährlich!

Damit in den Behältern wieder Kohlensäure entstehen kann, braucht es zweierlei: Hefe (die ist noch in ausreichender Konzentration vorhanden) und Zucker. Und wie Sie letzteren ins Bier bringen wollen, das müssen Sie nun entscheiden.

VARIANTE 1

Sie lassen das Bier im Gärbottich vollkommen durchvergären, sodass sich kein vergärbarer Zucker mehr darin befindet. Dann füllen Sie das Bier ab, geben eine genau definierte Menge Zucker (etwa Traubenzucker) hinzu und verschließen die Flaschen oder Fässer wieder. Nach einigen Tagen öffnen Sie zwar zur Sicherheit eine Kontroll-Flasche, doch eigentlich kann dabei wenig schief gehen. Nur das heilige Reinheitsgebot, das bleibt dabei auf der Strecke (von Zucker als legitimer Zutat steht dort ja bekanntlich nichts).

VARIANTE 2

Vom Prinzip der gleiche Vorgang, nur verwenden Sie statt des Zuckers, eine genau definierte Menge Ihrer ursprünglichen, unvergorenen und deshalb zuckersüßen Würze (die haben Sie vor der Hefezugabe aus der Würze entnommen und im Kühlschrank seitdem stabil gehalten). Diese sogenannte Speise geben Sie jetzt zum (auch hier vollkommen durchvergorenen) Bier und füllen es ab. Achtung: Sie müssen schon während Ihres ersten Braugangs ziemlich genau wissen, was Sie tun und dürfen sich außerdem nicht verrechnen.

VARIANTE 3

Sie passen genau den Zeitpunkt am Ende der Hauptgärung ab, an dem sich noch so viel vergärbarer Zucker im Bier befindet, wie Sie für die Nachgärung benötigen. Bedeutet: Sie müssen gegen Ende der Hauptgärung alle paar Stunden mit der Bierspindel den Restextraktgehalt messen, vorher den exakt richtigen Zielwert berechnet haben und dann zum ebenfalls exakt richtigen Zeitpunkt sofort abfüllen. Das ist für den Anfang wirklich sehr kompliziert, deshalb empfehlen wir diese Methode auch ausdrücklich nicht.

VORSCHLAG
Sie bescheiden sich bei Ihren ersten Braugängen mit Variante 1 und entscheiden sich gegen das Reinheitsgebot – das Abendland wird deswegen trotzdem nicht untergehen.

ABFÜLLEN, NACHGÄRUNG, LAGERUNG

DAUER: 2 BIS 10 WOCHEN

HARDWARE

Gärbottich (mit Bier darin)
Flaschen oder Fässer (KEGs)
Schlauch aus lebensmittelechtem Plastik
oder Flaschenabfüller

ZUTATEN

Eventuell Zucker oder Traubenzucker
Eventuell Speise

VORSICHT!

Bevor Sie Ihr Jungbier abfüllen und die Nachgärung initiieren, sollten Sie sich wirklich sicher sein, dass es vollständig vergoren ist. Steckt nämlich doch noch ordentlich Zucker drin, und Sie fügen zusätzlich Haushaltszucker oder Speise hinzu, fliegen Ihnen am Ende tatsächlich die Flaschen um die Ohren.

1/ Beobachten Sie das gärende Bier deshalb regelmäßig. Sobald sich der Gärspund über längere Zeit nicht mehr bewegt, messen Sie das erste Mal den Restextrakt, also die Menge an unvergärbarem Zucker und anderen gelösten Stoffen, die auch bis zum (mehr oder weniger bitteren) Ende im Bier bleiben werden.

2/ Füllen Sie dafür (zum Beispiel mit einem abgekochten Schöpflöffel) etwas Jungbier in eine (abgekochte) Tasse, schlagen Sie mit einer (abgekochten) Gabel die Kohlensäure heraus (die würde das Ergebnis der Bierspindel nämlich verfälschen) und messen Sie dann im (desinfizierten) Messzylinder mit der (desinfizierten) Bierspindel den Restextraktgehalt. Notieren Sie sich den Wert und wiederholen Sie die Messung auch an den folgenden Tagen.

3/ Erst wenn sich der Wert drei Tage lang nicht mehr verändert hat, können Sie davon ausgehen, dass die Hauptgärung tatsächlich abgeschlossen ist.

4/ Berechnen Sie erst dann aus Gärtemperatur, Stammwürze (vor der Hauptgärung) und dem gewünschten Kohlensäuregehalt Ihres Bieres die richtige Menge an Zucker oder Speise (vor der Hauptgärung abgefüllte und deshalb noch zuckerhaltige Würze), die Sie dem Jungbier vor der Nachgärung zugeben müssen (siehe Kasten auf der nächsten Doppelseite).

5/ Lassen Sie das Ergebnis von einem der sehr guten Online-Brau-Rechner überprüfen, etwa unter www.fabier.de/biercalcs.html (dazu benötigen Sie zwar noch den Restextraktgehalt, aber den haben Sie ja ohnehin bereits gemessen).

6/ Verwenden Sie zur Aufzuckerung Haushalts- oder Traubenzucker, rechnen Sie einfach die Gesamtmenge auf die einzelnen Flaschen- oder Fassgrößen um, füllen den Zucker portionsweise in die Flaschen/Fässer und das Bier über einen Schlauch oder einen Flaschenabfüller (siehe Hardware) hinterher. Verschließen Sie die Flaschen/das Fass.

7/ Zuckern Sie hingegen mit Speise auf, sollten Sie das Jungbier erst in einen anderen Abfüllbehälter (mit Ablaufhahn) umfüllen, zum Beispiel in den (gereinigten und desinfizierten) Einkochtopf. Füllen Sie in diesen zweiten Behälter zunächst die berechnete Menge an Speise, und lassen Sie dann das Jungbier aus dem Gärbottich dazulaufen. Verwenden Sie dafür aber unbedingt den ausgekochten Plastikschlauch (ein Ende über den Ablaufhahn des Gärbottichs ziehen, der andere liegt auf dem Boden des Abfüllbehälters auf) und lassen Sie das Bier ganz behutsam fließen. Wir wollen so viel Luft und Unruhe ins Bier bringen wie möglich. Rühren Sie die Jungbier-Speise-Mischung zum Schluss vorsichtig um, und füllen Sie sie über Plastikschlauch oder Flaschenabfüller in die Flaschen oder ins Fass. Verschließen Sie die Flaschen/das Fass.

ABFÜLLEN, NACHGÄRUNG, LAGERUNG

DAUER: 2 BIS 10 WOCHEN

FLASCHEN UND/ODER FÄSSER SÄUBERN UND STERILISIEREN

FLASCHEN

1/ Entfernen Sie die Porzellanverschlüsse von den Bügelflaschen und kochen Sie die Verschlüsse in Wasser aus.

2/ Spülen Sie die Flaschen heiß aus, reinigen Sie sie von innen mit einer Flaschenbürste. Verwenden Sie dabei aber auf keinen Fall fettlösliche Reinigungsmittel (etwa normales Spülmittel), die zerstören nämlich den Bierschaum.

3/ Stapeln Sie die Flaschen im Backofen und heizen Sie ihn erst dann auf 150°C auf. Halten Sie die Temperatur für eine halbe Stunde, dann sind die Flaschen mit sehr großer Wahrscheinlichkeit steril.

4/ Befestigen Sie die Porzellanbügel wieder an den Flaschenköpfen.

KEGS

1/ Entfernen Sie den Verschluss am Kopf des Keg.

2/ Spülen Sie die Kegs heiß aus, reinigen Sie sie von innen mit einer großen Bürste (auch hier Finger weg vom Spüli!).

SÜSSE ZAHLEN

Auch im vollständig vergorenen Bier steckt noch etwas Kohlendioxid. Die genaue Menge ist dabei abhängig von der Temperatur des Jungbieres. Bei einer Raumtemperatur von 18 °C sind es zum Beispiel gut 1,5 g Kohlendioxid pro Liter (g/l). Praxistipp: Lassen Sie ein Glas Bier über Nacht offen stehen, trinken Sie am nächsten Morgen einen Schluck daraus – so fühlen sich 1,5 g/l in einem Bier an.

Ein paar weitere Richtwerte:

5 °C	10 °C	15 °C	20 °C	25 °C
2,7 g/l	2,3 g/l	2,0 g/l	1,7 g/l	1,4 g/l

Nun genügt diese Menge an Kohlensäure aber nicht, um ein Bier frisch und erfrischend schmecken zu lassen, selbst nicht bei englischen Ales, die ja traditionell mit relativ wenig Spritzigkeit auskommen. Und andere Biere brauchen sogar noch weit mehr Kohlensäure.

Englisches Ale	3 – 4,5 g/l
Pale Ale/IPA	3,5 – 4,5 g/l
Stout	3,5 – 4,5 g/l
Bock	4 – 5 g/l
Helles	4,5 – 5 g/l
Lambic	4,8 – 5,5 g/l
Kölsch	5 – 5,5 g/l
Pilsner	5 – 5,5 g/l
Weizen	5,5 – 7 g/l
Fruchtbier	6 – 9 g/l

Damit sich wieder Kohlensäure bilden kann, müssen Sie dem Jungbier vor der Nachgärung deshalb entweder direkt ein wenig Zucker oder aber oben erwähnte Speise (vor der Hefezugabe abgenomme süße Würze) zugeben.

DABEI GELTEN FOLGENDE FAUSTREGELN

2 g Zucker vergären zu je etwa 1 g Alkohol und 1 g Kohlensäure.

1 l Speise mit einem Extraktgehalt von 1 °P entspricht ungefähr 10 g Zucker, vergärt also zu etwa 10 g Alkohol und 10 g Kohlensäure.

Und damit haben Sie eigentlich bereits alle Infos zur Hand, um zu berechnen, wie viel kalt gestellte Würze oder Zucker Sie ans Jungbier geben müssen.

EIN BEISPIEL

Sie wollen ein Porter brauen, das am Ende auf einen Kohlensäuregehalt von 4 g/l kommen soll. Die Temperatur ihrer 25 l Jungbier beträgt nach der Hauptgärung 20 °C. Die Stammwürze betrug 13 °P.

Im Jungbier stecken also bereits 1,7 g/l Kohlensäure, somit fehlen noch 4 g/l – 1,7 g/l = 2,3 g/l. Auf die Gesamtmenge (25 l) umgerechnet bedeutet das: 2,3 g/l · 25 l = 57,5 g. Es fehlen also 57,5 g Kohlensäure, die der Einfachheit halber auf 58 g aufgerundet werden.

Wenn also 2 g Zucker etwa 1 g Kohlensäure ergeben, heißt das ganz einfach: 58 g · 2 = 116 g. Sie müssen also 116 g Zucker ans Bier geben.

Und wenn 1 l Speise à 1 °P zu 10 g Kohlensäure vergärt, bräuchte es davon (58 g ÷ 10 g/l = 5,8 l) 5,8 l. Weil der Extraktgehalt Ihrer Speise aber um das 13-fache höher lag, brauchen Sie nun eben nur ein 13-tel, also (5,8 l ÷ 13 = 0,446 l) 446 ml Speise.

Sind Sie jetzt also voller Tatendrang und wollen von nun an unbedingt Ihr Bier selbst brauen, dann können Sie sich unter www.tretorri.de/downloads/craft-bier die gesamte Anleitung runterladen und ausdrucken. So retten Sie ihr Buch auch vor eventuellen Bierspritzern.

Hilfe, mein Bier explodiert

Dazu sollte es wirklich nicht kommen, denn wenn Flaschen zerbersten, wird's gefährlich. Deshalb immer nach einigen Tagen Gärung eine Flasche öffnen und den Druck überprüfen. Alle anderen Braufehler sind verzeihbar, denn man überlebt sie – und kann sich bessern.

Das sind die häufigsten Probleme:

DAS BIER SCHÄUMT ODER SPRUDELT AUS DER FLASCHE

IM BIER HAT SICH ZU WENIG CO_2 GEBILDET

JODPROBE BLEIBT DAUERHAFT BLAU

BEIM ZAPFEN/EINSCHENKEN ENTSTEHT ZU WENIG SCHAUM

DAS BIER GÄRT NICHT

DAS BIER SCHMECKT RANZIG

Die nebenstehende Tabelle bietet die Lösung.

PROBLEM	MÖGLICHE URSACHE	LÖSUNG
Das Bier schäumt oder sprudelt aus der Flasche	Sie haben zu viel Zucker oder Speise (kalt gestellte Würze) ans Bier gegeben	Unbedingt Druck aus allen anderen Flaschen lassen. Beim nächsten Mal: Weniger aufzuckern – und nach einigen Tagen Gärung den Druck überprüfen!
	Das Malz war schlecht (unwahrscheinlicher)	Malzsorte wechseln, passiert es erneut, Malzlieferanten wechseln – bis die Ursache des Problems gefunden ist, aber weiterhin den Druck von den Fla... – ach so, Sie haben jetzt langsam verstanden, gut!
Im Bier hat sich zu wenig CO_2 gebildet	Sie haben zu wenig Zucker oder Speise ans Bier gegeben	Beim nächsten Mal stärker aufzuckern!
Jodprobe bleibt dauerhaft blau (Teile der Stärke lassen sich nicht in Zucker umwandeln)	Sie haben die Maische zu früh zu stark erhitzt (auf mehr als 78 °C)	Bevor die Jodprobe negativ ausfällt (keine Stärke mehr in der Maische), die Temperatur nicht auf über 78 °C erhöhen, gegebenenfalls das Thermometer überprüfen!
Beim Zapfen/Einschenken entsteht zu wenig Schaum	Während der Gärung hat sich zu wenig CO_2 gebildet	Siehe „Im Bier hat sich zu wenig CO_2 gebildet"
	Im Bier stecken zu wenig Proteine aus dem Malz oder Polyphenole aus dem Hopfen	Mehr Malz oder einen kleinen Anteil Karamellmalz oder Weizenmalz oder Rohfrucht (unvermälztes Getreide) oder mehr Hopfen verwenden!
	Die Bierflaschen waren vor der Gärung nicht sauber oder fettig	Da kommen Sie selbst drauf!
Das Bier gärt nicht	Sie haben die falsche Gärtemperatur gewählt	Die richtige Temperatur auf der Hefepackung nachlesen, Temperatur mit Thermometer überprüfen!
	Die Jodprobe war negativ, Sie haben trotzdem weitergebraut (wahrscheinlicher: Sie haben die Jodprobe vergessen)	Lassen Sie das!
	Sie haben vor der Gärung Schmutz in die Würze bekommen	Es nützt nichts: Den Gäreimer beim nächsten Mal nach dem Reinigen zusätzlich desinfizieren (danach mit Wasser ausspülen) – beim Brauen Rührlöffel und Schöpfkelle sauber halten!
Das Bier schmeckt ranzig	Zu viel Dimethylsulfid (kommt aus dem Malz, schmeckt gemüseartig, verschwindet bei ausreichend langem Kochen der Würze)	Zumindest während der letzten 15 Minuten des Hopfenkochens soll die Würze sehr kräftig (wallend) kochen!
	Zu viel Diacetyl (Gärnebenprodukt, schmeckt buttrig, verschwindet bei ausreichend langer Lagerung)	Gerade untergärige Biere ein wenig länger lagern – eventuell vorher, während der letzten 48 Stunden der Gärung etwas wärmer stellen!
	Der sogenannte Lichtgeschmack, auch als „skunked beer" bezeichnet. Zu viel UV-Strahlung ist ans Bier gelangt, die lichtsensitiven Iso-Alphasäuren aus dem Hopfen haben sich zersetzt und mit schwefelhaltigen Aminosäuren das unangenehm riechende Thiol MBT (3-Methyl-2-buten-1-thiol) gebildet	Bier dunkel lagern und unbedingt in braune Flaschen abfüllen!

MIT
UND
OHNE
BIER

BIERREZEPTE

GEBACKENES TREBERMÜSLI

REZEPT FÜR ETWA 850 G MÜSLI

MÜSLI

150 g kernige Haferflocken
150 g Treber
100 g Mandelblättchen
100 g grob gehackte Walnuss- und
Haselnusskerne
50 g Pinienkerne
30 g Kokosflocken oder Kokosraspel
30 g Sesam- oder Leinsamen
175 g flüssiger Honig
6 EL Öl
3 TL Zimt
100 g gehackte Trockenfrüchte

TREBERRIEGEL

250 g Butter
300 g Honig
Salz
850 g Trebermüsli

Backofen auf 180 °C Ober- und Unterhitze vorheizen. Bis auf die Trockenfrüchte alle Zutaten in einer Schüssel vermischen und auf ein mit Backpapier ausgelegtes Backblech flach ausbreiten. Die Müslimischung für etwa 20 Minuten auf der mittleren Schiene im Ofen backen, dabei mehrfach wenden und von allen Seiten gleichmäßig bräunen. Nach dem Backen abkühlen lassen und die Trockenfrüchte untermischen. Das Müsli luftdicht verschlossen aufbewahren oder als Basis für Treberriegel verwenden.

Für die Riegel den Backofen auf 150 °C Ober- und Unterhitze vorheizen. Butter und Honig mit einer Prise Salz in einen breiten Topf geben und bei geringer Hitze zergehen lassen. Die Butter-Honig-Masse immer wieder umrühren. Dann die Müslimischung zugeben und gut umrühren. Ein Backblech mit Backpapier auslegen, die Masse darauf verteilen und zu einer gleichmäßigen, etwa 1 cm dicken Platte festklopfen. Mit einem feuchten Gummispatel die Schnittkanten der Riegel vorformen. Das Blech in die mittlere Schiene des Ofens schieben und etwa 20 Minuten backen. Die Masse abkühlen lassen und in Riegel schneiden.

TREBERBROT

REZEPT FÜR 1 BROT

TREBERBROT
1 Würfel Hefe (42 g)
250 ml Export
500 g Weizenmehl
250 g Treber
1 TL Salz
Butter für die Form

Hefe im handwarmen Bier auflösen.
Alle Zutaten vermengen und kräftig
durchkneten. Den Teig zudecken,
an einen warmen Ort stellen und
etwa 1 Stunde gehen lassen, bis das
Teigvolumen sich deutlich vergrößert
hat. Dann den Teig ein weiteres Mal
durchkneten und etwa 20 Minuten
gehen lassen.

In der Zwischenzeit den Backofen
auf 220 °C Ober- und Unterhitze
vorheizen. Den Teig in eine gefettete
Form geben oder zu einem Laib
formen und etwa 1 Stunde im Ofen
backen. Für eine extra krosse Kruste
eine Schale mit Wasser beim Backen
mit in den Ofen stellen.

TREBERZOPF MIT SPECK UND KÄSE

REZEPT FÜR 2 ZÖPFE

TREBERZOPF
400 ml Wasser
1 Würfel Hefe (42 g)
1 großer Apfel
350 g Weizenmehl
350 g Dinkelmehl
300 g Treber
200 g Baconwürfel
200 g Münsterkäse
1 Ei
3 EL Sahne
Körner und Samen
nach Belieben
(z. B. Sonnenblumen-,
 Kürbiskerne, Leinsamen)

Das Wasser in einem Topf leicht erwärmen, die Hefe ins Wasser bröckeln und auflösen. Den Apfel waschen, schälen und grob reiben. In einer großen Schüssel die Mehlsorten mit Treber, geriebenem Apfel und der aufgelösten Hefe zu einem klebrigen Teig vermengen, abdecken und 40 Minuten ruhen lassen.

Den Backofen auf 200 °C Ober- und Unterhitze vorheizen. Zwei Backbleche mit Backpapier auslegen. Baconwürfel in einer Pfanne ausbacken, Münsterkäse in Würfel schneiden und beides unter den Teig heben. Abgedeckt weitere 60 Minuten ruhen lassen. Aus dem Teig 6 gleichmäßige Stränge formen und mit jeweils 3 Teigsträngen einen Zopf flechten. Ei und Sahne verrühren und die Zöpfe damit einpinseln.

Nach Belieben mit Körnern und Samen bestreuen. Im Ofen etwa 20 Minuten backen, dann herausnehmen, etwas abkühlen lassen und mit Salzbutter lauwarm servieren.

KASSLER IN DER TREBERKRUSTE MIT BAYRISCH' KRAUT

REZEPT FÜR 5 – 6 PERSONEN

KASSLER IN DER TREBERKRUSTE

Treberbrot (siehe Rezept S. 225)
850 g Kassler
2–3 EL Dijon-Senf
½ Bund gehackte Petersilie
Weizenmehl zum Bearbeiten

Den Teig für die Kruste nach dem Grundrezept für das Treberbrot zubereiten. Backofen auf 180 °C Ober- und Unterhitze vorheizen. Kassler mit Küchenpapier trocken tupfen. Senf und Petersilie verrühren und den Kassler damit bestreichen. Den Teig auf einer leicht bemehlten Fläche ausrollen, das Fleisch darin einschlagen, die überstehenden Enden nach innen klappen und andrücken. Auf ein mit Backpapier belegtes Blech geben und im Backofen auf der mittleren Schiene etwa 1 Stunde backen. Kassler herausnehmen, kurz ruhen lassen und in Scheiben schneiden.

BAYRISCH' KRAUT

1 Weißkohl (ca. 800 g)
2 Zwiebeln
40 g Butterschmalz
2 EL Zucker
4 EL weißer Balsamico
Salz
Pfeffer aus der Mühle
Kümmel
100 ml Weißwein

Den Weißkohl putzen, Strunk entfernen und die Blätter in etwa 3 cm große Streifen schneiden. Die Zwiebeln schälen und in dünne Streifen schneiden. Butterschmalz in einem Topf erhitzen, Zwiebelstreifen und Zucker hinzugeben, kurz anschwitzen und mit dem Essig ablöschen. Kohlstreifen unterrühren und etwa 30 Minuten weich kochen. Mit Salz, Pfeffer und Kümmel abschmecken. Zum Schluss den Weißwein zugeben und noch einige Minuten weiterköcheln lassen. Mit den Kasslerscheiben servieren.

KRABBENCOCKTAIL MIT LAMBIC-SORBET

REZEPT FÜR 4 PERSONEN

LAMBIC-SORBET
100 ml Wasser
100 g Zucker
1 TL Zitronensaft
300 ml Framboise oder ein
vergleichbares Frucht-Lambic

Wasser und Zucker in einem Topf verrühren und bei mittlerer Hitze erwärmen, bis ein Sirup entsteht. Diesen kurz aufkochen, dabei immer wieder umrühren. Anschließend bei mittlerer Temperatur unter Rühren etwa 4 Minuten köcheln lassen. Den Sirup abkühlen lassen, mit Zitronensaft vermischen, in ein Edelstahlgefäß füllen und kalt stellen. Das Lambic in einem Topf bei mittlerer Temperatur erwärmen, kurz aufkochen und für 1 Minute köcheln lassen. Den Topf anschließend von der Herdplatte nehmen und abkühlen lassen. Das abgekühlte Lambic unter die Sorbetmasse rühren, in eine Eismaschine füllen und nach Anleitung gefrieren lassen.

Das Sorbet im Tiefkühlfach bis zur Verwendung aufheben. Tiefgekühlt hält es sich etwa 1 Woche.

KRABBENCOCKTAIL
200 g geschälte Nordseekrabben
½ Salatgurke
1 TL Zitronensaft
Salz
Pfeffer aus der Mühle
1 EL Sonnenblumenöl

Nordseekrabben abspülen und abtropfen lassen. Die Gurke der Länge nach halbieren. Die Kerne mit einem Löffel herausschaben, die Gurke in kleine Würfel schneiden. Die Nordseekrabben mit Zitronensaft, Salz und Pfeffer abschmecken, das Öl zugeben und alles verrühren. Die Krabben mit dem Lambic-Sorbet servieren.

MUSSELS 'N' CHIPS

REZEPT FÜR 4 PERSONEN

1 kg festkochende Kartoffeln
2 Karotten (etwa 150 g)
1 Stange Staudensellerie
(etwa 100 g)
½ Stange Lauch (etwa 100 g)
1 Zwiebel
1,5 kg Miesmuscheln
2 EL Sonnenblumenöl zum Braten
Meersalz
250 ml Gemüsebrühe
250 ml Pale Ale
Sonnenblumenöl zum Frittieren
1 EL gehackte Petersilie
Malzessig

Die Kartoffeln schälen und in dicke Stäbchen schneiden. Die Kartoffelstäbchen etwa 5 Minuten in Salzwasser vorkochen, sodass sie noch etwas Biss haben, in ein Sieb geben und ausdampfen lassen.

Karotten putzen, schälen und in feine Streifen schneiden. Staudensellerie putzen, schälen und in kleine Würfel schneiden. Lauch waschen und in Ringe schneiden. Zwiebel schälen, halbieren und in Streifen schneiden. Miesmuscheln unter fließendem Wasser gründlich waschen, geöffnete Muscheln aussortieren und wegwerfen.

In einem großen Topf 2 EL Sonnenblumenöl heiß werden lassen. Karotten, Sellerie, Lauch und Zwiebel darin anbraten und mit etwas Salz würzen. Miesmuscheln zugeben, mit Gemüsebrühe und Bier ablöschen. Aufkochen, von der Herdplatte ziehen und bei geschlossenem Deckel etwa 10 Minuten ziehen lassen.

In einem Topf reichlich Öl auf etwa 180 °C erhitzen, die trockenen Kartoffelstäbchen im heißen Öl goldgelb frittieren und auf Küchenpapier kurz abtropfen lassen. Vor dem Servieren die geschlossenen Muscheln aussortieren und entsorgen. Die restlichen Muscheln mit gehackter Petersilie verfeinern, die Kartoffelstäbchen salzen und nach Geschmack mit etwas Malzessig beträufelt servieren.

ZANDER MIT IPA-HOLLANDAISE UND RISOTTO

REZEPT FÜR 4 PERSONEN

RISOTTO
2 Schalotten
2 Knoblauchzehen
2 EL Olivenöl
150 g Risotto-Reis
600 ml Gemüsebrühe
3 EL Butter
Salz
Pfeffer aus der Mühle
Parmesan nach Belieben

Schalotten und Knoblauch schälen und in kleine Würfel schneiden. Olivenöl in einem Topf erhitzen, Schalotten und Knoblauch darin glasig dünsten. Reis zugeben, umrühren und mit 100 ml Brühe ablöschen. Reis bei mittlerer Hitze köcheln lassen und die restliche Brühe nach und nach unter Rühren zugeben. Am Schluss die Butter zugeben, mit Salz und Pfeffer abschmecken, Parmesan darüber reiben und nochmals gut umrühren.

ZANDER MIT IPA-HOLLANDAISE
4 Zanderfilets (à 150 g)
4 TL Butter
5 Eigelb
2 TL Zitronensaft
3 TL IPA
2 EL Sonnenblumenöl
Salz
Pfeffer aus der Mühle

Zanderfilets unter fließendem Wasser abspülen und trocken tupfen. In einem kleinen Topf die Butter schmelzen und zur Seite stellen. Für die Hollandaise Eigelbe, Zitronensaft und Bier in einem Aufschlagkessel verrühren und im Wasserbad etwa 5 Minuten auf das doppelte Volumen aufschlagen. Dann die flüssige Butter einrühren und für weitere 5 Minuten aufschlagen.

In einer heißen Pfanne Sonnenblumenöl erhitzen und die Zanderfilets von beiden Seiten anbraten. Für eine leichtere Konsistenz der Hollandaise und für den extra Schuss Biergeschmack zum Schluss noch etwas Bier nach Belieben einrühren. Die Hollandaise mit Salz und Pfeffer abschmecken. Den Risotto anrichten, die Zanderfilets darauf setzen und die IPA-Hollandaise darüber geben.

BABYBACK RIBS MIT SPICY STOUT BBQ SAUCE

SPICY STOUT BBQ SAUCE

1 EL Rapsöl
3 Knoblauchzehen
80 ml süße Sojasauce
180 ml passierte Tomaten
2 EL Worcestershire-Sauce
2 TL scharfe Chilisauce
240 ml Stout
75 g Rohrohrzucker

Das Öl in einem Topf erhitzen, die Knoblauchzehen zugeben und kurz rösten, die restlichen Zutaten zugeben und verrühren. Die Sauce bei geringer Temperatur köcheln lassen bis sie eindickt (etwa 20 Minuten). Sauce in ein sauberes Glas einfüllen und im Kühlschrank aufbewahren. Die Sauce hält sich dann etwa 3 Wochen.

BABYBACK RIBS MIT SPICY STOUT BBQ SAUCE

1,5 kg Kotelettrippchen
Salz
2–4 EL Spicy-Stout-BBQ-Sauce pro Seite

Holzkohle- oder Gasgrill auf indirekte mittlere Hitze vorbereiten. Die Rippchen mit Küchenpapier trocken tupfen, die Silberhaut entfernen und die Rippchen von beiden Seiten salzen. Anschließend auf dem Grill bei indirekter mittlerer Hitze etwa 3 Stunden garen, in Alufolie wickeln und für etwa 2 Stunden weitergaren. Nach Ablauf der Zeit die Rippchen aus der Folie nehmen und mit der Grillzange an einer Seite anheben. Beginnt das Fleisch zu reißen, sind die Rippchen bereit für die Glasur. Dazu die BBQ-Sauce von beiden Seiten großzügig aufpinseln und für etwa 30 Minuten auf dem Grill glasieren.

Wer auf die Alufolie verzichten möchte, muss beim Grillen nur die verlängerten Garzeiten (um etwa 2 Stunden) berücksichtigen.

NÜRNBERGER MIT LAMBIC-SAUERKRAUT UND KARTOFFELSTAMPF

REZEPT FÜR 4 PERSONEN

LAMBIC-SAUERKRAUT

330 ml Lambic
15 g Salz
200 ml Wasser oder Gemüsebrühe
1 Weißkohl (etwa 450 g)
1–2 EL Rohrohrzucker

Bier, Salz und Wasser oder Brühe verrühren. Von dem Weißkohl die äußeren Blätter und den Strunk entfernen. Den Kohl in feine Streifen schneiden oder hobeln. Das Kraut mit dem Biersud vakuumieren und mindestens zwei Tage bei 8 –12 °C gekühlt ziehen lassen.

Nach der Marinierzeit in einem Topf den Zucker karamellisieren lassen, das Kraut zugeben und bei mittlerer Temperatur etwa 10 Minuten kochen. Sollte zu viel Flüssigkeit verdampfen, nochmals 100 ml Brühe und einen Schuss Bier zugeben.

NÜRNBERGER MIT KARTOFFELSTAMPF

800 g Kartoffeln
Salz
125 ml Milch
Muskatnuss
50 g Butter
28 Nürnberger Bratwürste
(à 25 g/Stück)

Für das Kartoffelpüree die Kartoffeln schälen, in gleich große Stück schneiden und in ausreichend Salzwasser weich kochen. Das Wasser abgießen, ausdampfen lassen und die Kartoffeln mit einem Kartoffelstampfer zerdrücken. Die Milch erwärmen und unter Rühren zum Püree geben. Mit Salz und frisch geriebener Muskatnuss abschmecken. Zum Schluss die Butter unterrühren. Die Würstchen in einer heißen Pfanne oder auf dem Grill von allen Seiten anbraten und mit Kartoffelstampf und Lambic-Sauerkraut servieren.

OXTAIL-PIE

GESCHMORTER OCHSENSCHWANZ

2,2 kg in Stücke geschnittener Ochsenschwanz
Salz
Pfeffer aus der Mühle
Weizenmehl
3 Karotten (etwa 250 g)
¼ Knollensellerie (etwa 200g)
2 Frühlingszwiebeln
100 g Champignons
50 g Bauchspeck
80 g Tomaten
2 EL Sonnenblumenöl
2–3 geschälte Knoblauchzehen
1 EL Tomatenmark
400 ml Doppelbock
150 ml Rinderbrühe
750 ml Wasser
2 EL Speisestärke

FÜR DAS BOUQUET GARNI

½ Lauchstange
4 Zweige Thymian
1 Zweig Rosmarin
½ Bund Petersilie

Den Ochsenschwanz mit Salz und Pfeffer würzen und in Mehl wälzen, überschüssiges Mehl abklopfen. Die Karotten schälen und in etwa 3 cm kleine Stücke schneiden. Den Sellerie schälen und ebenfalls würfeln, Frühlingszwiebeln putzen und dritteln, Champignons und Bauchspeck in Würfel schneiden. Die Tomaten waschen, halbieren, den Strunk entfernen und das Fruchtfleisch in grobe Stücke schneiden.

Öl in einem Bräter oder einem ofenfesten Topf erhitzen, die Ochsenschwanzstücke darin von allen Seiten bei mittlerer Temperatur anbraten und herausnehmen. Dann Speck und Knoblauchzehen im Topf anbraten, das Gemüse zugeben und alles anschwitzen. Den Ochsenschwanz wieder hinzugeben und das Tomatenmark mitrösten. Mit 250 ml Bier und der Rinderbrühe aufgießen und einige Minuten weiter köcheln lassen.

Anschließend den Backofen auf 180°C Ober- und Unterhitze vorheizen. Das Bouquet Garni zusammenbinden, zum Ochsenschwanz geben und weitere 45 Minuten köcheln lassen. Die Tomaten zugeben und den Bräter oder Topf mit geschlossenem Deckel etwa 60 Minuten im Ofen schmoren lassen. Während der Schmorphase etwa alle 20 Minuten mit Wasser ablöschen. Die geschmorten Ochsenschwanzstücke herausnehmen, etwas abkühlen lassen, das Fleisch von den Knochen lösen und wieder zum Gemüse geben. 150 ml Bier und Speisestärke anrühren, das Ragout damit binden, mit Salz abschmecken und etwas abkühlen lassen.

TEIGREZEPT FÜR 1 QUICHEFORM MIT Ø 24 CM

100 ml Wasser
100 ml Milch
150 g Butter
1 TL Salz
500 g Weizenmehl
(und etwas Mehl zum Ausrollen)
50 g Butter
1 Eigelb

Wasser, Milch, Butter und Salz aufkochen. Das Mehl unter Rühren zur Flüssigkeit geben und alles mit dem Handrührgerät verkneten. Den Teig abdecken und etwa 1 Stunde ruhen lassen. Backofen auf 160°C Ober- und Unterhitze vorheizen.

Etwas mehr als die Hälfte des Teigs auf einer bemehlten Arbeitsfläche ausrollen, der Teig sollte etwas größer sein als die verwendete Quicheform. Die Form mit Butter einfetten, mit dem Teigboden auslegen und das Ragout einfüllen. Den restlichen Teig ebenso groß wie die Form ausrollen, als Deckel über das Ragout legen und andrücken. Die Oberseite mit einer Gabel mehrmals einstechen. Mit verquirltem Eigelb bestreichen und im Ofen etwa 1 Stunde backen. Den Ofen ausschalten und den Pie noch 10 Minuten im Backofen ruhen lassen.

STOUT CHILI

REZEPT FÜR 4 PERSONEN

4 Knoblauchzehen
3 Chilischoten
1 grüne Paprika
2 –3 rote Paprika
2 rote Zwiebeln
4 Scheiben Bacon
500 g gewürfeltes Lamm aus der Schulter
500 g gewürfeltes Rind aus der Schulter
Salz
2 EL Tomatenmark
350 g Tomaten in Stücken
250 ml passierte Tomaten
330 ml Porter
400 g Kidneybohnen aus der Dose
400 g schwarze Bohnen aus der Dose
Pfeffer aus der Mühle
Cayennepfeffer

Knoblauchzehen schälen und in feine Würfel schneiden. Kerne und weiße Innenhäute der Chili- und Paprikaschoten entfernen, die Chilis in feine Streifen schneiden, die Paprikaschoten würfeln. Zwiebeln schälen und ebenfalls in Würfel schneiden.

In einem großen Topf bei mittlerer Hitze den Bacon anbraten und herausnehmen. Die Zwiebelwürfel im Baconfett anbraten, Paprika, Chilischoten und Knoblauch zugeben und ebenfalls anbraten, bis die Zwiebeln glasig sind. Dann das Fleisch zugeben, salzen und gleichmäßig anbraten. Anschließend das Tomatenmark zugeben, alles gut umrühren und kurz rösten. Die Tomatenstücke, die passierten Tomaten und die Hälfte des Bieres zugeben.

Alles bei geschlossenem Deckel für etwa eine Stunde köcheln lassen. Nach etwa 1,5 Stunden den Bacon zerkrümeln und mit den abgetropften Bohnen zum Chili geben. Das Chili abschmecken, nach Belieben mit Pfeffer und Cayennepfeffer nachwürzen und für weitere 1,5 Stunden köcheln. Für eine dickere Konsistenz beim Kochen den Deckel entfernen, um die Flüssigkeit zu reduzieren. Kurz vor Ende der Kochzeit das restliche Bier zugeben, das Chili nochmals mit Salz und Pfeffer abschmecken und servieren.

BIERAMISU

REZEPT FÜR 4 – 6 PERSONEN

250 g zimmerwarme Mascarpone
3 EL Rohrohrzucker
50 ml Schlagsahne
150 ml Stout
Löffelbiskuits
Kakaopulver zum Garnieren

Mascarpone und Zucker in einer Schüssel vermischen, bis der Zucker sich löst. Sahne aufschlagen, bis sich Spitzen formen lassen (etwa 2 – 3 Minuten). Die Sahne vorsichtig unter die Mascarponemasse heben. Das Bier in eine Schüssel geben, die Löffelbiskuits kurz von beiden Seiten eintauchen.

Eine Auflaufform (etwa 20 x 13 cm) mit den Löffelbiskuits auslegen, einen Teil der Masse darauf geben, verstreichen und mit Kakaopulver bestreuen. Das Schichten wiederholen, bis die Mascarponemasse aufgebraucht ist und mit einer Schicht Mascarpone abschließen. Das Bieramisu mit Frischhaltefolie abdecken und 12 Stunden im Kühlschrank durchziehen lassen. Vor dem Servieren mit Kakaopulver bestreuen und servieren.

BIERLUTSCHER

REZEPT FÜR 8 EISFORMEN À 50 ML

**80 ml frisch gepresster Limettensaft
50 g Rohrohrzucker
240 ml Pale Ale**

Für ein wirklich eiskaltes Bierver-
gnügen alle Zutaten in einem Messbecher verrühren, bis sich der Zucker
aufgelöst hat. Flüssigkeit in die Eisformen füllen und für etwa 6 Stunden
im Tiefkühler frieren. Das Rezept
für die Pops lässt sich auch variieren.
Das jeweilige Bier mit Zucker und
einem passenden Saft verrühren,
in die Formen füllen und tiefkühlen.
Erfrischend schmeckt auch die
Variante mit 240 ml Weizenbier,
80 ml Zitronensaft und 50 g Rohrohrzucker.

NACHWORT

Zwanghaft reinlich – des deutschen Bieres kranke Seele

EIN PLÄDOYER FÜR MEHR WERTSCHÄTZUNG, QUALITÄT UND VIELFALT!

Haben Sie schon mal den Unterschied beobachtet, wie Menschen mit einer Kiste Champagner umgehen und wie mit einem Kasten Bier? Erstere wird behutsam aus dem Auto gehoben, vorsichtig an einem schattigen Plätzchen abgestellt und liebevoll gekühlt. Der Bierkasten hingegen wird aus dem Kofferraum gerissen und rutscht mit Schwung und lautem Flaschengeklimper über den Kellerboden, sofern er nicht einfach auf dem Balkon in der Sonne vergessen wird. Hier zeigt sich sehr anschaulich, welchen Stellenwert Bier als Produkt in unserem Lande genießt: einen miserablen!

2014 haben deutsche Brauer erstmalig nach zehn Jahren wieder mehr Bier absetzen können. Das ist positiv, aber keinesfalls die Trendwende. Experten gehen weiterhin von einem schrumpfenden Markt aus. Bier ist und bleibt der wichtigste Frequenzbringer des Handels. Der Preiskampf bleibt also hart, und eine Bier-Aktion wird weiterhin auf die nächste folgen.

Dieser seit Jahren tobende Verdrängungswettbewerb hat zu einer Uniformierung des deutschen Bieres geführt. Abgrenzung findet nicht mehr über Geschmack, sondern allein über den Preis statt. Traditionelle deutsche Bierstile sind bereits in Vergessenheit geraten. Das ist schlimm, weil hiermit auch ein Teil deutscher Kultur schwindet, ein Teil, der über Jahrzehnte hinweg nicht unerheblich die Attraktivität unseres Landes ausgemacht hat.

Jeder, der ins Ausland gereist ist, kennt das anerkennende Schulterklopfen von Italienern, Engländern, Asiaten oder Amerikanern, wenn das Gespräch auf „good old German beer" kam. Das geht nicht nur runter wie Öl, es stimmt ja auch: Nach wie vor sind wir ganz vorne mit dabei, wenn es darum geht, Bier in großen Mengen auf höchstem Niveau zu brauen. Keiner kann das besser als wir.

Geht es jedoch um Craft-Bier, also das kreative, handwerkliche Brauen unter Ausnutzung bester Zutaten und modernster technischer Möglichkeiten, so surfen seit Jahren eben jene „Schulterklopfer" die besten Wellen. Wir haben am Strand gestanden und meist nur zugesehen. Denjenigen, die mitmischen wollten, haben wir das Fähnchen mit dem erhobenen Zeigefinger vor die Nase gehalten und irgendwas mit „Reinheitsgebot" in den Wind gerufen. Während im Ausland Wunderbares entstand, haben wir weiter Masse gemacht, schlimmer noch, wir haben unser Bier immer massentauglicher gemacht: Wir haben friesisch Herbes kastriert und die Perlen der Natur gegen Glasperlen getauscht. Selbst vor Königinnen und Königen haben wir keinen Halt gemacht.

Glücklicherweise wächst seit einigen Jahren ein zartes Pflänzchen unter dem deutschen Pils-Joch hervor. Es entwickelt sich prächtig, und es sieht ganz danach aus, als könnte es Wurzeln schlagen. Eine Generation kreativer, qualitätsbesessener deutscher Braumeister ist dabei, ein Stück verlorengeglaubte deutsche Kultur zu reanimieren: die Vielfalt unserer Biere.

Die Fachpresse preist sie bereits als Heilsbringer der angeschlagenen deutschen Brauwirtschaft. Und in der Tat, sie könnten es werden. Doch statt ihnen die Zeit zu geben, sich zu entfalten, zu experimentieren und ihrer Kreativität freien Lauf zu lassen, stehen die Bedenkenträger wieder am Strand, die zwanghaft Reinlichen, und hissen ihr kleines vergilbtes Fähnchen. Ich wünsche mir mehr Miteinander statt Gegeneinander, mehr Verständnis und Bereitschaft, sich auf Neues einzulassen. Dabei geht es nicht um Klein gegen Groß, nicht um Alt gegen Jung. Hier geht es um ein immenses Potenzial, das brach liegt und nur darauf wartet, aktiviert zu werden - wäre da nicht dieser übertriebene Zwang zur Reinlichkeit.

DIE VERDIENSTE DES REINHEITSGEBOTS FÜR DAS DEUTSCHE BIER UND DEN EXZELLENTEN RUF SEINER BRAUMEISTER STEHEN AUSSER FRAGE.

Doch welchen Zweck erfüllt eine Regelung heute, die im Mittelalter dem Gesundheitsschutz diente und später vor allem ungeliebte Konkurrenz von außen fernhalten sollte? Als der Europäische Gerichtshof die Verordnung 1987 kippte, verpflichteten sich die deutschen Brauer, auch weiterhin danach zu brauen. 30 Jahre ist das nun fast her, sodass diese Frage erlaubt sein muss.

Verstehen Sie mich bitte nicht falsch: Ein Bier sollte immer sauber und gut gebraut sein. Künstliche Zusätze haben im Bier nichts zu suchen. Das setze ich hier einfach mal voraus. Aber warum soll die Zugabe eines Naturprodukts, das geschmacklich sinnvoll ist, nicht erlaubt sein? Warum darf Bier, das beispielsweise Koriander enthält, nicht als Bier verkauft werden, Biermischgetränke, die vor Geschmackszusätzen teilweise nur so strotzen, diesen Namen aber tragen? Das entzieht sich meinem Verständnis. Soll hier aus Bestandsdenken heraus lediglich der Status Quo gesichert werden? Es ist natürlich einfacher, sich auf das Reinheitsgebot zu berufen und weiterzumachen wie bisher, als sich aus der Komfortzone zu bewegen, um etwas zu ändern und sich auch mit Konkurrenz auseinanderzusetzen. Das ständige Berufen, Verweisen aufs Reinheitsgebot und Verstecken dahinter lähmt und spaltet auf jeden Fall die deutsche Bierkultur. Stillstand, Einheitlichkeit, Reinlichkeit.

Vor allem müssen wir endlich aufhören, Experimentierfreudigkeit mit krimineller Panscherei gleichzusetzen. Ich habe Biere getrunken, die dem Reinheitsgebot entsprachen, sowohl geschmacklich als auch handwerklich jedoch keinen Pfifferling Wert waren. Das Reinheitsgebot ist nicht zwangsläufig ein Garant für Qualität, vielmehr sind das handwerkliches Können, Kreativität, beste Zutaten und - moderne Technik. Manchmal drängt sich mir der Verdacht auf, dass das Reinheitsgebot als Rechtfertigung für das Fehlen eben dieser Qualitätsgaranten herhalten muss.

Um es ganz deutlich zu machen: Selbstverständlich ist das Reinheitsgebot ein wichtiges und werbewirksames Werkzeug - vor allem im Exportgeschäft. Es hat die gleiche Strahlkraft wie das Siegel „Made in Germany". Daran soll und darf sich nichts ändern. Ich fordere deshalb auch nicht die Abschaffung des Reinheitsgebots, ich fordere aber dessen inhaltliche Öffnung für mehr Kreativität und Vielfalt. Ich wünsche mir, dass kreative und leidenschaftliche Braumeister für den Verzehr zugelassene Naturprodukte zum Brauen verwenden und das Endprodukt auch als Bier verkaufen dürfen –gentechnisch veränderte Produkte oder künstliche Zusätze sind und bleiben tabu. Jeder Braumeister, der sein Bier lieber weiter nach dem traditionellen Reinheitsgebot brauen will, darf das tun und seine Biere auch so kennzeichnen. Hier sehe ich sogar das Potenzial zu einer deutlichen Aufwertung dieser Biere.

Mich freut, dass wieder mehr über Bier gesprochen, ja diskutiert wird und unsere Biervielfalt wieder auflebt. Viele Restaurants nutzen bereits zu Recht das Potenzial von Craft-Bieren, als Begleiter der feinen Küche. Ein sicheres Zeichen, dass Craft-Bier durchaus ein großes Thema ist, sind die aktuellen Aktivitäten großer deutscher Braugruppen in diese Richtung. Den Craft-Bier-Puristen aus der Szene, die ich hier aufschreien höre, entgegne ich: „Craft-Bier ist nicht selbsterklärend, und die Großen haben die Etats, um das Thema in der Breite bekannt zu machen. Es wird nicht lange dauern, bis die so Aufgeklärten auch an Eure Tür klopfen, weil sie eben das Besondere suchen."

WIR HABEN OHNE ZWEIFEL DIE BESTEN BRAUMEISTER DER WELT, LASSEN WIR SIE ALSO - ENDLICH - VON DER LEINE!

RALF FRENZEL / VERLEGER TRE TORRI VERLAG

MÄNNER KOCHEN ANDERS!

IMPRESSUM

Tre Torri Verlags- und CPA!-Agenturchef Ralf Frenzel ist leidenschaftlicher Verfechter des guten Geschmacks. So war es auch Ralf Frenzels Agentur CPA!, die 2009 BraufactuM als Teil der Radeberger-Gruppe zur eigenen Craft-Bier-Kollektion inspirativ begleitete - der vielversprechende Anfang einer großartigen Bewegung, der dieses Buch gewidmet ist.

Wir bedanken uns für die freundliche Unterstützung bei:
Stefan Hanke, Dr. Marc Rauschmann, Markus Becke, Fritz Wülfing, Burggraf Bräu, Florian Brenner, Stefan Weihs, Benjamin Kopriva, Agostino Arioli, Jon Kyme, Kris Langouche, Kaori Oshita, Dr. Florian Schüll, Ulrich Peise, Rüdiger Galm, Karl Liebl, Cornelius Faust, Jörg Gewalt, Sebastian Mergel

© **2015** Lizenz der Marke BEEF!
durch Gruner + Jahr AG & Co KG
Alle Rechte vorbehalten
www.beef.de

Projektteam BEEF! / Gruner & Jahr AG & Co KG
Dr. Gerd Brüne, Jan Spielhagen, Birte Lindlahr, Katharina Mechow, Monique Dressel

© **2015** Tre Torri Verlag GmbH, Wiesbaden
www.tretorri.de

Herausgeber
Ralf Frenzel

Idee, Konzeption und Umsetzung
Tre Torri Verlag GmbH, Wiesbaden

Text
Ferdinand Dyck, Berlin

Art Direction und Gestaltung
3c4y.com Graphic Design London/Berlin

Fotografie
Frank Bauer, München (U4 oben links, S. 2-4, 8-13, 26-37, 92, 96-99, 118-125, 128-145, 148, 152-155, 158-165, 176/177)
Christof Herdt, Frankfurt (S. 42, 90, 93, 95, 116/117, 127, 166, 168 unten, 180, 183, 252-255)
Thomas Meyer/OSTKREUZ, Berlin (S. 186-191)
Peter Schulte, Hamburg (Titel, U4 oben rechts und unten rechts, S. 40/41, 43-83, 151, 178/179, 220-249)

Illustrationen
Peer Koch, Wiesbaden (VNS, S. 14-25, 38/39, 86-89, 121, 123, 125, 172-175, 184/185)

Reproduktion
Lorenz & Zeller, Inning a. Ammersee

Printed in Germany

ISBN 978-3-944628-67-7

FSC MIX
Papier aus verantwortungsvollen Quellen
FSC® C022274

Fotonachweis
U4 unten links, S. 84/85: The Urchen Pub Brighton, S. 96-99: Sam Howzit, Creative Commons: http://bit.ly/1j0gKoT, S. 101, 103: Agostino Arioli, S. 102, 105, 109, 113: Guido Bittner, S. 107: Jon Kyme, S. 110/111: Kris Langouche, S. 114/115: Charlie Papazian und Kaori Oshita, S. 146: Dr. Florian Schüll, S. 171: Rüdiger Galm, Porträtfoto Ralf Frenzel, Johannes Grau, Hamburg

1. Schroten

2. Maischen
- Einmaischtemperatur
- Jodprobe...

4. Hopfen kochen...

5. Au... & Kühlen...

CO²

7. Gärung
- Hopfen stopfen...
- Ruhen lassen...